本成果由福建省以马克思主义为指导的哲学社会科学学科基础理论研究基地“闽东特色乡村振兴之路研究中心”财政专项建设项目（闽财教指〔2021〕103 号）及该基地重大项目“闽东畲村文化变迁及其振兴路径研究”（项目编号：FJ2020MJDZ045）和“乡村振兴背景下闽东民族村落畲汉文化互嵌共融研究”（项目编号：FJ2022MJDZ043）、福建省高校特色新型智库项目“精准扶贫与反返贫研究中心”建设项目（闽教科〔2018〕50 号）、福建省统一战线理论研究会民族工作理论宁德研究基地、宁德师范学院闽东之光研究院、宁德师范学院校级项目“‘宁德模式’与闽东畲村振兴互馈演进策略研究”（2020ZX506）及“闽东畲族村落文化发展及振兴路径研究”（2022FZ06）等项目资助。

民族村落文化传承及振兴

以闽东畲村为例

李益长　著

中国发展出版社
CHINA DEVELOPMENT PRESS

图书在版编目（CIP）数据

民族村落文化传承及振兴：以闽东畲村为例 / 李益长著 . —北京：中国发展出版社，2024.3
ISBN 978-7-5177-1415-6

Ⅰ. ①民… Ⅱ. ①李… Ⅲ. ①畲族—村落文化—文化遗产—研究—福建 Ⅳ. ① K295.7

中国国家版本馆 CIP 数据核字（2024）第 058873 号

书　　名：民族村落文化传承及振兴：以闽东畲村为例
著作责任者：李益长
责 任 编 辑：吴　佳　张　楠
出 版 发 行：中国发展出版社
联 系 地 址：北京经济技术开发区荣华中路 22 号亦城财富中心 1 号楼 8 层（100176）
标 准 书 号：ISBN 978-7-5177-1415-6
经　销　者：各地新华书店
印　刷　者：北京博海升彩色印刷有限公司
开　　本：710mm × 1000mm　1/16
印　　张：19.25
字　　数：300 千字
版　　次：2024 年 3 月第 1 版
印　　次：2024 年 3 月第 1 次印刷
定　　价：88.00 元

联 系 电 话：（010）68990625　68360970
购 书 热 线：（010）68990682　68990686
网 络 订 购：http：//zgfzcbs.tmall.com
网 购 电 话：（010）88333349　68990639
本 社 网 址：http：//www.develpress.com
电 子 邮 件：15210957065@163.com

自序

畲族是一个具有悠久历史的戎耕民族，以“大分散、小聚居”形式分布在闽浙赣粤贵皖台以及东南亚等地区。长期以来，畲族不仅形成了异彩纷呈的民俗风情，还创造了富有民族个性的村落文化。畲族文化是畲族人民在民族发展进程中融汇而成的精神图式，呈现于畲村的每一个民俗事项里，潜埋在每一位畲族人深沉的民族情结里。在城镇化发展的今天，畲族文化传承与振兴对于畲村精神文明建设具有重要作用，做好畲族文化的挖掘和整理等工作，是很有现实意义和历史价值的。

习近平总书记先后在福建和浙江工作20多年，多次深入畲村关心畲族群众的生产生活。他在概括“闽东之光”的文化内涵时，将畲族文化列为一个闪光点①，并在系列重要讲话和著作中多次给予高度的赞誉；他在《巩固民族大团结的基础》一文中指出，要抓紧挖掘整理畲族文化遗产，如畲歌、民俗、民谚、民乐、舞蹈、故事等，要组织力量进行深入探讨，取其精华，古为今用②；他在党的十九大报告、党的二十大报告和系列讲话中也指出，中国特色社会主义文化，源自于中华民族五千多年文明历史所孕育的中华优秀传统文化，熔铸于党领导人民在革命、建设、改革中创造的革命文化和社会主义先进文化，植根于中国特色社会主义伟大实践③。激发全民族文化创新创造活力，增强实现中华民族伟大复兴的精神力量④。每个国家、

① 习近平：《闽东之光——闽东文化建设随想》，载《摆脱贫困》，福建人民出版社，2014。

② 习近平：《巩固民族大团结的基础——关于促进少数民族共同繁荣富裕问题的思考》，载《摆脱贫困》，福建人民出版社，2014。

③ 习近平：《决胜全面建成小康社会 夺取新时代中国特色社会主义伟大胜利——在中国共产党第十九次全国代表大会上的报告》，人民出版社，2017。

④ 习近平：《高举中国特色社会主义伟大旗帜 为全面建设社会主义现代化国家而团结奋斗——在中国共产党第二十次全国代表大会上的报告》，人民出版社，2022。

每个民族都有自己的发展历程，应该尊重彼此的选择，加深彼此的了解，以利于共同创造人类更加美好的未来[①]。畲族文化是畲族人民在漫长的历史长河中创造的智慧结晶，应让其在新时代焕发更加璀璨的光芒。我们要时刻谨记习近平总书记的教导，讲好畲族故事，做好畲族文章，继承积极思想，摒弃消极思想，实现畲族传统文化的创造性转化和创新性发展。

有专家指出："一部畲族的发展史，可以说就是充满忠勇精神的编年史。'忠'就是忠诚，忠于畲族，忠于华夏，忠于祖国，忠于人民；'勇'就是勇敢，勇于吃苦，勇于拼搏，勇于胜利。在'忠勇'的大旗下，历史铸就了千年山哈[②]勤劳勇敢、刚烈正直、淳朴和静、团结友善的民族性格。"[③]也就是说，忠勇精神长期以来已经成为畲族人民汲取民族自信心和自豪感的不竭源泉，"忠"和"勇"在他们的内心深处有着永恒的人格魅力，并且成为畲族民族性格的基本因子[④]。在文化传统的承续和社会生活的演进中，畲族人民不断赋予忠勇精神新的时代内容，使其巧妙地绽放在自身民族文化的每一束光彩里。历史上，畲族人民反抗封建统治的阶级压迫和民族压迫的斗争从未停止。唐代畲族民族英雄雷万兴、蓝奉高等领导的农民起义，钟明亮、钟大明等领导的"畲军"或"畲汉联军"的抗元斗争，明代蓝一清领导的粤东农民起义，抗清英雄雷在浩、蓝正樽领导的天地会起义等，无不展现着畲族人民百折不挠、忠勇不屈的民族性格。从土地革命到抗日战争再到解放战争，在中国近代革命史的各个阶段，畲族人民表现出来的忠于革命、忠于党、英勇顽强、不怕牺牲的革命精神，便是畲族忠勇精神在中国近代史上的进一步升华。当年曾在闽东苏区浴血奋战的叶飞将军对畲族是这样评价的：在三年游击战争最艰苦的年代，畲

---

① 习近平：《实现中国梦需要从历史中汲取智慧——习近平致第二十二届国际历史科学大会的贺信》，《光明日报》2015年8月24日第1版。

② "山哈"为畲族自称。

③ 李健民：《畲族文化简说》，宁（德）新出（2005）内书第40号，第58页。

④ 李健民：《畲族文化简说》，宁（德）新出（2005）内书第40号，第53页。

族群众对革命的贡献是很大的。他们具有两大特点：第一，最保守秘密，对党很忠诚；第二，最团结，在最困难的 1935 年至 1937 年，对党支持最大。我们在山上依靠畲族群众掩护，才得以坚持[①]。正是在这种民族精神的牵引下，闽东畲族人民才真正做到了“无阋墙御侮之事”，共同缔造着无比和谐亲睦的社群关系，这也是畲族人民平时忠信谦忍、蓄锐能勇、畲汉和谐共荣的文化密码。

本书的出版正当其时，人们不仅可以从中了解畲族的民歌舞蹈、饮食习俗、服饰文化、体育民俗等方面的内容，理解畲族村落文化振兴的意义，还能激发对畲族灿烂文化的喜爱之情，让更多的人走近畲族、了解畲族、认识畲族、喜爱畲族，并借助畲族深厚的文化积淀凝聚“民族团结一家亲，共筑美好中国梦”的美好情怀，守望畲族文化传承与弘扬的初心。本书以闽东畲族村落文化传承及振兴为研究内容和主要目标，在前人研究基础上，通过长期深入闽东畲族村落开展田野调查，以猴盾、上金贝、亭坪、半月里、白露坑、上水、富达、溪塔、凤洋、虎头、双华、赤溪、方家山等畲族村落为案例点，对闽东畲村家族文化、民俗节庆、畲歌畲舞、畲族服饰、民间技艺、民间文学、畲医畲药、民族体育等文化事象进行了客观梳理和整合性观照，并基于调查数据和闽东畲族村落文化传承与发展实际，分别从政府、民间、产业等视角分析了当前闽东畲族村落文化环境变迁的表现、传承人培育、村落文化传承与发展现状以及现代性建构所呈现的特点，探讨了畲族村落传统文化传承与发展的推进动因、主要模式，文化振兴存在的问题和改进措施，如何借助畲族村落文化资源来创造民族文化发展新的增长点，如何利用村落文化品牌汇聚畲族文化以便更好地发展畲村现代文明，如何促进闽东畲族各村落间的文化互动交流与可持续发展等问题。最后，本书基于对闽东畲族村落文化振兴现状、制约因素、可行性分析等内容的阐述，从生产性建构、整体性建构、数字化建构和创新性建构 4 个方面，提出当前闽东畲族村落文化现代性

① 转引自郭志超：《畲族文化述论》，中国社会科学出版社，2009。

建构的路径和对策。但囿于视角和条件的限制，本书的研究范围较小，未能将研究对象拓展到区域以外的文化空间里进行较为充分的比照性考察，也未能适当地将研究视角延伸至城市、乡镇，聚焦畲村入城农民工的畲族文化传承情况，以便更加全面地探讨城乡共建、共享畲族文化的时代特点和规律，拓展研究的深度和广度。为此，本书还提出了一些研究展望，如：让城镇成为畲族村落文化传承与发展的新场域、以乡村振兴五大目标为主轴推动乡村振兴背景下畲族村落文化生态的创新发展、探索“闽东之光”文化弘扬与畲族文化发展的耦合互赢路径、构建城乡一体多元共建共有共享的文化新格局、坚持在政府主导下构建城镇各民族共建共有共享的新时代文化空间等。

民族村落文化有着顽强的生命力，不管时光如何流转，它总会激起人们对民族文化之魂执着的守望，催生人们凝重的文化情结，共同促进民族文化获得新的蜕变和超越。也就是说，民族村落的文化传统不是一个凝固不变的历史印记，而是一个不断生成和建构的过程，同时也是不断弘扬本民族文化传统、兼收并蓄汉族文化优秀元素，重构自身富有时代新质的文化基因的过程。当今时代，社会主义的核心价值体系和中华民族共同体意识是各民族文化精神的时代性体现，只有主动吸纳新时代先进的文化因子，才能更加有力地推动畲族文化的传承与发展，即我们要以党的二十大精神和马克思主义中国化理论成果为指导，认真挖掘和提炼几千年积淀下来的民族文化精华和思想内核，赋之以新的时代内涵，使之与时代精神相契合，并凝聚各方合力传播畲族文化，建设各族人民共有的精神家园。

目录

第一章 绪论

一、研究背景

村落，亦称为“聚落”，《辞海》将其释为“村庄”，《词源》则注为“乡人聚居之处”。其实“村落”作为中国本土名词，很早便出现在了相关文献里。“入魏郡界，村落齐整如一，民得财足用饶”①，这是目前我国有关“村落”的最早记述。魏晋之后，“村落”一词在古代典籍中出现的频率愈来愈高，其含义逐渐与日文中的“集落”相似，通常指“由古代先民……建造的、具有相当规模、相对稳定的基本社会单元”②。随着时代的发展，“村落”常用作现代意义上的人口集中分布的区域，包括自然村落、村庄区域以及规模较大的聚落集镇——乡镇所在地③。总之，村落是中国乡土社会的基础性单位，也是几千年来中国农民最为基础性的社会组织或生活空间。在这些组织或空间里，人们以地缘或血缘为纽带，将众多的个体聚合为一系列相对恒定的社会群体，代代相传。村落作为特定的区域共同体，体现了人与自然、社会环境的和谐统一，生活于其中的人们往往会创造并形成一种由特殊的语言、信仰、秩序、价值观念、风俗习惯及民间种种规范聚合而成的村落文化，并深刻影响着自身的价值判断和行为模式。村落文化与村落关系密切。英语中的“文化”源于拉丁文“cultura”，原意包括耕作、居住、敬神等，体现了村落同农耕文明的相互依存关系，即村落是基础，是文化赖以存续和发展的客观媒介，而文化是村落的灵魂，是促成村落走出蒙昧、汇聚乡村精神力量的源泉。

我国文化产业被置于国家发展战略的高度上，党的十八大报告、党的十九大报告明确指出，要推动文化事业和文化产业发展；《文化部“十三五”时期文化产业发展规划》也指出，应努力将文化产业打造成

① 陈寿：《三国志·魏书十六·郑浑传》，金陵书局，同治九年（1870年）。
② 胡彬彬：《小村落，大文化》，《光明日报》2013年5月6日第5版。
③ 李益长：《闽东畲族村落文化的价值与开发研究》，《宁德师范学院学报（哲学社会科学版）》2013年第3期。

为国民经济支柱性产业，培育新型文化业态，促进文化资源与文化产业有机融合，支持在少数民族地区建设具有富民效应和示范效应的文化产业集聚区[①]。党的十九大报告、《乡村振兴战略规划（2018—2022年）》、2019年中央一号文件等明确地将少数民族文化产业纳入国家发展的重要目标。特别是在乡村振兴战略视野下，少数民族文化产业必然蓬勃发展，因为不同地区的民族文化产业具有其他地区无法复制或模仿的文化特质，这种富有特色的民族文化一旦植入文化产业，其文化产品在市场竞争中就会占据独特优势。民族文化产业的发展是乡村振兴的重要支点，它不仅可以促进民族乡村经济社会的发展，推动民族团结和新农村建设，加快少数民族群众摆脱贫困的步伐，还可以推进民族乡村精神文明建设，唤起人们的民族自信和创新精神。但是，民族文化若要有效地植入民族产业，就必须依据时代发展需要而加以现代性建构，促进民族文化资源得到有效开发，以满足人们的时代审美需求。

党的十九大报告和2018年中央一号文件正式提出全面实施乡村振兴战略，乡村振兴成为新时代乡村社会发展的总目标。要实现这一目标，新型乡村文化治理是必然选择，文化振兴也势必成为闽东畲族村落文化资源保护和畲村文化产业发展的终极目标，即村落文化发展在闽东畲村文化复兴、可持续发展和民族传统文化振兴进程中具有极其重要的意义。这正是当前文化产业开发的特色性基础，开发得当能促成区域文化优势，推动当地经济发展。然而，为了追求经济利益，在实际开发过程中，虽然闽东畲族地区相关产业取得了较大的进展，但实际上产业化程度还不能与发达地区相比，许多地方仍处在盲目粗放的开发阶段，未能在开发中梳理和创新文化资源整体开发策略，开发模式与现实需求不完全符合。想要利用民族生态文化资源发展好民族文化产业，必须结合乡村振兴和畲族地区扶贫开发等战略，探索行之有效的方法，加强理论研究，探索和创新开发策略。民族文化资源不

---

①《文化部"十三五"时期文化产业发展规划》，中华人民共和国文化和旅游部官网，2017年4月20日。

仅是畲族文化产业开发的基础，更是文化产业继承和发展的源头活水[①]。作为文化资源丰富但产业发展较为落后的民族地区，挖掘民族文化资源富含的生态、文化和经济价值尤为重要，因为这些价值因素不仅能拉动民族文化产业的发展，还能促进民族文化振兴，帮助畲族民众致富。所以，从文化的层面研究畲族文化现代性建构和产业化开发问题，对于促进闽东畲族地区经济文化发展意义深远。

二、国内外研究综述

（一）国外研究综述

1. 关于文化现代性及其建构与认同

国外学者对文化现代性建构的研究起步较早且较为全面深入，相关研究主要围绕文化现代性建构的内容、理论、经济生活、文化价值、政策以及跨领域的应用性研究等层面展开。文化现代性一词源自波德莱尔的相关著述，他在《现代生活的画家》一书中对此进行了专文解说，侧重于解读文化的诗性直觉和艺术启蒙。启蒙现代性具有空前的社会变革意义，体现了文化的断裂性和两重性，即文化的现代性将人抽离传统，赋予人以进步、社会以变革，同时又带来理论的困惑、传统的缺失乃至文化的异化。“二战”后，伴随现代工业文明“生活样态”的现代性文化遭遇空前的挑战和危机，西方马克思主义理论家开始对现代性文化危机的三大主题进行解读[②]，如法兰克福学派的霍克海默（1947）、马尔库塞（1941）等对“技术理性异化”根源和实质的探讨，以及阿多诺（1966）、列斐伏尔（1967）、哈贝马斯（1968）等对大众文化异化、生存方式异化等方面的日益关注，促成了人们对文化异化的深层反思，认为在现代文明中文化异化已普遍存在，现代文化的构建、文化的自觉与自

① 伊漪、李益长：《民族村生态文化资源的产业开发研究——以闽东畲村为例》，《温州大学学报（社会科学版）》2016年第3期。

② 彭洲飞：《现代人焦虑、现代性反思、现代文化建构》，《兰州学刊》2012年第2期。

省已成为文化现代性发展的时代主题。20 世纪 90 年代以来，现代性已成为人们将现代社会与工业文明相联系而最经常使用的词语之一，人们开始多元、多义地审视文化现代性的复杂历史进程。拉什（1990）认为文化发展包括 3 个时期：原始时期、宗教时期和现代时期，文化进入现代之后应确立文化新的发展逻辑；艾伦·斯温杰伍德（1984）认为现代性与社会生活中多种因素相关联，但现代性始终意味着历史连续性意识，强调其主体性和反思性①，且必然会随着时代的发展而不断重构与改变；丹麦的尼尔森（1993）认为，文化现代化需要经历极长的时间，并且已经成为形态，对文化现代化展开了深入的探讨，同时概括归类；美国约翰·B. 汤普森（1995）在其论著中提出在现代传媒发展进程中应利用好传统文化，甚至让“现代的东西”在现在或将来变成“传统”②；德国哈贝马斯（2006）的《文化现代性精粹读本》③ 从现代性的概念出发诠释了现代性的矛盾逻辑、文化现代性和审美现代性的关系以及现代与后现代的关系等内容，提出了“重写现代性”的展望。

英国社会学家斯图亚特·霍尔（1980）较早着眼于意识形态对文化现代性建构的影响，认为文化现代性建构与政治、经济、社会等诸方面的现代化紧密相连，是社会多种力量相互交融与反作用的结果，同时在传媒介入下的受众接受行为也势必参与文化的重新构建④；英国著名社会理论家安东尼·吉登斯（2000）把文化现代性建构作为一个社会建设的重大问题来分析，他在《现代性的后果》中，总结现代性深受多种动力机制（时空分离、脱域机制和制度反思）的影响，使得后现代世界时间和空间在它们的相互关系中再也不用

① 张生茂：《畸形的甜苹果——评〈小城畸人〉的审美现代性》，《河南理工大学学报》2014 年第 4 期。

② 薛强、陈李君：《传媒与现代性——浅论约翰·B. 汤普森的传播思想》，《广西大学学报》2011 年第 6 期。

③ 于尔根·哈贝马斯等著，周宪编：《文化现代性精粹读本》，中国人民大学出版社，2006。

④ 斯图亚特·霍尔：《现代性的多重建构》，载于尔根·哈贝马斯等：《文化现代性精粹读本》，中国人民大学出版社，2006。

听命于历时性了，它将以一种复杂的方式将地方和全球交织在一起[①]，提出了关于社会文化建设的“现代性”模型和“未来性”建议。在文化现代性认同研究方面，马克斯·韦伯（1905）从理性的角度提出的文化现代化过程不仅是文化世俗化的过程，更是现代社会发展的过程；英国学者艾伦·斯温杰伍德（1988）认为，现代性是多元的，反模仿、反再现的，是创造而不是反映现实，反思性地进行着一场传统文化与现代文化的批判性对话；阿尔君·阿帕杜莱（2012）在《消散的现代性》中指出，民族地区文化流动和媒体技术是导致民族文化现代性转化和日益“散裂”的两大因素，因为两者改变了人们过往的趋同性生活模式，导致相应的文化区域异质化，并使文化流动在日益扩大的散裂中得以进行[②]。这些研究表明，由于社会转型的特殊境遇，文化现代性及其建构已不可避免，现代性与文化传统之间的互动使现代性文化的构建成为可能，技术、社会和政治的支配性必然驱动着现代性文化的演变和发展。

2. 关于国外民族文化现代性建构研究

雷蒙德·威廉姆斯（1961、1980）认为现代性是一个民族的“情感结构”，任何民族一个时期的文化总是该时期国家意识的体现，其现代化进程就是在“跨境传递”（吸收）现代性（元素）[③]，文化结构性和主观性与文化异质性成为文化现代性建构的纽带。人们主动接近甚至接纳现代事物造就了他们纷繁复杂的现代情感结构，这一过程同样也是人们为了在社会现代性发展中谋求符合自身身份或者地位而进行的奋斗。现代社会会使人陷入为了社会定位而去定位的“怪圈”，人们面临的最多的挑战就是对自身的重新定位。

首先是宏观视野下考察现代性对于民族地区发展所产生的影响研究。如于尔根·奥斯特哈默（1987）认为19世纪以来的奴隶贸易

① 安东尼·吉登斯：《现代性的后果》，田禾译，译林出版社，2000。
② 阿尔君·阿帕杜莱：《“全球文化流动的五个维度”初探——以鄂尔多斯为案例分析》，《美与时代：创意（上）》2014年第2期。
③ 雷蒙德·威廉姆斯：《漫长的革命》，上海人民出版社，2013。

或全球性民族主义扩张为文化现代性带来了崭新的元素，但他与奥根（1996）一样，始终将西方认定为文化现代性的摇篮，即西方始终是文化现代性的中心，但同时又与其他民族地区相互竞争、相互冲突，并有意借用欧洲式民族主义强势地过滤了其他民族地区的文化价值。又如乔森（2004）通过对泰国少数民族高棉人现代化发展过程中出现利益冲突现象的分析，认为现代化促使高棉人传统社会文化发生了急剧变化，但当地人并未在文化现代性建构中获得实质性的利益，高棉人传统文化亦未能同现代文化融合发展，社会中逐渐形成了“重现代轻传统”的文化审视范式，最终阻碍了传统文化的发展①。此外，对于民族地区借助旅游开发促进文化现代性建构问题，路易莎（1999）选取西江苗寨婚礼和旅游展演中的现代性元素进行考察，提出现代性是动态变化的，在某一历史时期，传承传统文化可能被视作“再生产落后的形象”，并反复强调“这个作为强势文化系统的现代性”②，反而使少数民族族群在参与现代性建构中不断重复制造出“落后”的表象，以迎合西方人视角下的“向往原始文化的民族旅游梦”③。

其次是微观视角下对于民族现代性的研究。如丽莎（1992、1999）探讨中国苗族文化现代性发展的历程，认为现代性是“人们”社会中的辨别者。皮格（1996）在研究尼泊尔人对于萨满教的态度后指出，人们认为要是信仰萨满教就不是城市人、不现代。皮格认为人们本不应却不得不用二分法来看待人们的现代性身份认同问题，民族文化有其自身的运动规律，但有时又会受制于社会力量。

最后是基于现代视野的畲族文化研究，代表学者主要有施舟人

① Jonsson，Hjorleifur. Mien Alter-Natives in Thai Modernity. Anthropological Quarterly 77 No4，673-675.

② Minority Rules：Miao and the Feminine in China’s Cultural Politics，Durham：Duke University Press，2000，262.（此处标出的是《少数民族准则》一书的英文版页码）。

③ 路易莎语，转摘自王富文：《评路易莎的〈少数民族准则〉》，胡鸿保译，《世界民族》2003年第3期。

和艾嘉礼等。艾嘉礼博士以畲族村落历史文化作为背景，深入考察不同畲村的语言、节俗等的特色和源流差别，更多地关注不同区域畲族村落节俗和语言研究问题；日本学者秋谷裕幸对闽东畲语的研究更加细致深入，甚至进入了音韵学、方言学领域，代表着当前畲语研究所取得的成就。近几年，一些来自英国、印度、美国、西班牙、保加利亚、瑞士、捷克等的考察团来到畲村，实地考察了集中反映畲族历史与文化的博物馆和村落等，对畲族村落文化的挖掘、保护、传承和发展起到了促进作用。瑞士苏黎世大学学者南因果等通过对浙南、闽东畲村的长期考察后认为：畲村文化建构要在体现畲族文化本土特色的同时，使其更具有时代性、鲜活性，形成多层次和多元表达形式；要将畲族村落文化开发保护与市场运作有机结合，使人们在享受文化熏陶的同时，能对畲族习俗、饮食、建筑等文化产生兴趣，带动相关产业发展；在现代化进程中，应当把畲族文化现代性与民族性、普遍性与特殊性有机地统一起来，调动畲族群众的精神资源并推动文化振兴。

但国外研究者没有集中或相对集中地关注畲族文化的发展问题，特别是没能系统研究当代畲族村落文化发展的热点问题，如对畲族村落文化资源开发、民族创意文化、畲族医药、新畲村现代文明建设等进行当代性思考与研究。综合而言，目前国外此类研究数量仍相当少，研究畲族村落文化的国外学者相对缺乏，且研究成果与当前畲族村落文化发展的步伐不十分契合，跟不上畲族文化发展的节奏和方向，但他们的研究和努力也为畲族村落文化保护和传承等作出了许多有益的贡献。

（二）国内研究综述

近现代以来，畲族村落文化调查研究可追溯到20世纪初，其中钟敬文、董作宾、沈作乾等于20世纪二三十年代以村落调查为主要内容展开研究，相关成果对后世具有较大的影响，特别是沈作乾的《畲民调查记》和《括苍畲民调查记》，二文内容相近且互为补充，均基于浙南畲村实地调查数据，再现了当时畲族村落的民情风物。此外，相关文献还有董作宾的《说畲》《福建畲族考略》等，魏应麟的《畲族之起源与“畲”字之商订》，何子星的《畲族问题》，徐益棠的《浙江畲族研究导言》，胡传楷的《畲族传闻记》，德国人史图博和李化民的《浙江景宁敕木山畲民调查记》，何联奎的《畲民的文化人类上的新发现》《畲民的图腾崇拜》《畲民的地理分布》，傅衣凌的《福建畲姓考》，凌纯声的《畲民图腾文化的研究》等，这些均为中华人民共和国成立之前有关畲族文化研究较有代表性的作品，且对于之后的畲族文化研究有着重要的参考价值和启示意义。特别是史图博和李化民深入浙南畲村开展田野调查，对敕木山畲民的族源、民俗、宗教信仰、民俗风情、经济生产等方面进行了详细的实地考证，其合著的《浙江景宁敕木山畲民调查记》极具史料价值。

中华人民共和国成立后，国家先后组织人员对畲族进行了三项五次规模较大的调查研究，即1953年、1955年的畲民识别调查；1958年的畲族社会历史调查；1982年、1986年的畲族传统文化调查。1953年，雷关贤、雷恒春等组成畲民调查小组，赴福建宁德、浙江景宁等地的畲村进行调查；为抢救少数民族文化遗产，1958年，蒋炳钊、吴文藻、费孝通、潘光旦等分赴福建、浙江、江西等省20多个畲村调查，在畲族社会历史的调查等方面取得了历史性进展。

在国内，文化现代性研究起步较晚。20世纪80年代以来，畲族村落的各种文化事象均已进入研究者的视野。例如，施联朱、蒋炳钊、郭志超的畲村文化原真性和整体性发展研究；李维信、蒋炳钊[①]、蓝青魁[②]、张崇根[③]等对畲族族源的全新探索。1990年之后，各地开始大量出现畲族志书，全方位聚焦畲族的历史和现状，展现畲村文化、经济等的发展概貌。例如，丽水地区《畲族志》编纂委员会的《丽水地区畲族志》、俞郁田的《霞浦县畲族志》、《福安畲族志》编纂委员会的《福安畲族志》等；施联朱、蒋炳钊、郭志超等对畲族家

① 蒋炳钊：《关于畲族来源问题》，《中央民族学院学报》1984年第3期。
② 蓝青魁：《畲族族源试论》，《福建论坛》1986年第4期。
③ 张崇根：《畲族族源东夷说新证》，《中南民族学院学报》1986年第4期。

族文化变异、畲族汉化原因方面的再认识；张先清、林校生的畲族村落谱牒、祠堂文化、村落历史文化的研究；沈毅、蓝兴发、蓝静的畲族村落茶、竹、酒文化研究等。与此同时，学界亦开始从现代性的角度来研究民族各种文化事象，如李天雪[①]、黄骏等[②]基于民族文化变迁的新视角对少数民族村落传统文化的现代性变革与转换等展开研究。

近年来，大批学者着力于探讨畲村传统文化的复兴、现代性发展以及传承场域的重建等，如马威（2010）、施强（2014）、闫晶（2014）等对闽浙畲村丧葬习俗、宗族活动、服饰等发展演变的研究，邱云美（2014）对畲族节庆和民俗文化变迁的研究，伊漪（2016）、李益长（2014—2017）对畲村文化产业发展的研究，刘冬（2017）围绕福建省畲族文化保护传承所展开的系列调查提出了多种有效的创新发展路径[③]，王逍的《超越大山：浙南培头村钟姓畲族社会经济文化变迁》通过参与式调查丰富了人类学“点状式”微型社区研究法，并在景宁畲村经济文化变迁与发展问题等方面取得了较大的研究突破，以及2020年之前脱贫攻坚背景下借助畲村旅游文化产业发展、特色文化资源开发问题的研究等。乡村振兴战略背景下，村落文化的原真性、本土性和现代性发展已成为广大畲村文化建设的重中之重。围绕这一主线，相关研究者开始着力探讨新时代畲族村落文化发展的新路径，如李益长的《乡村振兴语境下民族文化传承场域的续构与生成——以畲族小说歌为例》、孟令法的《传统的复兴与流变——改革开放以来畲族祖图应用转向研究》、方清云等的《重返民间：自媒体时代少数民族山歌发展的新特点——基于浙江畲族山歌发展变迁的考察与分析》，等等。

---

① 李天雪：《民族过程：文化变迁研究的新视角》，《广西民族研究》2005年第4期。
② 黄骏、邱仁富：《论少数民族地区农村传统文化的现代性变革》，《经济与社会发展》2006年第11期。
③ 刘冬：《福建省畲族文化保护传承与创新发展研究报告》，《宁德师范学院学报》2017年第3期。

目前国内的相关研究有以下特点：①注重史料的挖掘。研究多以畲族村落文化为个案，挖掘各畲村独特的文化景观。如雷李洪、杨文辉论述闽东福安市虎头村吴姓畲族的畲化，使用了大量的问卷调查材料和访谈材料，还援引了族谱、墓碑、石碑等材料进行分析；蓝炯熹、张先清在各地畲村发掘出了新的传世文献史料等，丰富了畲族村落文化原真性等方面的研究。②学科理论的融入。如蓝炯熹、蓝图父子运用空间理论，综合运用自然地理、经济地理、方言地理、军事地理等知识，强调了地理在民族共同体形成中的重要性，比同类研究深刻且富有说服力；王逍运用社会学关于族群集体记忆的理论，对畲族村落民俗事象作了极为成功的文化社会学诠释等。③日益关注畲族村落文化的保护与开发。研究者试图通过相关研究推动畲村的发展，他们或着眼于畲村传统文化生态探析，或探究村落文化在旅游开发中的利用价值，或考察村落文化变迁中的自我调适，或探寻村落文化遗产和生存空间的保护路径等。例如，宁德师范学院的研究者们对畲村文化产业化保护和畲村文化现代化等问题的探讨，成为现在闽东畲族村落文化研究的一个亮点；林校生、伊漪等提出在闽东畲乡建立田野调查研究中心的构想以及陈赞琴对新媒体时代闽东畲族文化传播进行尝试性思考等，体现了今后畲族文化研究的发展方向。④聚焦新时代背景下畲族村落文化现代性建构研究。主要研讨汉化元素、新环境背景等对畲族村落文化变异方面的影响，如杨正军通过考察不同时期畲族盘瓠传说中的具体形象及其背后的文化背景，认为畲族知识分子对畲族文化观念变化起到了指向性的作用。相关研究特别关注乡村建设或乡村振兴背景下畲村社会变迁与文化发展之间的内在关系，相关研究涉及畲村音乐、舞蹈、服饰、畲药等各个方面，理论建设成果多，且富有现代性视野。⑤基于区域发展的畲族村落文化当代发展所涉及的领域及其影响研究。主要包括畲族村落文化建构路径及村落经济发展、商品经济意识等对村落文化发展的影响等方面的研究。例如，王逍（2010）通过对景宁畲族村落经济文化现状的田野调查为畲族村落文化发展模式提出了富有针对性的思考；李文睿（2008）以社区村落为研究起点，以小见大地为畲族村落文化研究另辟一条独特的路径；庄惠兰则针对畲族村落文化发展的现状，提出了促进民族文化可持续发展的对策；赖扬恩（2019）考察扶贫开发背景下闽东畲村经济文化发展的内在机理，提出了畲族扶贫与畲村文化传承与发展的内在关联①。

总体上看，相关研究者立足现代市场化背景，或从不同视角研究畲村社会、经济、文化的发展现状，提出文化产业发展、文化传承的策略和构想；或通过田野调查对畲族现实生产、生活变迁及其对畲族传统文化诸多层面的影响进行考量，以此来审视畲族文化现代性变迁的轨迹与发展规律，发现畲族在这一进程中存在的问题及动因；或将微观考察和历史研究相结合，在以往畲族研究关注历史的基础上，更加关注研究现实发展需要，取得了大量的研究成果。但对畲族文化现代性建构及文化振兴等问题的研究仍存在诸多不足之处，主要表现在以下方面。

一是文化现代性建构及文化振兴等问题的研究尚未深化。现阶段，尽管不少学者已不再局限于审视畲族传统文化的保护和开发价值，也不再局限于对其文化内涵的挖掘和整理，而是更倾向于对畲族文化现代性建构模式的关注，并通过田野调查力求准确把握畲族文化的变迁现实和发展现状，找寻其在文化现代变迁过程中存在的问题和深层原因，但目前的研究尚未充分解决畲族文化现代性发展的现实问题，提出的一些文化传承与创新策略也并未获得充分的实践检验，更未找出解决乡村振兴等背景下畲族文化现代性发展及振兴等问题的有效方法，且有些将微观考察和历史相结合的研究虽突破了以往畲族文化研究缺乏现实性的局限，开始探讨畲族文化建构中人与生态环境等因素，但因缺乏典型的成功案例，尚未总结出可复制或可广泛推广的富有影响力的模式。

① 赖扬恩：《宁德畲族地区扶贫开发的实践与启示》，《民族研究》2019年第4期。

二是学科视野有待进一步拓宽。从学科领域来说，文化发展与现代性建构关系研究主要集中在文化人类学，如民族学、社会学、经济人类学、医药人类学等。近年来，从民族学人类学视野关注畲族文化方面的研究仍相对薄弱。事实上，随着美丽乡村建设和乡村振兴战略的相继实施，畲族多元文化的发展已呈现出极度的不平衡，畲村政治生态和传统文化生态重建、畲村民众的心理观照及众多无法带来实际经济价值的文化事象常常有意无意地被研究者所忽视，畲医畲药的研究也未受到应有的重视，畲族文化传播路径的探讨未有实质性突破。因此，畲族村落文化现代性建构必须调整研究策略，注重区域整体、多层次的融合性探究，并将研究视角转向现实存在却长期备受忽视的传统文化元素，吸收现代文化发展的新理论，促进畲族文化创新式发展。反之，零星的、短小的、不成体系的单视角分析研究已无法适应新时代背景下畲族文化现代性建构的理论研究实际。

三是研究方法或方案有待进一步融合。研究方法指在研究中发现新现象、新事物，或提出新理论、新观点，是揭示事物内在规律的工具和手段，主要包括田野调查法、文献调查法、观察法、谈话法、历史研究法、比较研究法等。文化发展一方面需要挖掘文化精髓为民族文化现代化发展服务，另一方面要主动接受和采借先进文化来建构该民族文化的现代性。但从现有的畲族文化现代性建构研究成果来看，研究方法较为单一，即大多数研究局限于田野调查式的实证材料总结、文献调查式的表象分析或浅描式的比较研究，少有从综合政治、经济、文化多元层面对畲族文化现代性发展展开深层次反思，缺少真正可行的、科学的、具体的、系统的方案探讨。尽管愈来愈关注畲族文化的现代性发展，但相关研究基本聚焦于畲族歌言、服饰、旅游、文化产业、文化保护与传承等问题，真正立足于畲族乡村文化振兴战略的具有可操作性、科学性的方案并不多，缺乏对闽东畲族民族精神层面的现代人文关怀。所以，应把“我者”与“他者”研究相结合，综合运用现有行之有效的研究方法，使畲族文化研究更加系统而深入。

总之，全面系统地围绕“畲族文化传承动力、建构畲族文化的现代性再生产机制和文化振兴的对策”等主题展开研究已成为引导畲族文化加快适应现代化发展和乡村振兴战略的亟待深入研究的课题。

三、研究方法和思路

（一）田野调查法

精心选取案例调查点，如历史文化名村（半月里村）、革命老区基点村（闽东革命的摇篮竹洲山村等）、民族团结进步村（彭家洋村等）、“中国扶贫第一村”（赤溪村）、“中国少数民族特色村寨”（上金贝村、猴盾村、溪塔村等）、城乡接合部传统畲村（亭坪畲村等）共20个典型畲族村落为调查点，通过微观审视案例畲村社会生活、村落景观、文化遗存、文明建设和文化振兴等方面的情况，多个维度还原闽东畲族村落文化变迁，进而描述当前乡村振兴背景下闽东畲村文化主体性缺失、文化异化、乡村教育落后、内生动力不足、文化产业困局等问题，总结闽东畲族村落文化发展正反两方面的经验和启示，以及不同村落文化振兴的相应路径选择等。在总结前人关于闽东传统文化实践活动的基础上，从理论上总结闽东畲族村落文化实现创新性转化的条件、途径、方式等。通过亲历性走访调查获取第一手资料，运用观察、访谈、查阅文献资料等方法，还原各案例畲村文化发展和理论探索的真实图景，以及闽东畲村特色文化在当下乡村文化现代性建构和文化振兴中的作用机理等。

（二）案例分析法

案例分析法是本课题研究的一个重要方法，当前闽东畲族文化得到了一定程度的挖掘、整理和保护，许多方面取得了一定的成绩，但相应地也存在诸多问题。选取国家级历史文化名村半月里村、闽东最大的畲村富达村、“中华畲族第一村”上金贝村、“中国扶贫第一村”赤溪村、民族团结进步示范村彭家洋村、茶文化村猴盾村和方家山村、闽东革命的摇篮竹洲山村等典型案例进行分析论证，可从不同村落经济文化开发的历史经验中探求文化振兴、传承创新的一般规律，便于以小见大，开阔视野，拓宽本研究的思路。

（三）比较研究法

把闽东畲村分为若干类别，如自然村和行政村、传统村落和造福工程新村等，选取典型案例点后逐一进行深度调查研究；通过对不同村落文化传承和振兴的现状和面临问题的分析，探索不同村落在实现村落文化传承与发展过程中的主要策略和文化现代发展路径，寻找共性，区别个性，以期在比照中获得对问题的更深入理解，寻找推动闽东畲村文化传承和振兴更为有效的方法和路径。

（四）民族志研究法

民族志研究法即通过“长时间参与”“一对一访谈”，细致了解闽东畲族群众的生活日常，捕捉近年来闽东畲村文化建设的细节内容，解读畲村文化建构过程中人、事、地、景等方面的交互影响，特别是造福工程、美丽乡村等推进过程中闽东社会变化真实图像和畲村文化发展的真实面貌，并逐一记录畲族群众对现有文化建构的行为表现、畲村文化传播、文化产业发展和文化创新等各因素之间的互动关系。

四、主要创新点

（一）学术思想方面

挖掘畲族村落文化仁爱、诚信、正义等时代价值，并创造性地转化成为社会主义新畲村建设的动力源泉，让闽东畲族村落文化成为畲族群众精神文明建设的源泉，规范人们的行为，让族群意识内化为畲族民众新型的凝聚力，共同完成民族文化的重构与超越。

文化生态理论让畲族村落文化折射出比物质和资本更强大的力量，造就畲村更大的文明进步，并借助乡村文化振兴的战略背景让畲村积淀的传统文化品格助推畲族村落文化振兴进入更高的发展阶段，使畲族村落文化成为推动闽东畲族各项事业进步的力量源泉。

（二）学术观点方面

必须充分挖掘畲族村落文化中有利于时代进步的文化因子，从时代的高度合理建构畲族村落文化的时代精神，重视畲族群众在民族文化振兴中文化的自觉与自信。

运用现代观念、现代话语对畲族村落文化作出新的解读和诠释，发掘新意，彰显所蕴含的内容，助推畲族村落文化价值的现代性转化。

畲族村落文化不仅是一个畲族人民的精神家园，更是推动闽东畲族乡村振兴的不竭动力，应从传统与现代两个视域的融合与互动中促进民族文化生态的保护与可持续发展，共同助力闽东畲村文化振兴。

只有将文化主体、文化客体、传承载体、文化空间等有机结合，村落文化与现代先进文化交流互动，完善民族文化共建、共享机制，才能使传统文化传承及振兴在双向互促互进中获得可持续发展。

民族文化的传承与振兴总是在一定的文化空间里进行，而民族文化原生性样态不可复制，无论是民族文化的保护、传承还是振兴，均应重视文化生态的全面性保护，唤起民众的文化自觉，民族文化的传承与振兴才能获得不竭动力。

应加大力度提升畲族群众传统文化自觉意识，在培养数字化保护和自媒体文化传播人才、优化文化资源均衡供给、凝练畲村文化空间特色等方面下功夫，紧扣观念创新、人才创新、路径创新等角度，借助多方力量夯实畲村思想基础、提高科技助力，合力推进畲村文化振兴。

（三）研究方法方面

运用多学科知识展开综合调研，充分挖掘和展现闽东畲族村落具有开发价值的文化元素，探索闽东畲村非物质文化遗产（以下简称“非遗”）生存环境的保护路径，探讨村落文化传承与发展的途径与对策。

运用民族志研究法，通过亲历性参与，捕捉畲村社会变化的真实图像，复现民族村落群众日常生活样态，捕捉畲族村落原生态样貌，提高调查研究的理论可信度。

运用比较法对闽东地区的畲族村落文化发展模式进行比较研究，比如分析民企联村、村企对接互赢等发展模式对于畲族村落文化建构的适应性和可行性等。

第二章　闽东畲族村落及其文化显征*

* 闽东现有的239个畲族行政村和900多个畲族自然村，除了蕉城区外洋村和溪旁村、霞浦县新村、福鼎市的菰北村和竹洋村、周宁县兴福社区等个别村于中华人民共和国成立后建村外，97%以上的畲族行政村和100%的畲族自然村均为民国之前建村，本书中“闽东畲族村落”“闽东畲村”等概念的内涵相近，所以书中不作严格区分。

畲族主要分布在我国东南部，现以“大分散、小聚居”的形式散居在福建、浙江、江西、台湾、广东、安徽、贵州等海拔200～700米的半山区，主要聚居在闽东、浙南[①]。畲族自称“山哈”，此称呼虽然史书无记载，但现在闽浙地区畲族依然在沿用这个名称。唐代，畲族主要居住在闽粤赣三省交界处。南宋末年，史书上首次出现“畲民”和“輋民”的称呼。“畲”的意思是“刀耕火种”，这与畲族先民的劳动生产方式有关。1956年，国家经过认真研究取用“畲族”作为族称。现在，一些主要的畲族聚居区还有部分群众会说畲语。畲族只有语言而无文字，现通用汉字。现在，景宁是全国唯一的畲族自治县，另有45个畲族乡镇（详见附录1），根据第七次全国人口普查统计，畲族现有人口为70.96万人，人口总数在全国少数民族中位列第19。

第一节　闽东畲族村落的形成与发展

一、畲族的迁徙和闽东畲族村落

村落是指民国以前建村，较好地保留了历史沿革……具有独特民俗民风，虽经历久远年代，但至今仍为人们服务的地方[②]。据畲族家族传说，其最早的聚居地是以广东潮州凤凰山为中心，较早的村落主要分布在闽粤赣三省接合部。在闽粤赣接合部的畲族原住区，古代畲族聚落称“峒”[③]，但从畲族的历史发展进程看，在宗族聚落形成之前，绝大多数畲民处于游耕或戎耕状态，因土地资源减少，且田园被地主占有，畲族群众只得“散处”“随山迁徙，去瘠就腴，无

---

① 雷弯山：《畲族源流研究》，中共中央党校出版社，2016。
② 朱晓明：《历史、环境、生机：村落的世界》，中国建材工业出版社，2002。
③ 郭志超：《畲族文化述论》，中国社会科学出版社，2009。

定居”“巢居崖处，射猎为业，耕山而食，率二三岁一徙”[①]。这种情形下难以形成相对稳定的家族化聚居格局，也较难具备形成家族文化的时空条件和精神基础。在唐宋元的畲族先民“前家族化”时代，战争与迁徙构成了他们生活的主要内容。为了民族的繁衍与生存，深受统治之苦的畲族人民奋起反抗，形成了对抗强权政治或敌对势力的军事化民族共同体。这些共同体如何治理，史书叙述不明。宋人刘克庄的《漳州谕畲》较早谈及畲族聚居区域概貌，“南畲隶漳浦，其地西通潮、梅，北通汀、赣……畲长拔止于机毒矣……畲人不堪，诉于郡弗省……”，由于陈述简略，言语之间只能让人了解到畲族内部治理（畲长）的大致情况，无法得知畲民的家族构成和家庭内部情形。至元代后，“立屯耕作”的屯田定居生活，才为畲民家族的形成奠定了基础。畲族先民以游耕方式四处迁徙，途中随山种插、结庐而居，形成小规模的畲族乡村聚落——畲寮。明代之后，福建的种菁业尤为发达，闽西、闽东一带畲民大量迁入，形成“大分散、小聚居”的畲族村落——菁寮、畲寮。但是这些聚落的形成只为畲民提供了空间范围上的保证，要想获得村落的永续发展，必须拥有指导家族思维和统一行动的伦理规范，即兼备物质和精神双重条件。在物质与精神双重层面的作用下，畲族村落在闽浙赣等东南山区大量涌现。

闽东畲族的迁徙可追溯到唐代乾符年间（约876年），当时即有畲族先民零星迁入闽东的记载，较早的以闽侯雪峰一带的蓝文卿迁入古田县平湖及稍后的漳州、莆田一带的畲族先民迁入罗源、连江等地为代表，唐代共有2支畲民迁入闽东。元代之后，畲族迁徙更加频繁，但畲族大规模迁入闽东是在明清时期，其迁入路线众说不一。据统计，明代迁入闽东的畲族先民有30支，清代有41支。在闽东宁德地区的畲族，据说来自广东潮州凤凰山，他们从广东登船，到连江马鼻登陆。但从各自留下的谱牒看，他们来源较复杂。

① 曹大明:《论畲族历史记忆的稳定性特征》,《内蒙古社会科学》2008年第6期。

自唐至清，迁入闽东的畲民共有73支，其中蓝姓25支，雷姓25支，钟姓23支[①]。后这些畲民部分后代又先后外迁，迁出地分别为福建省内46支、浙江省26支、江西省1支。畲族先民迁入闽东的迁徙路线大致有两条：一是经泉州、莆田、闽侯、连江、罗源等地迁入闽东的蕉城、福安、霞浦、福鼎、柘荣；二是经闽侯进入古田、屏南等地。之后，迁居于闽东的部分畲族先民又继续向浙南一带迁徙，分散在温州、丽水等地。而后部分畲民又迁往安徽等地或回迁闽东。

明代的地方文献中尚未有畲族村落的相关记载，但从清代编修的闽东畲村族谱统计明代迁入的村落至少有67个，分别为福安大西门岷山岗、大林、山头庄、白石潘、大留、林前、坦洋杨中坑、四都后楼、五都赤墘、南坪、刘坪坑、黄墓、仙石、牛石坂、金飘带（金腰带）、大丘田、官湖、溪塔、仙岭岔、洋勘、楼里、南阳、上墓亭、九都后坑、岔头、南山、桐湾、五斗（月斗）、里洋29个；霞浦四都雁落洋、二十五都水漕垅上水、三十六都墓斗、三十七都霞山、四十都大墓里、四十三都后岐山、四十五都芦坑青甲垅、四十九都瓮里、三十八都都过洋、青皎（牛岭）、胡坪（水门武坪）11个；宁德飞鸾葡萄坑、黄土垄、赤溪尖山、猴盾、柴坑、上金贝、烟亭、麒麟寨8个；福鼎牛埕下、下半山、蓝厝里、白琳、白岩、滨洋、梅溪、西岐、月梳洋、桥亭、里洋、牛栏岗12个；古田富达、梅坪、达才林、雷家墩、塘后墘5个；屏南巴地、寿宁下溪洋后坑2个[②]。明中叶之后，大量畲民迫于生计，以家庭为单位，开始了向闽浙赣交界地陆续迁移，落籍闽东的畲族先民在偏僻山区依山垦田而耕，搭寮而居，建设家园。其迁移的主要动因之一在于闽地种菁业的发展。明代“福建蓝”冠绝天下，闽粤赣交界地的畲民迫于生计，以“菁客”身份向人口相对稀疏的闽浙赣交界处迁徙，种植蓝靛，发展种菁业。再者倭寇

① 雷弯山：《畲族源流研究》，中共中央党校出版社，2016。
② 钟雷兴：《闽东畲族文化全书·乡村卷》，民族出版社，2009。

之乱平定后，闽东沿海地区田园荒芜、人口锐减，亟须注入大量人口以开发海疆，这客观上为畲民提供了大规模迁入闽东的历史契机。其间，已经落户闽东的畲族又经历了从山区向滨海的迁移，霞浦、蕉城、福安、福鼎沿海地区分布有大量的畲族村落，促进了闽东滨海地区的经济开发。往返多次的辗转迁徙，造成了闽东畲族人口分布呈“大分散，小聚居”以及汉畲两族杂处的格局。至清初，闽东畲族村落已有约200个，畲村分布情况与现在大致相同。清乾隆年间，最后一批畲族乡村实施了“编图隶籍”政策，畲族先民自此与黄册黎民拥有同等的地位，畲族聚居区域的百姓亦可以读书做官，畲族文化精英逐渐遍布闽浙赣交界处的广大畲村，畲族村落文化的建构与定型也完成于这一特定的地理空间，以至于20世纪50年代畲族身份的识别、鉴定工作便主要在这一区域开展。可见，闽浙赣交界地，特别是闽东地区对畲族的形成与发展极其重要，畲族先民经过长期迁徙终于找到了一个最适宜民族发展的区域，使得闽浙赣交界处成为全国最大的畲族聚居地，所以要认识闽浙赣交界地就不能排除畲族的因素[①]。至清光绪十年，闽东畲村已多达212个[②]，这一数量与现有的闽东畲族行政村数量相近。在此基础上，闽东成为名副其实的全国最大畲族聚居区和畲族文化中心。

二、闽东畲族村落的宗族与管理

宗族是家族群体的一种文化标识。傅衣凌在《福建畲姓考》中首次考释了畲族的宗姓，认为福建畲族除了四大姓[③]外，还有李、陈、黄、吴、刘、张、谢、邱、晏、罗、许、余、聂、袁、辜、章、何等17个姓氏。自唐以降，闽东畲族村落多以同姓聚族同居，即“结庐

---

① 蓝图、蓝炯熹：《闽浙赣交界地：地理枢纽与畲民族共同体的建构——以历史地理为视角》，《福州大学学报》2010年第6期。

② 钟雷兴：《闽东畲族文化全书·乡村卷》，民族出版社，2009。

③ 指畲族的主要姓氏盘、蓝、雷、钟。

深山，聚族而处”①。单姓村成员多为该村开基始祖之后裔，也有同姓不同宗的村落，还有部分汉姓畲族与蓝、雷、钟畲族聚合而居异姓畲村，也有相当部分汉畲杂居村。但总的来说，单姓血缘组织是闽东畲村社会生活的重要成分，闽东畲族谚语“山哈山哈，不是共房就是叔伯”，说的就是血缘关系在社会生活中的突出特点。畲村有祠堂和房之分，祠堂即宗祠，房即宗祠内的子孙分支。有些畲村不同宗族的同姓畲族共用一个祠堂，甚至有些不同姓的畲族群众也共用一个祠堂，如宁德霞浦溪南镇牛胶岭村，蓝、雷二姓便共用一个祠堂。与其他地区一样，闽东畲族都认同自己来自广东凤凰山，一提起凤凰山，心中就充满自豪感，并且把源于凤凰山刻在宗祠上②。

（一）闽东畲族村落宗族的形成

闽东畲族群众对宗族先祖犹以开基祖为重，他们认为开基祖为家族的生存与繁衍所做的奉献功不可没，正是他们的“积德之功”造就了如今的畲族村落、宗族和家业，所以开基祖被认为是“（闽东）畲民聚落的第一块基石”。在家族谱系中，闽东畲村开基祖的相关记载虽常带有颂歌式色彩，但他们却一直被当代人视为当地村落宗族形成的奠基者。如宁德蕉城区八都镇猴盾村的《雷氏宗谱》记载：“天辟公隆庆四年（1570年）由庆阳府而来宁德尖山大坪。……光清公，号清溪，行恒四，为本族猴墩的开基第一世之始祖也。……父子器重深沉，规模宏远，结庐构厦，开山垦田，为子孙计。”③此外，闽东其他地区的畲村族谱对开基祖的记述也颇为详尽，言语间表达了畲民对开基祖的敬仰之情，或叙述开基祖创业之艰辛，或极言举家迁徙的欢乐，或盛赞开基祖在开创子孙生活环境和重构家族体系的辉煌功绩，字里行间尽显宗族形成之艰辛漫长及对宗族历史寻踪的执着情怀。

宗姓也是宗族群体的一种文化表达，印刻着每一个家族的血缘关

---

① 郑祖庚：《侯官县乡土志》，海风出版社，2001。

② 雷弯山：《畲族源流研究》，中共中央党校出版社，2016。

③《雷氏宗谱·源流谱序》，1927。

系和家族观念的烙印。据传，畲族四大姓的来历源自一则传说：“亲生三子相端正，皇帝殿里去讨姓，长子盘装姓盘字，二子篮装便姓蓝。第三小子正一岁，皇帝殿里讨名来，雷公云头响得好，笔头落纸便姓雷。当初出朝在广东，亲生三子女一宫，招得军丁为夫妇，女婿名字身姓钟。”① 长期以来，这一传说缺乏史实依据，不为绝大多数畲族群众所认可。可见，盘、蓝、雷、钟四大宗姓的民间传说不可视为事实，或许仅能视为畲族先民对宗姓神圣性、聚合性的浪漫想象和自豪追念。后世畲族群众将畲族的约 20 个姓氏编成歌言加以传唱，有的歌言粗略记述了相关姓氏的产生和迁徙过程，有的则全面叙述畲族宗姓的形成历史，如流行于闽东的畲族歌谣《同源娘姓歌》叙述的畲族姓氏多达 20 个，林、千、羊、王、宗、世、朱、爱、方、康等姓氏加入畲族宗族行列。但闽、浙、赣、皖至今未发现盘姓畲族，相关原因史书无记载，畲族宗谱的记载或传说也莫衷一是，使得盘姓在这些地区的消失成了一桩未解之谜。闽东的李姓畲族始祖李廷玉原为蓝姓畲族女婿，从畲俗，后迁居至闽东霞浦雁落洋（今水门半岭），历六代之后迁居福鼎，后又有一支回迁霞浦。闽东吴姓畲族始祖于明嘉靖年间，自浙江泰顺迁入福建社口，其后世基本都与畲族联姻，形成了闽东畲族吴姓的一支，居住地分布于福安、霞浦、福鼎等地。杨姓畲族源于浙江龙游县，唐时迁入闽东福安，后又迁居宁德蟾溪，历三世后，分迁闽东福安杨家坪（今属福安康厝畲族乡），明末避兵灾，迁至闽东蕉城五斗、里洋、六都及福安坂中大林，清乾隆五年（1740 年）迁居闽东潘洋村② 等地。据族谱记载，闽东杨姓畲族曾于 17 世纪中叶改为钟姓，后于 19 世纪初叶又改回杨姓，其间还流传有钟杨畲族二姓渊源的故事。由汉姓加入畲族，或有联姻关系、收养关系，或为生存需要自愿从属于他族。可见，在民族交融的背景中，闽东畲村宗族的形成与发展纷繁复杂。

---

① 钟雷兴：《闽东畲族文化全书·歌言卷》，民族出版社，2009。
② 今宁德市福安社口。

闽东畲族受汉族的影响较大，畲村宗族也是以祠堂作为象征物，但其宗族方面的构成却有自身的特色。闽东福安畲村所藏的清代宗谱中，都有畲族四大姓的图谱，畲家认为畲族本为同宗，同村不同姓可共有一祠堂。如若未建祠，可用装有祭祖象征物的“祖箱”或“祖担”，这种缩微型的祠堂使用起来极为方便，可随时随地举行祭祖仪式。但畲族人迁往异地繁衍的族群不一定建祠。迁往异地的衍生的族群，只要是五代以上的姓氏血缘群体，并有集体的祭祖活动，也是宗族，但对于原乡的宗族，在学理上称为宗支。如果未形成宗族组织和举行集体的祭祀活动，在学理上只是姓氏继嗣群体①。对于畲族群众而言，本民族就是一个大宗族，“蓝雷二姓共祖公，广东山上祖公坟”②。广东凤凰山便被畲族人民认为是其祖居之地。福安市范坑乡洋坑《汝南蓝氏宗谱》载“顾我盘、蓝、雷、钟四姓大宗祠肇基于广东凤凰山与南京一脉相连，建祠之地即吾祖旧址也”。祠内四姓始祖“并列封牌位”，即所谓“每祭祖，则四姓毕集”，此处“四姓毕集”的合祠彰显了闽东畲村宗族文化的特色，也为闽东畲民宗族可以共祠祭拜祖先提供了文化依据。

（二）闽东畲族村落宗族的管理

从畲族的历史发展进程看，在村落或宗族聚落形成之前，绝大多数畲族先民处于游耕或戎耕状态，尚无法形成相对稳定的家族化聚居格局，也较难具备实现家族生成的时空条件和精神基础。在唐宋元的畲族“前家族化”时代，形成了对抗强权政治或敌对势力的军事化民族共同体。这些共同体如何治理，史书叙述不明，缺乏族谱资料佐证，无法准确获知闽东畲族前家族化时代宗族管理的细节信息。明代之后，由于福建种菁业的发展，大量畲族先民迁入闽东，逐渐形成了“大分散、小聚居”的村落空间分布格局。明清之后，闽东畲族聚落大量出现，畲族先民的“家族化”时代才真正到来，在传统思想的影

① 郭志超：《畲族文化述论》，中国社会科学出版社，2009。
② 钟雷兴：《闽东畲族文化全书·歌言卷》，民族出版社，2009。

响下，畲族先民的道德伦理观念也逐步形成和完善，并成为一个具有“互助、事群、简朴、忠顺、信义、谦让、忍耐、和平、勤劳、刻苦”家族伦理道德的优良民族，成为我国“东南山区杰出的拓荒者”①。

闽东畲族十分重视家族管理，他们通过世俗化教育、祠堂活动、祭祖活动等处理家族事务。闽东畲村的宗族领袖一般也叫“族长”，有些畲村称之为“父老”“家长公”“族老”等。畲族社会与汉族不同，从未有族长嫡传制，而是由辈分高、年纪大、办事公正、有威信的老人担任②。大体上看，宗族中的父老必须身体康健、言行举止得体，或精于农事，或稍读诗书，或少有积蓄又慷慨施济，或能言善辩擅斡旋内外③。有些畲村当族长的资格须经由“传法录入”仪式，可见畲族人对族长人选的选拔及委任之慎重。族长的职责通常包括调解或处理族内外纠纷、族内日常事务或财产权的裁决和公证、领导村落开展大型活动、主持编修族谱及各种公共建设等族务。在畲族人口较多的村落必有族长，相关文献均可证实族长在闽东畲村广为存在的史实，如宁德市古田县大桥镇溪源里畲村《雷氏家谱》明确记载：“族长关风化，宜尊齿德长。正人先正己，型俗更型方。理以宣衷谕，言须精细详。单身兼恶疾，此任不堪当。”④可见，族长必授予“辈高年长”“公正有德”“善察理而能言”之人。畲族族长主要职责是管理宗族事务和执行族规，尽管族长权威大，但也要遵从民意，重大事件的裁断仍须参照族中人的意见和建议，即“如纠纷难解，则由尊长凭公裁断”，也就是说，一般性事务或纠纷，族长可独断，但如若问题性质严重或事态较为复杂时，则须经由“合族公议”，最后再由族长裁决。这种“合族公议”式乡村治理模式，体现着畲族村落治理方式的民主特色和人本思想。

---

① 蒋炳钊语，转引自雷弯山：《畲族源流研究》，中共中央党校出版社，2016。
② 郭志超：《畲族文化述论》，中国社会科学出版社，2009。
③ 蓝炯熹：《畲民家族文化》，福建人民出版社，2002。
④《雷氏宗谱·族规》，清光绪十六年修，见于《中国民族文化大观·畲族篇》，民族出版社，1999。

在闽东地区的畲族还有一种特殊的家族治理活动——联宗，即联结同姓或异姓人群形成更加强大的共同体或庞大的家族体系，以促进自身的生存和繁衍。联宗是特定历史的产物，有利于宗族的发展，当然联宗并非为形成新的宗族组织，而是为了形成一个建立在共同利益基础上的同姓或异姓的功能性地缘联盟[①]，以强化宗族管理，促进畲村宗族之间在合力作用下更好地发展。

三、闽东畲族村落的变迁与发展

民国初期，有关文献记载的闽东畲村只有 134 个，但据 1937 年《福安县人口农业调查》一书，福安一个县的畲村便多达 120 个[②]。1953 年，原福安县遵照福建省人民政府的指示，将该县仙岩乡作为试点，设立福建省第一个畲族乡自治机构——畲族仙岩乡自治区人民政府[③]。1962 年福安《关于几年来少数民族工作情况的报告》中记述，全区纯属畲族的人民公社 7 个，大队 182 个，小队 1092 个[④]。翌年，福安专区《1963 年民族工作总结报告》则称，全区纯属畲族公社 3 个，大队 156 个，生产队 1822 个，畲族占 50% 以上的公社 20 个，大队 118 个[⑤]。1989 年，宁德地区民族事务委员会编的《宁德地区少数民族基本情况汇编》以少数民族人口占总人口 60% 以上为标准，列出畲族行政村共有 140 个，包括宁德（蕉城）18 个、福安 78 个、霞浦 29 个、福鼎 6 个、古田 3 个、柘荣 3 个、屏南 1 个、周宁 1 个、寿宁 1 个。此后，畲族行政村村委会数量变化不大。2005 年，闽东有畲族行政村 234 个（畲族人口占总人口 30% 以上），其中蕉城 35 个、福安 106 个、霞浦 49 个、福鼎 25 个、古田 6 个、

① 钱杭：《血缘与地缘之间——中国历史上的联宗与联宗组织》，上海社会科学院出版社，2001。
② 钟雷兴：《闽东畲族文化全书·乡村卷》，民族出版社，2009。
③ 福安市地方志编纂委员会编：《福安市志》，方志出版社，1999。
④ 这里的大队相当于现在的行政村村委会，小队相当于现在的自然村或村民小组。
⑤ 钟雷兴：《闽东畲族文化全书·乡村卷》，民族出版社，2009。

柘荣5个、寿宁4个、周宁3个、屏南1个，人口总数约18万人，分布于全市9个县（市、区），123个乡镇及街道办事处，734个行政村，1789个自然村①。2020年，闽东畲族行政村数量调整为239个（见表2.1），畲族自然村986个，这些村落除了极少数于中华人民共和国成立后搬迁聚居成村或因近年造福工程搬迁新村外（如蕉城区七都镇外洋村，洋中镇溪旁村，福鼎市的菰北村、竹洋村等），皆于唐至民国时期建村。由于闽东长期以来交通闭塞，经济欠发达，尽管受到经济全球化和城镇化浪潮的冲击，大多数闽东畲族村落景观和民族文化事象总体上保存较好，古田富达、蕉城猴盾、福安溪塔、霞浦白露坑和半月里、福鼎双华等是闽东有名的传统村落。

表2.1　闽东各县（市、区）239个畲族行政村分布情况

县（市、区）	序号	所在乡镇 / 行政村名	合计（个）
蕉城	1	城南镇：后山、坪塔	38
	2	金涵畲族乡：亭坪、中前、上金贝、院后、琼堂、金峰、金涵	
	3	漳湾镇：雷东、又加塘、上塘	
	4	七都镇：漈头、北山、外洋、西林、马坂	
	5	八都镇：新楼、半山、猴盾、大坪、南岗、闽坑、韩丹、金垂、新峰	
	6	九都镇：乌坑、柴坑、九仙	
	7	霍童镇：东岭、八斗	
	8	赤溪镇：松岭、班竹	
	9	飞鸾镇：南山、新岩、向阳里、蒲岭	
	10	洋中镇：溪旁（2016年2月新增加）	

① 缪品枚：《闽东畲族文化全书·谱牒祠堂卷》，民族出版社，2009。

续表

县（市、区）	序号	所在乡镇 / 行政村名	合计（个）
福安	1	穆云畲族乡：上洋、高岭、溪塔、虎头、燕科、洋坪、南山、竹舟山、科后、燕坑、王楼、中岙、外厝、梨田、岭坑、温岩	103
	2	坂中畲族乡：后门坪、仙岩、大林、亭兜、廉岭、日宅、彭家洋、井口、江加渡、和安、许洋	
	3	康厝畲族乡：风洋、秋岭、半山、长潭、金斗洋、红坪、东山、竹沃	
	4	溪潭镇：马山、岐山、瓜溪、下庄、仙石、岳秀、兰田、张家山	
	5	下白石镇：通湾洋、章坑、下赤、金腰带、章岭、秦坎、王坑、亭里、章沃、坑门、长坑	
	6	罗江街道：坑门里、北山	
	7	城阳镇：茶洋、铁湖、白坑、纸坪、洋面	
	8	溪尾镇：坎下、石合、林洋	
	9	甘棠镇：铜坑里、岭尾、春雷云、过洋、小岭、何厝、山头庄	
	10	溪柄镇：龙潭面、横坑、白沙、东坪、长洋、采花桥	
	11	社口镇：大坪、潘洋、山里、荣岭头、利岔、谢岭下、坑里坑、牛山湾、上山	
	12	上白石镇：南山头	
	13	湾坞镇：福岭、池头、梅洋、半岭、寒洋、炉山、岩下、坑源、宝林、半屿	
	14	松罗乡：王隶、后洋、大坪里、茶洋	
	15	潭头镇：鹅山、渔溪洋	
霞浦	1	崇儒畲族乡：岚下、上水、溪坪、霞坪、半路张、新村、笕下	51
	2	水门畲族乡：半岭、青岙、茶岗、湖里、大坝、七斗岔、长湖	
	3	盐田畲族乡：二铺、尤沃（姚澳）、南塘、瓦窑头、西胜、洋边	
	4	松城街道：青福、玉潭（墓斗）、马洋、七宝洋	
	5	松港街道：岭头、大沙、八斗泖	
	6	沙江镇：小马、大墓里、大坪、龙湾、炉坑	
	7	三沙镇：三坪、单斗、二坑、东山	

续表

县（市、区）	序号	所在乡镇 / 行政村名	合计（个）
霞浦	8	牙城镇：斗门、一层、凤江、茶坑	
	9	溪南镇：后慕、南门山、白露坑、半月里（2019 年 9 月新增加）	
	10	柏洋乡：西坑、大岭、阮洋	
	11	北壁乡：武岩、盘前	
	12	下浒镇：四斗	
	13	长春镇：法华	
福鼎	1	桐山街道办事处：岔门	27
	2	桐城街道办事处：浮柳、柯岭	
	3	硖门畲族乡：瑞云	
	4	佳阳畲族乡：佳阳、罗唇、双华、佳山、龙头湾、象阳、上庵	
	5	磻溪镇：排阳、朝阳、赤溪	
	6	白琳镇：康山、牛埕下、高山	
	7	秦屿镇（太姥山镇）：才堡、方家山、洋里	
	8	前岐镇：桥亭、井头	
	9	店下镇：碗窑、菰北	
	10	管阳镇：唐阳、亭边	
	11	叠石乡：竹洋（2016 年 2 月新增加）	
古田	1	大桥镇：梅坪、溪源里	6
	2	平湖镇：富达	
	3	凤都镇：新建、石峰	
	4	城东街道：仕坂	
寿宁	1	斜滩镇：外洋	5
	2	竹管垅乡：李家洋	
	3	坑底乡：李家洋	
	4	南阳镇：坝头	
	5	凤阳镇：粗阳	
柘荣	1	楮坪乡：湾里、茶湾	5
	2	乍洋乡：宝鉴宅、柯岭	
	3	富溪镇：东溪	

续表

县（市、区）	序号	所在乡镇 / 行政村名	合计（个）
周宁	1	咸村镇：云门	3
	2	玛坑乡：灵凤山	
	3	狮城镇：兴福社区	
屏南	1	甘棠乡：巴地	1

注：全市（6县2市1区）239个畲族行政村，分布在65个乡镇，其中9个畲族乡的畲村70个，非畲族乡畲村169个。新增畲村有蕉城区洋中镇溪旁村（2016年2月新增加）、福鼎市叠石乡竹洋村（2016年2月新增加）、霞浦县溪南镇半月里村（2019年9月新增加）。

资料来源：宁德市民族与宗教事务局。

闽东畲族村落的分布格局特点鲜明，海拔较高的畲村主要集中在山区县（古田、屏南、柘荣、周宁、寿宁），但总数较少，滨海县市（蕉城、福安、霞浦、福鼎）畲村数量多，村落密集，海拔相对较低。据《闽东畲族文化全书·乡村卷》所列189个畲族行政村和《霞浦县畲族志》《闽东畲族志》《宁德市[①]畲族志》等地方志书，整理所得234个畲族行政村海拔情况列表如下（见表2.2）。

表2.2　闽东畲族部分行政村不同海拔高度村落数量统计表（个）

海拔		0~49米	50~99米	100~199米	200~299米	300~399米	400~499米	500~599米	600~699米	700~920米	合计
滨海县市	蕉城	6	4	7	9	2	6	0	1	0	35
	福安	21	14	19	20	13	10	6	3	0	106
	霞浦	4	5	10	5	10	12	3	0	0	49
	福鼎	3	2	5	6	5	2	0	1	1	25
山区县	古田	0	0	0	0	0	1	2	2	1	6
	屏南	0	0	0	0	0	0	0	0	1	1
	周宁	0	0	0	1	1	0	0	1	0	3
	柘荣	0	0	0	0	0	2	2	1	0	5
	寿宁	0	0	0	0	0	0	2	1	1	4
	合计	34	25	41	41	31	33	15	10	4	234

资料来源：作者根据《闽东畲族文化全书·乡村卷》《闽东畲族志》等整理。

① 今蕉城区。

从表中数据可以看出，闽东滨海县市有较大部分畲村处在海拔400米以下，一定数量的畲村散布在沿海低洼地带。如福安溪潭镇，共有8个畲族行政村，仅有瓜溪、张家山海拔高于70米，其中有6个村海拔仅在10~30米。

近年来，闽东畲村人口和行政村数量均有所增长，但由于城镇化和造福工程搬迁等的影响，畲族自然村数量急剧减少。1993年宁德市共有畲族166078人，主要分布在福安、霞浦、福鼎、蕉城、寿宁、周宁、柘荣、古田、屏南9个县（市、区），有畲族行政村村委会182个，畲族自然村2014个。2005年，宁德市列入《福建省少数民族统计资料》的畲族乡8个，畲族行政村村委会234个，全市畲族人口约18万人[①]。2009年，福鼎市设立佳阳畲族乡，闽东共有畲族乡9个。至2019年，闽东有畲族人口占比30%以上的行政村239个、1个福建省唯一的少数民族经济开发区，畲族人口20.04万人，约占全国畲族人口的1/4，且全国三大畲族聚居县（市）均在闽东，分别为福安市、霞浦县、福鼎市，其中福安市有畲族人口约7万人、霞浦县和福鼎市各有畲族人口约5万人。随着近年造福工程搬迁，闽东畲族自然村正在急剧减少，目前畲族自然村已减少到986个。

在闽东畲族社会中，由于人与身处其间的自然环境、人文环境长期交互作用，畲族村落的类型呈现出多样化态势。从地缘时空关系上看，这些畲村可分为世居村和移居村、散村和集村两类形态。世居村指居住了数百年或经历数十代的聚落，这些聚落的人口增长到一定程度，又会因为原住地土地匮乏、生计维艰等原因迁居他乡，分解出移居村。畲族自唐宋以来相继迁入闽东，如古田富达的畲民于唐末由福州闽侯雪峰村迁入，这些村落入驻新址后经历了数百年的发展，成为闽东畲族传统意义上的世居村落，这些村落传统文化积淀深厚，是畲族典型的传统村落。随着扶贫工作和新畲村建设的深入开展，自20世纪80年代中期始，闽东畲族许多边远山村迁至造福新村或行政村。这些移民畲村改变

① 缪品枚：《闽东畲族文化全书·乡村卷》，民族出版社，2009。

了过去散居状态，入驻新址形成新的集村或集镇，这些新村由于基础设施先进、交通相对发达，经济发展迅速，成为当前闽东畲村经济社会发展的重要力量。同时，这些新村受城镇化影响较大，畲族文化空间遭受空前的挤压，传统文化消亡速度加快，文化异化程度甚于世居村。所以，闽东畲族村落无疑是其传统文化保护、传承与发展的重心所在。由于村落文化蕴藏内容丰富，是传承传统文化的重要物质载体和空间，传递了中国传统社会的历史、文化、经济、社会态度、审美以及人地关系等多种重要信息①，有着很高的文化、经济开发价值，各级地方政府十分重视闽东畲族村落经济社会发展，培育了大量的特色村寨、美丽新畲村。如闽东有10个畲族村落入选"'十二五'时期全国少数民族特色村寨保护与发展名录"（全国总数为1000个），共有30个村落入选"中国少数民族特色村寨"（见表2.3、表2.4）。

表2.3　闽东10个畲族村落入选"'十二五'时期全国少数民族特色村寨保护与发展名录"

序号	村落名称	序号	村落名称
1	宁德市蕉城区八都镇猴盾村	6	宁德市福安市康厝畲族乡金斗洋村
2	宁德市蕉城区金涵畲族乡上金贝村	7	宁德市福安市穆云畲族乡虎头村
3	宁德市霞浦县溪南镇白露坑村	8	宁德市霞浦县崇儒畲族乡上水村
4	宁德市福安市穆云畲族乡溪塔村	9	宁德市霞浦县水门畲族乡茶岗村
5	宁德市福鼎市硖溪镇赤溪村	10	宁德市屏南县甘棠乡巴地村

资料来源：作者根据宁德市人民政府网站资料整理。

表2.4　闽东30个畲村入选"中国少数民族特色村寨"

批次	序号	畲村名称	批次	序号	畲村名称
第一批	1	宁德市蕉城区八都镇猴盾村	第二批	5	宁德市蕉城区霍童镇八斗村
	2	宁德市蕉城区金涵畲族乡上金贝村		6	宁德市蕉城区九都镇九仙村
	3	宁德市霞浦县溪南镇白露坑村		7	宁德市福安市康厝畲族乡金斗洋村
	4	宁德市福安市穆云畲族乡溪塔村		8	宁德市福安市坂中畲族乡廉岭村

① 卢松、陈思屹、潘蕙：《村落旅游可持续性评估的初步研究——以世界文化遗产地宏村为例》，《旅游学刊》2010年第1期。

续表

批次	序号	畲村名称	批次	序号	畲村名称
第二批	9	宁德市福安市松罗乡后洋村	第三批	20	宁德市蕉城区金涵畲族乡亭坪村
	10	宁德市福安市穆云畲族乡虎头村		21	宁德市蕉城区七都镇北山村
	11	宁德市福鼎市磻溪镇赤溪村		22	宁德市蕉城区霍童镇东岭村
	12	宁德市福鼎市佳阳畲族乡双华村		23	宁德市福安市坂中畲族乡仙岩村
	13	宁德市福鼎市太姥山镇财堡村		24	宁德市福安市溪尾镇坎下村
	14	宁德市福鼎市硖门畲族乡瑞云村		25	宁德市福安市溪潭镇兰田村
	15	宁德市霞浦县崇儒畲族乡上水村		26	宁德市福安市穆云畲族乡南山村
	16	宁德市霞浦县三沙镇东山村		27	宁德市福安市甘棠镇过洋村
	17	宁德市霞浦县水门畲族乡茶岗村		28	宁德市霞浦县崇儒畲族乡霞坪村
	18	宁德市屏南县甘棠乡巴地村		29	宁德市霞浦县沙江镇大墓里村
	19	宁德市寿宁县竹管垅乡李家洋村		30	宁德市周宁县咸村镇云门村

资料来源：宁德市民族与宗教事务局。

第二节　闽东畲族村落的文化资源构成

文化资源泛指人们从事一切与文化活动相关的生产、生活内容，狭义上看也指能为人们提供直接或间接经济利益的文化内容，其具体分类较为复杂，通常有以下几种。从形式上看，分为物质和非物质文化资源等；从内容上看，分为宗教、饮食、艺术、民俗等文化资源；从时空上看，分为古代、近代、现代、当代文化资源等；从性质上看，分为民族性、地域性、功能性文化资源等。当前还有学者从开发价值、难易程度等角度，将文化资源分为显性、灰色和隐性文化资源等[①]。闽东畲族村落绝大部分形成于明清时期，尤以康乾时期为多。千百年来，闽东畲族人民创造了丰富多样的民族文化，为数众多的畲

① 熊正贤：《乌江流域民族文化资源开发与文化产业发展研究》，西南大学，2013。

族村落无疑是其民族文化最好的物质载体，它犹如一个“活容器”，装满了畲族先民的生产生活方式和多元的文化样态，承载着畲族传统文化生态的智慧、农耕文明的特色，刻录着鲜明的民族个性色彩。畲族村落文化是存续于村落的具有畲族特色和历史、科学、艺术价值的文化形态，其文化资源主要包括：畲族语言及传统口头文学；畲族传统民歌、舞蹈、武术；畲族传统技艺、畲医畲药；畲族传统礼仪、节庆等民俗；体现畲族生产、生活习俗和历史发展的建筑、服饰、器具、手稿、谱牒等；保存比较完整的畲族传统村落等文化生态区域；畲族文化的其他表现形式，如文物等①。

一、闽东畲村主要的物质文化资源

针对当前文化资源的分类看，闽东畲族聚居地主要的物质文化资源有以下几种类型：①世界自然遗产和地质公园，如闽东宁德世界地质公园；②风景名胜，如福鼎太姥山（5A）、白水洋·鸳鸯溪旅游区（5A）、白云山风景名胜区（4A）、鲤鱼溪·九龙漈旅游区（4A）、穆云畲族乡生态旅游区（3A）、上金贝中华畲家寨（3A）、赤溪畲村九鲤溪瀑景区（3A）、溪塔畲村葡萄沟（2A）等；③生态保护区，如福安瓜溪畲村的桫椤自然保护区；④森林公园，如支提山国家森林公园等；⑤美丽乡村、特色村寨，如猴盾村、溪塔村、白露坑村、上金贝村等；⑥重点文物保护单位，如观音亭寨、龙溪宫、瑞云寺、栖林寺、昭明寺塔、洋里民居、北洋飞路塔、石兰城堡、黄瓜山遗址等（见表2.5）；⑦其他各类物质文化资源，如民居建筑、祠堂、劳动工具、墓葬、石刻、谱牒、民间文书、歌本等。此外，闽东畲族村落还具有非常丰富的红色文化景观，如柏柱洋红色经典旅游区、红军后方医院、军械厂遗址、马山会议会址等。

---

① 宁德市人民代表大会常务委员会：《宁德市畲族文化保护条例》，《闽东日报》2017年6月5日第a07—a08版。

表 2.5　与闽东畲村相关的省级以上文物保护单位（部分）

级别	文物保护单位名称	所在地
国家级	观音亭寨	霞浦县水门畲族乡半岭村
省级	中共闽东苏特委和闽东苏维埃政府旧址	福安市柏柱洋
	龙溪宫（雷氏宗祠和雷氏三古宅）	霞浦县溪南镇白露坑半月里
	洋里民居	福鼎市白琳镇翠郊村洋里自然村
	黄瓜山遗址	霞浦县沙江镇小马畲村
	北洋飞路塔	霞浦县盐田畲族乡
	福宁山民会馆	霞浦县松城旗下街 6 号
	石兰城堡	福鼎市硖门畲族乡
	栖林寺、昭明寺塔	福鼎市桐城柯岭畲村
	瑞云寺	福鼎市硖门畲族乡瑞云村

资料来源：作者根据官方公布的资料整理。

近年来，随着新畲村建设力度不断加大，闽东畲村文化设施和产业园区等物质文化资源也层出不穷，如博物馆、产业园区以及其他各种公共娱乐文化设施设备等。由于民族特色文化有助于推动地方经济文化的发展，畲族聚居区域通常把畲族文化作为地方发展的一张重要名片。各地在制定民族文化发展规划时均十分注重基础设施建设，不管是政府还是企业或个人均已意识到构建地域文化资源对于民族文化创意产业的发展和繁荣意义重大，文化设施或产业园区等的建设有利于激发畲族文化活力，促进文化资本集聚，提升文化产业竞争力，加快民族地区生态文明的进步和生态产业的发展。如闽东畲族聚居区试图通过畲族文化与旅游产业的融合发展，打造“世界畲都”和“畲族文化旅游集镇”，没有相应的文化创意产业园、民族文化风情园等生产性文化资源的建设，相应工作很难顺利开展，所以闽东畲族乡村大力创建国家级生态村，创办文化创意产业园区，推进美丽畲村建设，建设特色村寨风情园和特色文化产业，凸显全国最大畲族聚居区的民族文化发展水平。在乡村振兴背景下，相关畲族乡镇或村落的文化设施不断改善，目前几乎所有的畲族乡镇都已建成或正在规划筹建畲族文化产业园或风情园（见表 2.6），为闽东畲族文化现代性发展奠定了基础。

表 2.6　闽东畲村主要的畲族文化园区（部分）

序号	园区名称	所在地区	序号	园区名称	所在地区
1	“珍华堂”畲族银雕文化创意园	福建福安	11	宁德金涵畲族文化旅游集镇	福建蕉城
2	福建盈盛号民族银饰文化产业创意园	福建蕉城	12	宁德霞浦畲族风情园	福建霞浦
3	中华畲族文化园	福建蕉城	13	福安市高水村畲药生态园	福建福安
4	蕉城七都北山畲族文化园	宁德蕉城	14	宁德麒麟山畲族风情旅游区	福建蕉城
5	福鼎畲族民俗风情园	福建福鼎	15	闽东畲族博物馆	福建宁德
6	福鼎佳阳畲族乡文化旅游区	福建福鼎	16	宁德市畲族文物馆	福建蕉城
7	福鼎赤溪畲族风情生态旅游村	福建福鼎	17	中华畲族宫	福建蕉城
8	坂中畲族文化公园	福建福安	18	新峰金佛子畲族生态园	福建蕉城
9	霞浦畲族民俗风情园	福建霞浦	19	上金贝畲家寨民俗风情园	福建蕉城
10	古田畲族风情生态园	福建古田	20	福安畲药基地生态园	福建福安

资料来源：作者根据宁德市人民政府官网整理。

二、闽东畲村主要非物质文化资源

非物质文化资源指的是各种以非物质形态呈现的与人们日常生活息息相关的文化流传形式，突出以人为中心，兼具活态和非物质等多种特性。联合国教科文组织关于非物质文化遗产的定义为：来自某一文化社区的全部创作，这些创作以传统为依据、由某一群体或一些个体所表达并被认为是符合传统和民间文化社区期望的作为其文化和社会特性的表达形式；准则和价值通过模仿或其他方式口头相传。它的形式包括：语言、文学、音乐、舞蹈、游戏、神话、礼仪、习俗、手工艺、建筑及其他艺术。根据《中华人民共和国非物质文化遗产法》规定，非物质文化遗产主要包括：传统口头文学以及作为其载体的语言；传统美术、书法、音乐、舞蹈、戏剧、曲艺和杂技；传统技艺、医药和历法；传统礼仪、节庆等民俗；传统体育和游艺；其他非物质文化遗产。

作为闽东畲族村落文化最重要的部分，非物质文化遗产无疑是闽东畲族人民千百年来创造的最能彰显地域特色和民族之光的文化瑰宝，通常所说的畲族文化事实上主要指其非物质文化，包括畲语、畲族服饰、畲族山歌、民间传说、民间技艺、畲族舞蹈、宗教信仰、工艺美术、畲族医药、畲族武术、民俗节庆、畲族体育等。随着近年来人们对非遗文化深入地挖掘、抢救、保护和利用，闽东畲族非物质文化遗产项目已涵盖 10 多个类别，省级以上非遗项目已达 26 项，位居全国畲族聚居区之首（见表 2.7）。

表 2.7　　闽东畲族非物质文化遗产代表名录一览表（省级以上）

级别	序号	项目类别	项目名称	批次	申报地	代表性村落
国家级	1	民间文学	畲族小说歌	第一批	宁德霞浦	白露坑村
	2	传统音乐	畲族民歌	第一批	宁德蕉城	猴盾村
	3	民俗	歌会（瑞云四月八）	第二批	宁德福鼎	双华村
	4	传统技艺	畲族银器制作技艺（珍华堂）	第三批	宁德福安	后舍村
	5	传统技艺	畲族银器锻制技艺（盈盛号）	第四批	宁德市	大获村
	6	民俗	畲族婚俗	第四批	宁德霞浦	半月里村
省级	1	民间文学	霞浦畲族小说歌	第一批	宁德霞浦	白露坑村
	2	民间音乐	福建畲族民歌（宁德畲族二声部山歌“双音”、宁德闽东畲族歌言）	第一批	宁德蕉城	猴盾村
	3	民间舞蹈	宁德畲族奶娘催罡巫舞	第一批	宁德福安	南山村
	4	传统技艺	畲族银器制作技艺	第一批	宁德市	猴盾村
	5	民俗	闽东畲族婚俗	第一批	宁德霞浦	半月里村
	6	岁时节令	宁德畲族三月三节俗	第一批	宁德福安	溪塔村
	7	民俗	福鼎双华畲族二月二歌会	第一批	宁德福鼎	双华村

续表

级别	序号	项目类别	项目名称	批次	申报地	代表性村落
省级	8	传统医药	畲族医药	第一批	宁德福安	–
	9	传统体育、游戏与杂技	畲族武术（盘柴槌）	第三批	宁德霞浦	金斗洋村
	10	民俗	福建畲族歌会	第三批	宁德福鼎	双华村
	11	传统技艺	闽东畲族乌饭制作技艺	第四批	蕉城、霞浦	亭坪村
	12	传统舞蹈	畲族民间舞蹈（龙头舞、铃刀舞、猎捕舞）	第五批	宁德蕉城	猴盾、上金贝村
	13	传统技艺	畲族斗笠制作技艺（霞浦）	第五批	宁德霞浦	上水村
	14	传统体育、游艺与杂技	畲族武术（福安金斗洋畲族拳）	第五批	宁德福安	金斗洋村
	15	传统医药	畲族医药（蕉城）	第六批	宁德蕉城	–
	16	民俗	闽东畲族婚俗	第六批	宁德福安	半月里村
	17	传统戏剧	畲族提线木偶戏	第七批	宁德福鼎	双华村
	18	传统医药	雷氏青草药制作技艺	第七批	宁德霞浦	半月里村
	19	民俗	畲族火凤凰习俗	第七批	宁德屏南	巴地村
	20	民俗	富达畲村蓝公节祭祖仪俗（古田）	第七批	宁德古田	富达村

资料来源：作者根据中华人民共和国文化和旅游部、福建省文化和旅游厅、福建省人民政府官网整理。

这些丰富多样的文化事象以其独特的历史、艺术和科学价值，充分展现了闽东畲族先民的思想境界、艺术创造力和审美指向。习近平总书记曾把闽东文化概括为“闽东之光”，认为“闽东之光”拥有4个闪光点，其中第一个闪光点就是畲族文化[①]。他指出，畲族人民在漫长的历史岁月中，创造了光辉灿烂的文化，这不仅是畲族人民自己的瑰宝，也是我们国家的一份宝贵的财富。畲族文化为畲族的延续和发展起到了积极作用，在实现社会主义现代化过程中一定要让畲族文化更加发扬光大[②]。如闽东畲村为了促进当地旅游业或闽台文化交流，打出民俗文化牌，重视开展畲族村落传统节俗活动（见表2.8），使之成

① 习近平：《闽东之光——闽东文化建设随想》，载《摆脱贫困》，福建人民出版社，2014。
② 习近平：《巩固民族大团结的基础——关于促进少数民族共同繁荣富裕问题的思考》，载《摆脱贫困》，福建人民出版社，2014。

为当地对外交流和宣传的窗口，提升闽东畲族文化的影响力。迄今为止，闽东已连续开展6届省级畲族“三月三”文化节活动，许多畲村也不间断地举办独具地方特色的歌会、庙会、祭祖活动，使畲族民俗文化成为推动当地经济文化发展的重要文化资源。

表 2.8　　闽东畲族主要传统节俗活动一览表（部分）

节期（农历）	节称	地点	活动内容
二月初二	会亲节	福建省福鼎双华、福安坂中等地	在闽东或浙南畲族地区，为感激父母的养育之恩，改变由于路途遥远、省亲艰难的窘况，畲民以节庆方式定出固定的会亲时间与地点。节日那天，畲民从四方云集双华村会亲访友，并举办庙会或赛歌活动，十分热闹
二月十五、七月十五、八月十五	祭祖节	闽东畲族聚居区	畲民十分重视祭祖节。节日里，各家除祭本家族祖先外，还要祭本民族英雄蓝奉高、雷万春等，以表达对祖先的怀念，学习祖先的精神，增进民族团结等
三月三	“三月三”节	闽东畲族聚居区	“三月三”，又叫乌饭节，家家户户煮乌饭祭祖，馈赠亲友，缅怀祖先，款待来客。同时人们穿上节日盛装，以歌传情，以歌会友，处处张灯结彩，相关活动延续三天三夜。现畲族“三月三”节庆活动已成为展示畲族文化、促进两岸民族文化交流的民俗盛会
大部分地区在四月辰日，霞浦县在五月二十四日	分龙节 *	闽东畲族聚居区	畲族人认为这一天是畲山“分龙”的日子。为表达对“龙”的尊敬，分龙节当天畲民不用铁器，不挑粪，更不下地劳动，而是登上高山，通过举行赛歌会来祈求天神保佑风调雨顺，五谷丰登。有的畲民则运送货物在山间交易，交流生产技术。男女青年通过盘歌，寻找终身伴侣。而今人们借助分龙节歌会活动，开展形式多样的经贸活动，促进畲村发展
六月初一	白云山歌会，又称“六一”歌会	福建省福安白云山	闽东福安周边畲族群众每年六月初一都在白云山上举办白云山歌会。歌会延续两天两夜，引来大量各族游客，场面热闹非凡
八月十五	中秋歌节	福建省福安、宁德	中秋歌节是闽东福安、蕉城等地畲族重要的民族节日。中秋那天，畲族群众有走亲访友、陪客唱歌的独特习俗，甚至还有人特地到县城，白天拜访亲友，晚上开始对歌。对歌时，男女分站两列，即使不参与对歌，也要陪伴歌者，以壮声势

续表

节期（农历）	节称	地点	活动内容
腊月三十	完满福	闽东畲族聚居区	畲族将除夕做大年称为“完满福”“余满福”“年满福”。是日，畲族群众将按户募捐来的钱、米等，购买祭品，祈祝收获的完满与幸福。当天，各家贴春联，将红纸条贴上坛瓮或粮仓，表示仓廪充实。当晚，各家取回祭祀品，煮酒吃年夜饭。夜间，大家还围在篝火旁“守岁”，迎接新年
从十月开始至新年	春节	闽东畲族聚居区	畲族春节于农历十月就已开始筹备，如酿制“过年酒”、烧硬柴炭等。除夕，除了吃年夜饭，各家各户还在火塘上烧大柴头，称“焐年猪”。节日期间，主客对唱山歌，唱毕，主人还要送客人“手薪”。正月初八畲民集中至祠堂祭祀先祖，唱“祭祀歌”，讲述畲族来源和祖先传说等

注：* 分龙节又叫“封龙节”。

资料来源：作者根据钟雷兴主编《闽东畲族文化全书》和调研数据整理。

三、闽东畲村显性和隐性文化资源

如前文所述，按照文化资源能否直接产生经济价值，可分为“显性、灰色、隐性”文化资源[①]。闽东畲族村落的显性文化资源主要包括畲族银饰、畲医畲药、畲族特色饮食、畲寨旅游景观等，这些资源能通过开发直接产生巨大的经济效益；灰色文化资源主要包括畲族民歌、民族舞蹈、民族体育竞技等；隐性文化资源主要包括畲族民间文学、民俗、宗教仪式等（见表2.9）。灰色文化资源、隐性文化资源的开发价值比较隐晦，前者需要结合舞台表演、民俗活动、旅游、影视和媒体等进行开发，后者需要借助一定的开发平台或将其转化为经济资源后才能实现经济效益。

熊正贤等学者认为，显性文化资源、灰色文化资源和隐性文化资源三者之间不是固定不变的，即显性文化资源和隐性文化资源互相促进，共同发展，隐性文化资源在特定的条件下可以转化为灰色文化资

① 熊正贤：《乌江流域民族生态文化资源开发与文化产业发展研究》，西南民族大学，2013。

源或显性文化资源①，如国家级非遗“畲族婚俗”借助舞台艺术转化为场景化表演，将畲族独具特色的民俗、民间文学等隐性文化资源开发出来，吸引大量游客，推动了畲族地区旅游和演艺产业的发展，产业带动成效明显；又如畲族民间巫舞《奶娘催罡》原为畲族乡村社庙祈福斋醮时所行持的宗教仪式，具有很强的舞蹈性、神秘性和观赏性，近几年来，《奶娘催罡》巫舞结合“三月三”文化节或民俗巡演活动等进行联合式开发，有效地将畲族文化隐性元素转化为显性元素，使单纯的宗教仪式附着了巨大的经济价值。

表 2.9　闽东畲族显性文化资源、灰色文化资源和隐性文化资源分类简表

资源类型	类别	具体资源种类	开发价值和开发现状
显性文化资源	传统技艺	畲族服饰制作技艺、畲族银饰制作技艺、畲酒酿造技艺、菅叶粽制作技艺、乌米饭制作技艺、畲族青草药制作技艺、畲族木构建筑营造技艺、畲族花斗笠制作技艺、畲族剪纸技艺、畲族擂茶制作技艺等	将传统工艺与现代科技融合，引进产业，利用民间资金或政府投资等多种方式，建设文创产业园，或培育龙头企业，直接产生经济效益
	传统医药	畲药种植、雷氏青草药、畲药“椎突一剂灵”、畲药食凉茶、畲族药膳、畲族单验方等	一是整合中小民族医药企业，建立苗医、彝医品牌，争取上市；二是开发民族特色医药产品
	特色饮食	乌米饭、菅粽、畲酒、糍粑、白米糍、春菊粿等	一是建立民族特色饮食区（或一条街），做大民族特色饮食品牌，突出畲族饮食文化元素，逐步在全国范围内开设民族餐饮业连锁店；二是通过互联网 + 或农村淘宝平台，促进畲族特色食品的对外营销
	人文景观	古建筑，如民居、祠堂、庙宇、廊桥、孩儿撑伞厝、山民会馆、蓝廷珍宅等；遗址、遗迹和碑刻，如观音亭寨、古堡、摩崖石刻、历代碑文等；现代文化设施，如畲族宫、博物馆、文物馆、产业园、村落基础设施等	与旅游融合，培育文化旅游品牌，实现增值

① 熊正贤：《乌江流域民族生态文化资源开发与文化产业发展研究》，西南民族大学，2013。

续表

资源类型	类别	具体资源种类	开发价值和开发现状
灰色文化资源	传统音乐	如畲族宗教仪式唱本、畲族双音、阿噜调等	通过演出、比赛，结合影视、网络媒体、手机音乐下载等平台，将文化元素转变为经济资源
	传统舞蹈	祭祀舞蹈，如《奶娘催罡》、祈福舞、功德舞、龙头舞、龙伞舞和迎祖舞、做聚头、铃刀舞、粑糟舞、牛角碗舞等；生产劳动舞，如打猎舞、猎捕舞、挑水舞、枪担舞等；丧礼舞，如造水洗坛舞、造坛舞、造井舞、统兵舞等	通过职业歌舞团或民间演出团表演赚取门票收入，也可与旅游结合，展演体现民俗风情的歌舞，将民族文化元素展现给游客，以获取收入
	传统美术	畲族剪纸、祖图、楹联、图腾、窗花图案、刺绣、彩带、雕塑等	一是创办服饰企业或手工业，生产销售服饰或手工产品；二是同文化旅游相结合，提升旅游层次与收益；三是结合休闲、餐饮、友人聚会、娱乐等消费需求，通过产品制作获得开发效益
隐性文化资源	民间文学	小说歌手抄本、歌言、民间传说、歌谣、说唱文学等	与影视制作公司、动漫企业等联手，制作富有地域民间文化特色的影视动漫作品；将民间文学植入文旅产品，如旅游纪念品、文创作品等；搭建民族民间文学资源产业化创意开发平台
	游艺体育	上刀山、下火海、畲族武术、打尺寸、赶野猪、稳凳、摇锅、抄杠、蹴石磉、畲族健身操等	将游艺体育融入文旅产业，利用游艺体育项目的娱乐性、竞技性等特点，开发富有经济价值的游艺体育项目；发展富有民族游艺体育特色的文教、体育、工美、娱乐用品制造业
	民间习俗	畲族祭祖、醮明祭、“三月三”、“二月二”、“四月八”、招兵节、分龙节、做福、传师学师、对歌、婚俗、起十三洪楼等	以各种民俗活动为载体，汇聚多样化的民族文化创意产品，通过民族文化的植入提高商品的附加价值。文旅结合，融合文化传播、文艺演出、产品销售，发展民族旅游业，打造特色产业链

资料来源：作者根据钟雷兴主编《闽东畲族文化全书》相关内容整理。

由表2.9可见，闽东畲族村落的显性文化资源开发比较受重视，目前主要集中在银饰制作、畲药种植、畲茶、畲族特色饮食和村寨旅游等领域，且这些文化资源的开发在不同区域均占重要地位，如闽东银饰企业“珍华堂”“盈盛号”及其相关产业园建设一直将畲族银饰文化资源开发作为自身发展的动力，还有各地畲茶、特色村寨旅游等文化资源的开发也大大促进了地方经济的发展；灰色文化资源中畲族民间音乐、传统舞蹈、图腾等方面的开发主要依托其他文化资源开发平台而展开，受到客观条件的限制较多，还未形成开发规模，且表现为时间上的不可连续性，所以开发的经济效益不够明显；隐性文化资源主要包括畲族民间文学、民间习俗、游艺体育活动等方面，这些文化资源很难直接产生经济效益，各地对其开发的力度相对不足，积累的经验不丰富，虽有些隐性文化资源在旅游活动中得以开发，但成效不够明显，产品缺乏创新性或创意性。

琳达·斯通认为，文化管理的第一步是将个体的隐性文化和经验转换成显性文化以便于他人获取并以此来增加组织的结构资本[①]。综上所述，隐性文化的挖掘和利用，将成为个人和组织成功的关键[②]。

四、闽东畲村荣誉称号等文化资源

为充分使闽东畲族村落文化资源参与畲村经济文化建设，实现畲族文化资源向资本化、产业化、商品化方向转化，各地政府和畲村广大干部群众积极营造村落环境，美化社区形象，通过申报项目、争取荣誉称号等途径，在为乡村建设赢取项目资金的同时，借助美丽乡村、特色村寨、文明村等象征资本的共振作用，实现文化资源的永续经营和持续发展。布迪厄认为，符号资本是社会群体权威代言人的权力，它只能作为一种长期性的、制度化的最终结果而获得，即从该群体获得造就群体的力量[③]。由此看来，荣誉称号等象征性文化资源对于广大畲村经济发展势必造成重大影响，是当前民族村寨产业发展的又一巨大引擎。就其类型看，当前畲村寨的荣誉称号等象征性文化资源

---

① 转引自张爱桃：《论高校图书馆隐性文化与显性文化的相互转化》，《农业图书情报学刊》2012年第4期。

② 李作学：《个体隐性知识的结构分析与管理研究》，《大连理工大学》2008年第2期。

③ 转引自袁靖华：《大众传媒的符号救济与新生代农民工的城市融入——基于符号资本的视角》，《新闻与传播研究》2011年第1期。

主要有中国历史文化名城名镇名村、美丽乡村试点村、中国少数民族特色村寨、生态旅游村、治安模范村、建设社会主义新农村试点村、“畲家寨”风情旅游品牌村、畲族文化生态保护示范点、历史文化名村、文明村等[①]。例如，福建省宁德市蕉城区八都镇猴盾村通过引进项目，至2016年已誉满省内外，荣获“中国少数民族特色村寨”“福建省最美乡村”“福建省文明村”等20多个荣誉称号[②]。一个村落要想利用荣誉称号这种重要的象征资本来打造品牌，必须增强其经济实力，基于此，猴盾村借助多样化的村企联动方式，大力开发民族特色文化资源，找寻促进畲村现代文明建设和乡村振兴的可持续发展路径。

第三节　闽东畲村非遗文化主要类别及特征

每个村落都是一个生命的活体，是民族文化的箱底儿，留住村落就是留住民族文化的根[③]。闽东畲族村落蕴含着丰富的非遗文化资源，其中家族文化、节日民俗、服饰文化、歌言文化、民间技艺、畲医畲药、体育文化等富有民族个性，是畲族村落非遗文化的代表。

一、家族文化的核心旨归

畲族家族文化包括祖先传说、畲族族谱、家族祠堂文化等，可以说家族文化是畲族文化的核心，几乎涵盖了该民族所有的文化事象，是其文化多样性、包容性的源头与纽带，体现着畲族文化观念上的同

① 许陈颖、林翠萍：《社区营造背景下民族村寨生态文化资源开发研究》，《温州大学学报》2018年第1期。
② 同上。
③ 杨峰：《保护好民族文化的“箱底”》，《今日国土》2006年第10期。

质性或“生物上的延续性”①。凤凰崇拜、凤凰山祖地认同、始祖爱国精神的浪漫传说等无不刻烙着家族文化的集体性记忆。例如象征家族权威的祖杖、成人礼中的“传法入录”“传师学师”“奏名传法”以及祭祖时不同场域中所演绎的各种仪式和舞蹈，如祭祖舞（在祠堂祭祖时的半蹲式舞步）、龙头舞（纪念祖先凯旋）、铃刀舞和行罡舞（迎祖游行回到祠堂后继续祭祖的舞蹈）及其他舞蹈（安祖舞、传师学师舞、猎捕舞）等均与家族祭祖行为息息相关。随着儒道文化的融入，畲族家族文化笼上了一层愈加光辉四溢的光彩，家国情怀、忠勇精神、积极入世、严守规范、慈善助人等成了畲族最突出的民族个性标签，甚至成了畲族人民日常生活和行为的准则，体现在畲族的生活细节中，影响着畲族村落人与人、人与社会的关系建构②。家族文化，特别是畲族的家训族规，是畲族宗族伦理的道德规范和行为准则，是畲族在家族或村落治理过程中礼法制度的表征，其作为畲族村落文化的重要组成部分，对当前时代发展和乡村振兴等仍具有现实意义。首先，家训即族训，是宗族要求成员自觉遵守的纪律③，如金涵畲族乡麒麟寨村的《雷氏宗谱》“家风十六条”④和八都镇猴盾村的“家训十则”，相关内容大体包括尊祖宗、孝父母、和兄弟、睦宗族、务农业、崇节俭、善治家、戒赌博、息争讼、敦人伦⑤，且无论条款多寡，皆可整合为“孝悌、敬祖、齐家、睦族这四项基本内容”⑥；其次是族规，即族法，是宗族对于家族成员强制推行的民间习惯法，一般载于族谱且成文详述针对违背者的惩处内容，如福安田螺园畲村《雷氏宗谱》中的族规云：为人以孝悌忠信为本，不可作忤逆事；族中无论支派亲

① 黄光学、施联朱：《中国民族识别》，民族出版社，1995。

② 李益长：《闽东畲族村落文化的价值与开发研究》，《宁德师范学院学报》2013年第3期。

③ 郭志超：《畲族文化述论》，中国社会科学出版社，2009。

④ 据该村民国期间修纂的《雷氏宗谱》之《家训》篇载，其家风十六条分别为：敦孝悌、笃家族、和乡党、重农桑、尚节俭、隆学校、点异端、讲法律、明礼让、务本业、训子弟、息诬告、诫窝逃、完钱粮、护团结、解仇忿。

⑤ 蓝运全、缪品枚：《闽东畲族志》，民族出版社，2000。

⑥ 同③。

疏，若有家贫而罹患难死丧者，须体祖宗之心，共相资助；族中虽有亲疏而以祖宗视之，均同一体，纵有忌嫌，应听族中理处，不许恃强逞凶而致伤讼控[①]等。

由于畲族家族文化的长期作用，畲族乡村形成了浓厚的亲善、和睦、互助的家族文化氛围，极少有家庭失和、兄弟纷争、乡人争斗之事。对此，清人范绍质赞曰："（畲族群众）无阋墙御侮之事，其性愿悫，其风朴陋。"[②]畲族社会的和谐源自该民族群体的道德指向和友好互助的民族性格，对此德国学者史图博如是说："我们在畲民那里逗留期间，对于他们的性格得到一个极好的印象。他们总是非常好客、亲切、有礼貌。我们从来没有听到过争吵，（畲族）是一个和平的、谦虚的民族。他们从事艰苦的劳动，过着极端简朴的生活。"[③]畲族群体或个体家族观念的形成与畲族家族文化密切相关，它特别注重人与人、人与自然的和谐，强调用道德伦理规范族人的行为并辅之以适当的惩罚，讲究民主，注重和谐，力图构建一个诚实友爱、安定有序的社会，为畲族的生存、繁衍创造一个和谐的环境[④]。可见，畲族的家族文化不仅有利于村民自治，还可增强族群的凝聚力，这对于乡村振兴背景下畲村经济文化发展具有重大意义。

二、节日民俗的文化功能

岁时节日，主要是指与节气、时令、物候现象相一致的人类约定俗成的行为活动。畲族岁时节日习俗形成的历史悠久，传承至今已拥有深厚的文化内涵，也彰显着畲族文化的民族特色。当前，闽东畲族岁时节日习俗在人们的生产、纪念、社交、娱乐、海峡两岸民族文化交流等活动中起到突出作用，它不仅满足了人民一定的生活要求，也

---

① 《中国民族文化大观·畲族篇》编委会：《中国民族文化大观·畲族篇》，民族出版社，1999。
② 转引自郭志超：《畲族文化述论》，中国社会科学出版社，2009。
③ 史图博、李化民：《浙江景宁敕木山畲民调查记》，中南民族学院民族研究所，1984。
④ 雷伟红：《畲族习惯法研究——以新农村建设为视野》，浙江大学出版社，2016。

推进和巩固了社会秩序，发挥着一种文化功能。[①]

闽东畲族的传统节日很多，有与汉族相类似的春节、中元节、端午节、中秋节、重阳节、冬至节等；也有独具自身特色的“二月二”、“三月三”、分龙节、“六月六”、招兵节等。许多民族节日富有特色，如“三月三”已经发展成海峡两岸民族文化交流的重要节日。在与汉族共同生活以来，他们还兼容并蓄，广泛吸收汉族节俗文化元素，构建畲汉文化共融的节俗，例如中秋节、春节等。畲族的时令、节日与汉族相似，但又有本民族的特点，在民族文化交流中起到重要作用。

畲族的生产生活、岁时节俗、人生礼仪、银饰服装、歌舞艺术等文化形态，对于增强民族凝聚力、认同感、自信心等都起着重要的作用，而且由其独特的生产生活实践所浓缩或转化的民俗风情，丰富了我国民族大家庭的文化内涵[②]。经过数百年的文化传承，闽东畲族村落在其相对的地理空间响应下，形成了具有不同地域特色的村落文化景观。例如，古田富达村的蓝公节文化、慈善文化和畲汉团结进步文化；霞浦半月里村的畲族婚俗文化、歌言文化，白露坑村的畲族小说歌及上水村的花斗笠制作技艺；蕉城猴盾村的畲族民歌“双音”；福安金斗洋村的畲族武术，大获等畲村的银饰锻制技艺，畲医畲药；福鼎的畲茶文化，双华村的“二月二”会亲节；柘荣的畲族剪纸文化等。这些不同的文化类型共同构成了闽东畲族村落文明的地域化特色。这些文化经过族群长期的记忆、认同和延续，已形成一种“凝聚性结构”（konnektive struktur），并把参与文化构建的人们连接在一起，共同推动着民族文化的互动与发展[③]。但这些文化毕竟只是不断被重构的“记忆”，现有的畲族村落传统文化一定程度上均带有被过去重构了的痕迹，即便是那些极富集体记忆的祖先传说，如蓝公节等，经过千百年的传承与重构之后，也被赋予时代色彩而发生“变形”。

---

① 钟敬文：《话说民间文化》，人民日报出版社，1990。

② 雷弯山：《畲族风情·序》，福建人民出版社，2016。

③ 扬·阿斯曼：《文化记忆·早期高级文化中的文字、回忆和政治身份》，北京大学出版社，2015。

但当我们回望或重拾畲族传统文化之时，必然需要沉潜入文化内部，辨析出族群文化最本真的内核，找寻出这些文化最有生命力的本源力量，而非简单回归已被回忆“变形”了的所谓“传统”，同时，亦须切入传统文化的可重构特性，对其进行有意识的时代创新。可重构性指的是“过去”本身在任何记忆中都不能被完全保留，留存下来的只是社会在每一个时期中，借助这个时期的参照框架所能重构的部分[①]，而这个“部分”可通过现代性建构满足时代需要。对于闽东畲村文化而言，正由于这部分文化具有适合时代需求的可重构性，成为闽东畲族人民在新时代创新民族文化的力量源泉，推动着闽东畲族文化的传承与发展。

三、服饰文化的多样色彩

畲族传统服饰是畲族人文精神和民族审美观的集中体现[②]，是畲族文化心理最主要的外在特征之一，折射着畲族人民的民族情感和文化认同。畲族服饰被列入第二批国家级非物质文化遗产名录，霞浦县畲族服饰被列入福建省第五批非物质文化遗产名录。有学者认为服饰是民族历史和文化的投影，是民族审美情趣的表达[③]。针对闽东畲族，习近平总书记也指出，畲族语言、畲歌、畲族服饰，这些都是最基本的文化，都应当很好地继承[④]。可见，畲族独特的服饰文化在本民族文化发展中起到重要作用。

根据汉晋之际的文献，畲族很早就“织绩木皮，染以果实，好五色衣服”；唐代有“椎髻卉服”；明清时期则“椎髻跣足”[⑤]“短衣布带，

① 扬·阿斯曼：《文化记忆·早期高级文化中的文字、回忆和政治身份》，北京大学出版社，2015。

② 钟雷兴：《闽东畲族文化全书·服饰卷》，民族出版社，2009。

③ 郭志超：《畲族文化述论》，中国社会科学出版社，2009。

④ 习近平：《巩固民族大团结的基础——关于促进少数民族共同繁荣富裕问题的思考》，载《摆脱贫困》，福建人民出版社，2014。

⑤ 李拔：《汀州府志》重刊本，卷四五，《丛谈附》，清同治六年（1867）。

裙不蔽膝”① “短衣跣足，妇人高髻蒙布，加饰如璎珞状”② “畲族妇女，头戴笄，衣着花边衫，腰系彩带，足穿花鞋，色彩斑斓，绚丽多彩，称之为‘凤凰装’”。清乾隆年间，古田县受朝廷之命绘制畲族群众肖像图册，一幅男女畲民图被编入当时的皇家图册《皇清职贡图》，这也是历代官方文献中较早对畲族服饰进行描述的。

闽东畲村畲族男装与汉族无大差别③，在长期的迁徙和民族融合中，畲族男性的穿着风格与汉族基本相同且相对简朴，夏装多为短裤，用料分为苎布或棉布两种。男子的冬装叫作大襟布衫、棉布衫，布料多用棉布。老年男子还穿棉袄，款式多为中间开襟，分为长短两款。畲族女装则由于村落所在区域不同，服装样式有较明显差异。服饰因地域之差而略有差别，闽东畲族服饰大体分为飞鸾装、福安装、霞浦装（福宁西路装）和福鼎装（福宁东路装）四类。

女装重彩绣，设色鲜艳，对比强烈，称“凤凰装”④。“凤凰装”的形成受到图腾崇拜的信仰影响，通过服饰表现出来的是人们对凤凰的喜爱，还有对祖先的敬仰之情。畲族女性传统服装在领口、对襟、两袖处多有刺绣，主色调为黑色，向右开襟，其具体特征因所在区域而异（见表 2.10）。

表 2.10　　闽东畲族女性服饰不同种类特征比较

类别 / 代表性村落	上衣	裙裤	围裙	腰带	布鞋
飞鸾装 / 南山、新岩、向阳里	绣花面特大，斜襟，青果形领且饰有丰富的柳条形图案，连袖	多为黑色短裙，裙头两边带耳，裙身左右褶，下摆绣有五色边和齿状条纹	又叫围兜，高 30 厘米，宽 34 厘米，中间黑底绣花，白色裙头，其余三边为 6~8 厘米的白边，下着长裤或短裤配绑腿	配有两条腰带，长短不一，其一条两头饰有红色长穗，另一条两头绣有花边穗	绣花鞋，尖头有穗

① 傅恒:《皇清职贡图》卷三，清乾隆十六年（1751）。
②《福安县志》，清光绪十年（1884）。
③ 钟雷兴:《闽东畲族文化全书·服饰卷》，民族出版社，2009。
④ 同③。

续表

类别 / 代表性村落	上衣	裙裤	围裙	腰带	布鞋
福安装 / 秋岭、长潭、后门坪、凤洋	纹样简单，服斗边和袖口均缝有红布边，服斗下端靠袖头处有个三角形花纹	黑色长裤，或外穿蓝色叠脊“虎牙裙”，裙上绣有花鸟、牡丹等图案	裙头长约 33 厘米、宽约 7 厘米，裙身 33 厘米见方，上端打褶，上部绣花	由五色纱线编织而成，图样以几何或汉字图纹为主，宽 5 厘米，总长约 130 厘米，两端有约 7 厘米长的带穗	方头黑布厚底鞋
霞浦装 / 半月里、半路张、瓦窑头、白露坑	大襟式小袖服款式，襟角为斜角，服斗、领口、衩角均绣有图案或花边，有立领	黑色、素面、四褶，有筒式和圆式两种，皆系于衣内	亦即围兜，俗称“拦身裙”，由裙头、裙身、裙带组成，式样有西路式、东路式之分	宽 4.5~6 厘米，两端有须穗，常用白色素面棉线自织而成	有单、双鼻鞋之分，前者方头，有绣花，女用，后者圆头，男用
福鼎装 / 双华、瑞云、佳阳、罗唇	款式与霞浦装基本相似，单只单面穿，右襟边有两条长过衣裾的红色飘带，两侧衣衩镶红色添条	裙子为黑色或蓝色素面的一布式筒式长裙，裙头打褶绣花。亦偶有连衣裙	裙身呈长方形，黑色，高 40 厘米，宽47 厘米，裙头宽 6.5 厘米，滚彩边或中间绣花，配系织腰带	与福安装和蕉城（八都）装相似，都是编织成有几何图形或简单汉字纹样的花带	多为平头绣花鞋，有中脊的叫“单鼻鞋”，现在只有老人寿终时使用

资料来源：作者根据钟雷兴主编《闽东畲族文化全书·服饰卷》相关内容归纳整理。

畲族女性旧时有绑扎小腿的习惯，现在传统节日时还存留这一习俗。绑腿又叫脚暖，有的也饰有精美图案，使用方便，可起到防护和保暖的双重作用。具体而言，绑腿就是一种绑小腿用的蓝色或红白相间的长布条，整条布约呈三角状，最大处宽约 30 厘米，全长约 50 厘米，布条末端有时缝有红色璎珞。中华人民共和国成立后，绑腿在畲族群众日常生活中已少见。刺绣是畲族民间另一项著名的手工技艺，畲族刺绣俗称“绣花”或“做花”，绣花艺人通常为男性。最早有畲族女子出嫁时的绣袋，后演变为绣围裙（拦腰）、衣裙、鞋面、枕巾、绑腿、围脖等服饰或衣物用品。旧时，闽东畲族村落刺绣能人颇多，且盛行“男绣女不绣”的传统，即畲村的绣工基本是男性[①]。

① 欧招生、周晖：《畲家绣男后继乏人，“男绣女不绣”传统遭遇挑战》，新华网，2008年3月22日。

现在猴盾、白露坑、半月里、凤洋、南山等畲族村落还有部分畲族老妇常穿畲服，大部分畲村男女只在节庆或婚庆活动中才穿民族服装，不过现在畲村能制作传统畲服的手工艺人已经非常少，所以，现在畲村民众所穿的服装基本都是现代改良版的。此外，一些汉化严重的村落已再也看不到畲族装扮的村民了。

四、畲族歌言的独特魅力

畲族口传文化主要包括畲族歌谣、民间传说、音乐、舞蹈和口头文学等，其中畲族民歌①最有代表性，是畲族文化中的一块活化石，堪称畲族文化的奇葩。畲族是歌唱的民族，畲族人民以歌代言，无论是节俗活动还是日常生活，畲歌成为畲族人民交往、表达情感的重要载体，直到现在仍经久不衰，一直闪烁着民族文化的光芒。畲族民歌“双音”和“畲族小说歌”是闽东畲族村落保存下来的民族文化瑰宝，2006 年二者同时被列入第一批国家级非物质文化遗产名录。

闽东畲族民歌的音调因地域不同而存在差异，主要有“古田调”②“罗连调”③“福鼎调”④“霞浦调”⑤和“福宁调”⑥等，其中有被誉为“畲族民歌活化石”“一颗稀有的明珠”的“双条落”（即“双音”）和获得“全国最美声音”的“阿噜调”，有被誉为畲族史诗的《高皇歌》，最有艺术价值的当数发源于白露坑畲村的小说歌。

---

① 畲族民歌2006年被列入第一批国家级非物质文化遗产目录，畲族民歌“双音”被誉为“畲族民歌活化石”，是畲族音乐文化的代表。

② 主要流行于古田县、屏南县的畲族村落，分为五声徵调式和五声羽调式两种。

③ 主要流行于罗源、连江、福州及闽东蕉城飞鸾的畲族村落，属于五声宫调式。

④ 主要流行于福鼎市及与之毗邻的浙江苍南、平阳等县的畲族村落，为五声商调式。

⑤ 主要流行于霞浦县（不包括北邻福鼎的牙城、水门、三沙3个乡镇）的畲族村落，为五声商调式，最大特点是大量加入特色衬词。

⑥ 主要流行于福安、宁德以及闽浙交界地带和闽北邵武的畲族村落，为五声商调式，曲式为起承转合四句一段体或变化重复的双乐句一段体。

闽东畲族歌言按内容大致分为：神话传说歌言和小说歌言、杂类歌言（含生活歌言、劳动歌言、家教歌言、情歌等）、礼俗歌言（含婚嫁歌、丧葬歌、祭祖歌和功德歌等）以及现代歌言（新中国成立前后新歌言、新时代歌言等）。其中最为普遍传唱的是长篇叙事歌，其歌词篇幅较长，有《元朝十八帝》《盘古歌》等。另外，历史传说歌也多为长篇叙事歌，例如《封金山》是畲族人民向往安居乐业和美好生活的一支理想之歌，民间广为流传。

（一）长篇叙事歌

畲族歌言所涉及内容十分广泛，其中长篇叙事歌历史悠久、流传最广。在闽东畲族村落流传的神话传说歌言主要有《高皇歌》《麒豹王歌》《封金山》《忠勇王歌》《高辛氏》等，其中《高皇歌》又叫《龙麒王歌》《金龙哥》《龙皇歌》等，各地流传的有十几种版本，是畲族的民族史诗，因宣扬民族认同的家族情怀而成为确证畲族群众族群身份的口传文学典范；古人歌言（内容多为历史人物、历史传说、历史事件等）主要有《桃园三结义》《李闯打天下》《林则徐》《钟良弼》《末朝纲》《钟景期》等，其中《末朝纲》编于民国初年，作者为闽东霞浦白露坑畲族歌王钟学吉，全诗300多行，主要叙述清朝和民国政府给畲族人民带来的苦难生活，具有一定的史料价值；小说歌言又称“全连本”“戏出”“大段”，现流传下来的有130篇（见案例1），多取材于畲族祖先传说和汉族章回小说、民间故事、话本等，将其编成七字歌言体条目串联而成，或以长篇叙事诗形式歌颂本民族杰出人物，或通过改编汉族章回小说和评话唱本等演述历史传奇和理想人生，它的出现结束了畲族无戏剧的历史，有着较高的文学艺术价值。

案例1　白露坑现存的手抄本与口头小说歌言

《摘星楼》《列国志》《孩儿乱》《孟姜女》《梁祝》《马乐一日君》《九节金龙鞭》《金簪玉锁记》《白蛇出洞》《白蛇借伞》《白蛇寻夫》《白蛇开药店》《白蛇取仙草》《白蛇淹金山》《金鳌龙》《金龟记》《玉鹤记》《桃花女》《八美楼》《美人图》《唐明皇游地府》《三国演义》《大闹双金

桥》《月台梦》《何文秀》《金锁记》《自怨怀》《后和蕃》《和珅做寿》《崔文瑞》《由命不由人》《乾隆下江南》《高辛氏》《洛阳桥》《仙鹤瓶》《文王挨车》《邹雷廷》《吕蒙正》《唐伯虎》《赵颜求寿》《纸马记》《朱贾臣》《小方京》《仁宗不知母》《阴阳闹》《蒋云头本》《功建前朝》《孔明借东风》《蒋云三本》《肚骗记》《五美打擂》《灵芝草》《春秋二祭》《烧饼歌》《甘国宝抄白水》《韩信排兵》《梅玉配》《草龙王》《双帕锦香亭》《白鸡记》《玉蛤蟆》《钟良粥》《扇坠玉蛤蟆》《五鼠闹东京》《九更天》《末朝纲》《八蝶香紫扇》《五百杂》《玉尺金鳌鱼》《朱文公家训》《漂纱记》《三请诸葛亮》《杨胜打铁锁》《碧桃花》《金凤钗》《金蝴蝶》《宝春写信》《朱砂记》《对歌》《犀牛记》《龙凤帕》《张罗带》《阴阳师》《靴袍战甲》《陈靖姑》《李清还魂》《掌鞋记》《国正天心顺》《髻围歌》《赠月镯》《山客迁基》《秦世良》《陈世昌》《蒋云二本》《八美楼二本》《橄榄记》《补鞋记》《蔡伯喈》《玉铃环》《仙戏曹》《薛仁贵征西》《进袈裟》《狗告状》《金手串》《马允安》《谋三宝》《龙凤钗》《荔枝记》《西游记》《猴王反天宫》《一集三冤判》《二集三冤判》《三集三冤判》《四集三冤判》《金宝炉》《藕丝帕》《薛仁贵征摩天岭》《白娑将》《许梦交拜塔》《董永卖身》《白猴告状》《八角水晶牌》《雍正下陕西》《郭子仪拜寿》《刘备招亲》《乾隆头次下江南》《英台十送》《刘蓝陈》《祸袍记》《奶娘催罡》，共130篇。

（二）杂歌

杂歌形式多样，内容广泛、丰富，包括风物、识理、传知、戏笑、讽刺、猜谜、夸张、斗智、争高手、字歌、对歌、变歌等，真正体现了“凡天文地理、人事万物，无不入歌”的畲族歌诗传统。杂歌语言生动活泼，精美纯粹，形式相对自由，可长句亦可短句，且类型繁多，内容涉及生活各个方面，艺术魅力较强，多为畲族人民日常对歌时的即兴创作。主要包括情歌、劳动歌、家教歌、生活歌等。情歌又称“缘歌”，是畲族民歌中数量最多、形式最多样、情感最丰富的歌言，有口传的歌言和借助汉字传抄的歌本，情歌对唱俗称“唠歌”“嬲歌”，即男女相互唱答，自由发挥，歌词内容多为即兴创作，对唱的时间地点灵活多变，是最具民族风格的艺术表现形式，最大的特点是歌者可因人、因情、因景进行即兴巧妙的改动，使畲歌打破固定程式得以推陈出新；劳动歌是以歌唱形式表达各项生产劳动须遵循的农事生产规则，介绍季节性劳动知识以保农业丰收，体现了畲族人民长期的生产经验积累和对自然生态的认识，即畲族人民将原始农业流传下来的诸如种田、栽茶、种苎、砍柴、烧炭、织布、碓[①]米、担水、煮饭等劳动生产知识融入歌言，形成富有体系和畲族文化特色的劳动之歌，如《二十四节气歌》《十二时辰歌》《种田歌》《勤耕歌》《采茶歌》《砍柴歌》等；家教歌富有生活内涵，是反映畲族社会或家庭教育方面内容的生活之歌，具有劝诫或世俗教化功用，如普遍流传的《十劝郎》《十劝戒赌》《劝妹歌》《二十四孝》《教子女歌》《上十岁歌》《十劝堂前》《劝郎行善》《同心》《知足》等，充分体现畲族人民敦人伦、睦宗族、正人心、厚风俗的伦理观和道德观，彰显着丰富多样的时代精神。

（三）仪俗歌

仪俗歌分礼仪类、婚俗类、丧俗类，礼仪齐全，别具一格。礼仪类歌言内容涉及待客、谢答等，男女对歌起头歌通常有《起头歌》《黄蜂头》《泡茶歌》《敬茶歌》等，对唱到半夜吃点心，唱《点心歌》，结束时唱《分别歌》，唱和有序，礼仪周全，礼貌相待，尽显畲家好客热情、谦恭有礼的民风民俗。过去，在闽东畲族村落嫁娶中，无论是嫁女还是入赘，都有长夜对歌，如娶妻婚礼中，男方请来的好歌手（畲族称之为“亲家伯”“赤郎”或“行郎”）在与女方歌手（俗称“赤娘”）对歌中须遵行礼仪规则，按照婚嫁不同环节对唱不同内容的畲歌，主要有《敬酒歌》《对盏歌》《度亲歌》《借镬歌》[②]《撬蛙歌》[③]《催嫁歌》《嫁女歌》《梳头歌》《起身歌》《上轿歌》等，通过仪

① 碓，duì，木石做成的捣米器具。

②《借镬歌》是赤郎进厨房时，对厨房炊具用品、柴火等以歌相借，唱一件借一件，唱不出则不借，这是女方考验男方肚才的礼仪。

③《撬蛙歌》是捉蛙的意思，是女方女歌手与赤郎对歌，向赤郎讨红包，赤郎唱蛙如何逃走，女唱怎样捉拿，反映男女斗智、争雄，格外欢乐风趣，是畲族婚俗别具特色之歌。

俗展演衡量双方的唱歌能力，并通过仪俗操演培养族群合格人才。畲族喜唱山歌，深爱情歌对唱，以歌代言，几乎达到了无情感不可入歌的地步；以歌论事，用歌声演述历史，表达善恶观和历史观；以歌传知，将农业生产、生活常识等融入歌言，在斗歌中斗智斗勇；以歌代哭，在丧葬时，借歌述哀，倾吐亲情、哀思。哀歌内容大都以悼念死者为主题，或表达对死者的尊敬和思念，或祈祷死者安息，或忏悔对死者生前照顾不周，或赞扬孝子或呵斥不孝，整个过程礼全歌全，礼重情深。例如，《出棺中哭歌》中"大轿扛父出门堂，生漂男女泪茫茫，今年新米父未食，大细男女愁肚肠""大轿扛父出山门，子孙送父去上山，送父上山将好地，年年未见父转回"①，场景逼真，句句情深。功德歌又称祭祖歌，内容多为怀念先辈或追述祖先丰功伟绩。做功德分做阴、做阳两种，为死者办丧事追悼亡魂的叫作"做阴"，为活着的人祈福禳灾叫作"做阳"。闽东也有少量功德歌手抄本流传于今。

五、手工技艺的民族智慧

除服饰制作技艺（包括服装、纺织、刺绣、织花带等）外，闽东畲族传统手工技艺还包括建筑、雕塑、壁画、竹编、剪纸、银器制作等方面，通过这些工艺可以展示畲族人民的生活环境、生产活动的发展，从而了解一个民族经济生活的智慧和创造力②。这些民间技艺具有鲜明的畲族文化特征，是畲族人民物质生活水平和审美价值观的集中体现，也是中华民族珍贵的文化遗产。

闽东畲族在明朝之前除少数大型村落外，大部分畲村处于"草创时期"，此时畲民对居所的要求不高，基本处在"搭寮而居"阶段，"山寮""草寮"遍布山野。清初，闽东畲村的土墙厝构造简单，大多

---

① 钟雷兴:《闽东畲族文化全书·歌言卷》，民族出版社，2009。
② 钟雷兴:《闽东畲族文化全书·工艺美术卷》，民族出版社，2009。

数属于椽檩寄墙式，如只用一根柱子，四面寄墙的称“孩儿撑伞”（有4间居室），两根柱子落地的称“双孩儿撑伞”（有6间居室）等[①]；清乾隆之后，闽东畲村土墙厝已普及，且开始追求整齐、美观和民族风格，半月里、瓦窑头等畲村的秀才厝、举人府足可与汉族富家屋舍相媲美，称得上这一时期闽东畲族村落民居的建筑杰作。闽东畲族村落标志性古建筑主要有祖祠、宫庙和规模较大的私人宅第等。总体上看，福鼎双华民居大门前的三弯四曲较有特色；蕉城猴盾村搬迁出去的雷姓子孙所建的房屋后厅堂以不铺三合土为标志，也别具特点；半月里的举人、秀才宅第更是远近闻名，数座特色鲜明的畲族豪宅，雕梁画栋，气势非凡；半岭村的观音亭寨，雄伟壮观，富有畲族文化底蕴；此外，清末民初建的福宁山民会馆、福鼎双华蓝氏宗祠、古田富达蓝公府等也都很有特色。霞浦县崇儒乡樟坑村的蓝氏大厝可谓闽东畲族最具代表性的建筑，它由母厝和两座子厝整合而成，母厝建于清道光三十年（1850年），子厝建于清同治年间。樟坑蓝氏大厝占地面积约5亩，共有两层，每层94个房间，是畲村罕见的群体建筑。半月里村的雷世儒大厝、龙溪宫及雷氏祠堂等古建筑的活态价值和研究价值不可估量，其中雷世儒大厝修建于道光年间，厝内的窗雕、匾额、壁画图腾工艺精美，代表着闽东畲村建筑艺术的特色；半月里的多座古民宅镶着大量具有村落文化内涵的牌匾、楹联，雕梁画栋，将建筑、绘画、雕刻、诗文等多种艺术融为一体，富有浓郁的人文气息，其文物价值在闽东畲村首屈一指，还有富达蓝氏宗祠、红坪村雷氏宗祠、半月里龙溪宫、巴地文昌阁、上水蓝继泰六扇厝和雷灼寿八扇厝、田岗蓝其宋大厝、廉岭堡垒式民居、双华村石墙厝和石砌城堡、瓜溪石拱桥、巴地村木廊桥等，这些建筑对于弘扬畲族文化起到了巨大作用。

闽东畲族村落的工艺美术品种类繁多，主要有木雕、石雕、银雕、竹编等制品，兼有艺术性和实用性。石雕艺术品主要有石碑、石狮、石旗杆、石臼、石雕神龛、石雕柱础、石香炉、石马槽、石水

---

① 钟雷兴：《闽东畲族文化全书·工艺美术卷》，民族出版社，2009。

缸、石盆、石牌坊等；木雕主要有祖牌、梁雕、门窗棂雕、木雕祖杖、祠宇宫庙吉祥物、联匾、祭桌等；泥雕在闽东畲族民居建筑工艺中艺术水平较高，通常采用浮雕形式塑刻于正门或大堂的檐下、山墙边、屋顶等处，图案多为人物、花卉、动物等，均做工精细，手法娴熟。

闽东畲村现存古画主要有两种：一种是祖先传说连环画，俗称“祖图”或“环山轴”，已知留存在闽东畲村民国之前的祖图不下20余种，除少部分为汉族画师所绘，绝大部分出自本民族画师之手，此类绘画最具畲民族特色；另一种是法事挂图，旧时畲村法师人手一套，如福安市康厝畲族乡凤洋村存有绘制于清嘉庆七年的挂图20多幅，所绘人物达600多个，神态各异，多姿多彩。

闽东畲族村落周边竹林遍布，畲族先人就地取材，取用竹子破成细薄的竹篾编织各种用品，主要有竹编斗笠、火笼、竹扇、线篓、竹箱、门帘、篮子、竹筐、鸡笼、竹椅等，品类繁多，其线篓、竹箱、火笼、斗笠等常作为陪嫁品，最具民族特色的当数竹编斗笠。闽东畲族村落的竹编斗笠工艺堪称一绝，以霞浦崇儒上水村的竹编花斗笠最为著名，获得社会广泛好评。

闽东畲族剪纸与汉族剪纸相似，但图案更简约，刀法更简洁，重神似，常采用夸张、变形的手法，风格粗犷浑厚，带有明显的畲族文化特色。与当地汉族不同，旧时闽东畲族村落剪纸艺人以男性为主。

六、畲族医药的生态价值

畲族医药分为畲医和畲药两部分，是畲族人民在长期劳动实践中为自身生存和健康总结出的一门具有区域性、家传性等特点的少数民族传统医学。2008年，畲族医药被列入第二批国家级非物质文化遗产名录，闽东福安畲族医药被列入首批福建省非物质文化遗产名录。

畲医的治疗方法丰富多样，与汉族民间用药有所不同。闽浙等地区的畲族长期居住在山区或半山区，他们依据地理环境特点，通过长期实践，积累了丰富的中草药防治疾病的民间经验。旧时，闽东畲族聚居区域医学落后，简单的疾病都难以得到诊治，更不用说死亡率极高的疟疾、痢疾、天花、麻疹等流行病。在与这些疾病的抗争中，畲族民间草药医疗队伍逐渐遍布广大畲村。畲医有特殊的传艺方式，采用口传心授、习而验之、医药一体的传承模式，其疾病观较为独特，大多寓医于农，并在长期“自诊、自采、自制、自用”的反复实践中积累了大量的祖传秘方和特效药方。畲医专科性强，富有民族特色，分为药物和非药物两种治疗方法，常根据病情的复杂程度，酌情采用单味药或多味药进行治疗，处方中所用草药亦常依据病情作适当增减。为了促进处方药的药用效果，畲医们在长期实践中配制了多种适合临床病情实际需要的药方。根据雷后兴等的《中国畲族民间医药调查报告》，现全国共收集畲医病种776个、处方1230个、畲药2952种，归并出300个病名、1000个有效处方和1600种畲族民间用药（真正的畲药有50余种）。另据统计，现存畲药共有300多种，其中被载入《中国医药志》的有20种。总之，畲族医药丰富了我国民族医药资源的宝库。

闽东的福安畲医擅长治疗痧症、寒症、风湿症、妇科和儿科等常见疾病，经过当地畲医多年的收集整理，现有单验方370多首。擅长治疗痧症，或用草药秘方治不孕不育症，也擅长治疗骨伤，且畲村普遍流行食物疗法[①]。闽东畲医痧症疗法是畲医临床实践中最具特色的治疗方法，常采用刮、撮、抓和搓等手法，多有手到病除之效。针对病重者，有时亦采用针刺、放血、挑痧或配合畲药治疗，常用的药物主要有山苍籽、破铜钱、塌地蜈蚣、粘花草、叶下白等10多种。此外，闽东畲医还擅长治疗痢疾、喉症、梅毒、眼疾等疾病，治疗效果良好，深得当地民众的赞誉。

闽东畲医还将医药与养生理念相结合，盛行食物疗法，形成了许多富有畲族特色的生态养生疗法。如为预防感冒，畲家人经常服用

① 丁华：《畲族非物质文化遗产保护分析》，《中国民族博览》2019年第18期。

大猫舌（单头紫苑）汤汁；为防治无名肿痛、湿热黄疸、风痛（关节炎）、腹痛、浮肿、中风等病痛，服用畲家独特的美食药饮“绿豆腐”，其由一种名叫“豆腐柴”（马鞭草科植物，又名“山麻糍”）的植物叶子制作而成。畲族人民素来热情好客，素有“客人落寮便泡茶”的习俗，经常用一种叫“食凉茶”的饮品招待客人。“食凉茶”（酸腊梅）是畲家特有的药材，具有散寒解暑、消食止泻、消积止痛、祛风湿等功能。闽东畲族酿酒、喝酒之风盛行，畲家米酒可有效驱除山区湿瘴之气，喝“竹篁酒”是闽东畲族生态养生理念的重要体现。

闽东畲族山区拥有良好的生态环境，药物资源丰富，其中福安是畲药最重要的原产地，素有“畲药宝库”之称，畲药发展历史已有1000多年[①]，现有常用野生畲药植物210多种，开发有福安市坂中畲族乡江家渡村畲药种植基地等畲药基地6个。畲族民间大多根据药用植物的形态、色味、功效、动物形象等特征进行命名，如铁雨伞（形态）、铜丝草（颜色和形态）、倒钩枪（性味、形态）、半边旗（形态）、蛇足草（动物形象，下同）、蛤蟆衣、老鼠尾、黄鸡母、山蟹、老鼠耳、鸭掌菜等，这些畲药的命名体现着闽东畲族的民族个性和民俗化色彩。闽东畲族独特的医药民俗对于畲族群众预防疾病有很大的现实意义，如春节前扫大年、饮椒柏酒；立春节焚烧樟树枝或艾叶；端午节喝雄黄酒、包粽子、插菖蒲叶、消毒饮用水[②]等；平时，焚烧野艾草熏蚊，门上插艾叶和菖蒲避邪气，储存鱼腥草、苏叶、野生薄荷等作为常备药。

七、畲族武术的文化价值

闽东畲族武术主要分拳术和棍术两大类，二者均在融合南少林武术的基础上发展而成，前者以福安金斗洋、霞浦四斗、福鼎双华等村

① 李益长等：《闽东畲族药资源产业化开发现状与对策——以福安畲药为例》，《安徽农业科学》2016年第3期。

② 朱德明、李欣：《浙江畲族医药民俗探微》，《中国民族医药杂志》2009年第4期。

落为代表，后者以古田梅坪、蕉城后山、金涵下申厝等村落为代表。畲族拳术、盘柴槌（棍术）、蓝技拳、牛家拳等均讲究实用，步稳势烈，攻守严谨，发力猛、准、狠，具有鲜明的竞技性、健身性等特点。闽东畲村习武之风盛行数百年，经数百年的传承现已形成独具一格的畲族民间传统体育项目，其中霞浦溪坪盘柴槌、福安金斗洋畲族拳先后被列入省级非物质文化遗产名录。

盘柴槌又叫“盘柴糙”，汉语称作“棍术”，相传为畲族先人雷乌龙所创，经后代传承与创新，逐步形成这一具有畲族特色的传统武术。盘柴槌根据棍棒长短分为长棍和短棍。长棍又叫“丈八棍”，长一丈二尺（约 3.6 米），用于一人单打，共有 10 个招式，通常用于对付野兽；短棍又叫“齐眉棍”，长七尺（约 2.3 米），用于两人对打或一人单打，招式有双头挺、三步跳、四步半、七步、九步、猴子翻身等，是畲族保家防身、反抗欺压必不可少的手段。盘柴槌具有鲜明的畲族文化特征，堪称畲族的民族瑰宝，但是目前盘柴槌已陷入活态传承不畅的尴尬境地。

金斗洋畲族拳发源于明清时期的闽东畲族村落金斗洋村，现已有 300 多年历史。清雍正年间，南少林寺武僧林铁珠避难金斗洋村，授艺该村畲族先祖雷国楚①，而后为捍卫族人利益防匪防盗，雷国楚广收族人传授武艺，熔畲族传统武术与南少林武功于一炉，将畲拳衍化为一种技击和健身价值极高、风格独特的武术项目②。金斗洋畲拳具有发力短猛，善用手法，防守门户严谨，进攻多用指法、拳法的特点。讲究实战，套路荀短精炼，朴实无华，结构紧凑，其动作招招立足于实用，强调体现疾、硬、力的特点，很重视功法的练习，融体育、武术、舞蹈为一体。金斗洋畲族拳多次在国际武术比赛、全国少数民族传统体育运动会和福建省少数民族运动会上获奖，并被评为宁德市第四批非物质文化遗产，雷盛荣和钟团玉被评为非物质文化遗产传承

① 雷国楚，即金斗洋村雷氏第三十二公雷朝宝。

② 林耀琳、丁立凡：《福安康厝金斗洋：“畲族武术之乡”》，宁德网，2017年1月12日。

人，金斗洋畲族拳也成为中国武术之林的一朵奇葩，金斗洋因而有着“畲族武术之乡”的美誉。目前当地政府正组织相关人士通过承办各种武术活动进抢救、挖掘、传承和推广畲族拳，并在金斗洋畲村和康厝中心小学分别建有武术训练基地和畲族武术兴趣班，定期组织相关学员有计划、分步骤教授畲家拳，传承和弘扬畲族武术文化。

第三章 闽东畲村文化传承与发展现状

民族文化的产生、发展总是存续于特定的时空环境中，从而使其具有时间性和空间性两大基本属性。随着时代的发展和环境的变迁，旧有的村落文化已不能完全适应新的乡村环境，因为特定地域空间是民族文化形成和发展的土壤，文化主体、文化时空之间的变化与调适，贯穿着文化发展的每一个过程。尽管文化总是在一定的时空中形成、发展和演化的，但总离不开文化主体的内在因素和政治、经济、科技等所构成的外在影响因子的共同作用。随着城镇化的发展和闽东民族村寨造福工程的实施，闽东畲族乡村的新型城镇化模式也在悄然运行，新城区和农村新社区建设使原有的畲族文化空间发生了改变，畲族群众新的生产生活方式以及相应的文化习俗也在通过新的组合，塑造着新时代民族文化的发展模式和特征。但城镇化带来的是畲族村落时空结构的解体或转向，要求畲族传统文化必须找寻新的生存土壤和传承方式。

第一节　城镇化背景下闽东畲村文化变迁

任何历史时期的文化事象总是在特定的文化空间里展开，当民族传统文化与现代文明碰撞后，民族文化所承载的时空场域必然被时代解构和重组。作为当前社会发展的主潮，城镇化对民族村落文化发展提出了新的挑战。当乡村融入城镇，村落农民陆续离村，民族文化传承生态链逐渐松动或断裂，而人们为了维系文化的现代性发展，势必顺势而为地寻找新的发展路径。城镇化是少数民族走向现代化的必经之路[①]，同时，城镇化也是民族文化现代性建构重要的外在动因。为此，以城镇化为背景多角度地考察闽东畲族村落文化变迁有助于把握文化传承与发展的内外部支撑条件，找寻新时代畲族文化振兴和发展

① 吴莹：《城镇化视阈下少数民族搬迁移民的时空重构与文化变迁》，云南大学，2016。

的保障性机制，促进闽东畲族村落文化的现代转型与可持续发展。

一、进入现代时空的闽东畲村文化

改革开放后，我国城镇化快速发展，但闽东畲村的城镇化有自身的特点。

首先，大量畲族村落整村搬迁，大量农村畲族人口迁入城郊、中心集镇和中心村，实现“三集中”。自1994年闽东在全省率先实施造福工程，至2007年，闽东少数民族造福工程共搬迁7406户33363人，占全市少数民族总人口198919人的16.77%；涉及88个乡镇，占全市乡镇总数的71%；涉及的行政村296个，共搬迁少数民族自然村713个[①]。这些搬迁户重点安置在县城城郊、中心集镇、中心村，至2017年全市畲族行政村增加到239个，而畲族自然村则由2007年的1789个降到2017年的986个，畲族人口不断向集村、集镇、集中社区方向发展。至2020年，闽东异地搬迁安置少数民族群众累计达6万人，占全市少数民族总人口1/4[②]，原来边远、偏僻的畲族村落文化空间亦随着住户的迁离而消失。

其次，闽东畲族人口的城镇化发展也为畲族文化的时代发展提出了新的挑战。一方面，随着畲族村落的消失或人口的迁移，原有的村落文化生态遭到破坏，畲族文化传承难以为继；另一方面，畲村大量农业人口涌入城镇或新型社区，但畲族文化赖以传承的文化空间尚未形成，城镇化很难给迁离家园的畲族群众提供相应的精神生活空间，畲族文化城镇化要远滞后于畲族人口城镇化。随着文化空间的变化与位移，闽东畲族村落文化传承问题也必然牵涉城镇与乡村这两个维度，要想让畲族村落文化获得可持续发展，就必须做到农村与城镇两

① 马骍、陈建樾：《中国民族地区经济社会调查·宁德畲族聚居区卷》，中国社会科学出版社，2015。

② 尹文：《民族团结一家亲，携手并进奔小康——我市奋力推进少数民族脱贫攻坚和民族乡村高质量发展》，《闽东日报》2020年11月3日第2版。

手抓。

最后，时代的变化带来的生活方式、精神追求、交际手段等方面的转变，使得畲族文化传承更具有了现代性特征，即网络、自媒体等成了畲族文化承载和传播的新型文化空间，单纯的传统文化空间已不能完全适应文化传承的时代需要。具体表现为以下几点。

城镇化打破了畲族文化的地理屏障，削弱了村落对传统文化的保真功能。闽东的山川地貌和各路水系“细碎凌乱”，畲族村落又大都居于高山或半山腰，独立空间狭小，各个地理单元虽可互通，但不便捷，文化阻隔机制较强，具有很高的保真功能①。城镇化之后，畲族文化不再局限于乡村的封闭空间而更显出开放性特征，城镇和乡村同时成为畲族村落文化传承的现代时空，但交通的便捷和异质文化的冲击使其传统隔离机制失效，导致传统文化原真性保护的地理屏障优势难以发挥作用。

城镇化消解了畲村传统的婚姻壁垒，族外婚的日益增多加固了畲汉之间的团结纽带，但同时民族文化传承面临的困难更趋复杂。事实上，族内婚姻是古老而有效的文化保护屏障，远到氏族社会，近至明清以来畲族在闽东“结庐深山，聚族而处”之后的族内婚制，有力地保证了畲族文化的民族特色和传承力量。城镇化发展很大程度地割裂了畲族旧有的婚姻纽带，大量的族外婚促进了家族文化多元化，客观上加快了多民族交流交融的步伐和多元族群之间通力合作的文化向心力的形成，但现代文明的冲击也加大了畲族村落文化传承和发展的难度。

城镇化改变了畲族“大分散、小聚居”的传统居住格局，加大了畲族文化本土化、整体性保护与传承的难度。由于畲族没有文字，其传统文化的积累和传承主要通过民族口头语言来进行，特别是本民族的族源历史、世俗伦理、生活技能等主要通过歌教、族群活动、节庆

① 马骍、陈建樾：《中国民族地区经济社会调查·宁德畲族聚居区卷》，中国社会科学出版社，2015。

活动等得以代代相传，歌教也由此成为畲族传统教育的有效手段。绝大多数族人利用村落空间并通过口耳相传、对歌唱答、仪式操演和歌场历练等方式，将自身培养成社会性合格人才，同时畲族建筑、耕作、手工技艺等的承续也主要是在村落里完成。可见，传统的村落空间为族群物质生活和精神生活提供了绝佳的传承场所。而城镇化一定程度上拓宽了族群的交际空间，同时也削弱了传统村落文化空间的聚合力，甚至使一部分远离乡村的畲族群众由于失去了与族群其他成员进行文化交流和学习的机会而造成族群失忆。

城镇化加速了现代文明对畲族传统文化的冲击，文化的时代碰撞致使闽东畲村难以保持自身的民族文化底色。任何一种文化的发展均离不开与其他文化的交流，适度的采借更有利于民族文化的延续与发展。畲村传统文化有着极强的包容性，闽东畲族先民以村落为单元修族谱、建宗祠的文化之风深受汉族影响，这种适度范围内的文化交流与融合促进了畲族族群文化进一步发展，并对增强族群凝聚力等产生深远影响。然而，随着城镇化发展，闽东畲族村落经历了新畲村建设、美丽乡村建设等浪潮，多方力量推动下民族文化生态发生了巨大变化，表现在发展经济成为畲村一切活动的核心，“文化搭台，经济唱戏”一度成为主旋律，现代文明打开了畲村传统文化的封闭空间，大量的时尚文化“侵入”乡村；畲汉文化融合速度加快，村落传统文化流失严重；文化活态传承链断裂，传统文化空间紧缩，部分群众对本民族文化的自信力不足，参与族群活动的热情减退……城镇化进程中出现的诸多问题使闽东畲村文化保护和传承的难度加大，守护民族文化底色成为广大闽东畲族村落艰巨的任务。

在政府的主导下，闽东各城乡就畲族文化保护形成了通力合作的工作格局，特别是2017年出台《宁德市畲族文化保护条例》以来，畲族文化基础设施建设和活态传承力度进一步加大，政府将工作重点落实到基础设施建设、非遗文化保护、传承空间修复和传承人培养等方面，取得的成效较为明显。例如，建设中华畲族宫等机构，并在县、乡、村、民族学校建立畲族文化基础设施 140 多处；64 个民族村被列入中国少数民族特色村寨试点建设，共30个村寨被国家民族事务委员会命名为“中国少数民族特色村寨”[①]。在非遗活态保护方面，经过闽东各界10多年的努力，至2020年，宁德市畲族非遗项目已涵盖九大门类，共有市级及以上非遗名录47个，其中国家级6个，省级19个；市级及以上非遗传承人88人，其中国家级4人，省级22人[②]。在政府重视、经济扶持和各方配合下，闽东畲族村落文化保护与传承成绩显著，但遇到的困难也愈来愈多，进入现代时空的畲族村落文化变迁不可避免，主要表现在：畲村传统社会从封闭走向开放。随着异质文化的融入，强势的外来文化消融了民族村落固有的文化根基，大量的外出人员没有在原村落长期定居，原有的传统生产、生活习惯被现代生活所取代，许多畲族群众在城镇找不到本民族活动场所，又无返村参加节俗活动的机会和条件，畲族文化显然已随着时代的改变而渐行渐远。在新的文化语境下，畲族村落文化的保护与发展已延伸至城镇与乡村两个维度，要想让畲族村落文化获得可持续发展，就必须准确把握当下畲族文化变迁的规律，因地制宜制定策略措施，以促进畲族村落文化的保护与发展，助力畲族文化振兴。

二、空间重构中的闽东畲村文化变迁

民族文化的传承与发展总是在民族村落等区域的文化空间里展开，文化空间即“文化场所”（culture place），特指按照民间约定俗成的传统习惯，在固定的时间内举行各种民俗文化活动及仪式的特定场所。同时，文化空间还指与文化息息相关的那些自然环境与人文环境，因为社会的特殊性质又形塑了自己特定的空间[③]。就闽东畲族村落而言，城镇化使人们必须适应新的生活环境并在城乡二元或多元互

---

① 郑凯：《宁德市多举措助推少数民族脱贫致富》，《闽东日报》2020年11月4日第a05版。
② 尹文：《民族团结一家亲，携手并进奔小康——我市奋力推进少数民族脱贫攻坚和民族乡村高质量发展》，《闽东日报》2020年11月3日第2版。
③ 张子凯：《列斐伏尔〈空间的生产〉述评》，《江苏大学学报（社会科学版）》2007年第5期。

动中不断调适自己的生活方式，同时村落空心、劳动力外流、求学入城等原因又进一步加速了其所处文化空间的改变和适应符合时代发展的新型文化空间的重构，村落文化变迁的征象从多个侧面清晰地呈现出来。

（一）文化生产方式变迁与主体实践能力的弱化

一切社会变迁和政治变革的终极原因，不应当在人们的头脑中，在人们对永恒的真理日益增进的认识中去寻找，而应当在生产方式和交换方式的变更中去寻找[①]。文化生产方式指的是文化生产过程中生产者、消费者、文化产品、传播媒介、文化生产手段等多种因素相互作用而形成的统一体。对于闽东畲族而言，以往传统的文化生产方式由于地理、历史等因素影响呈现出较为单一、固化的模式，当时众多畲族群众"大分散、小聚居"于广大边远山村，长期的有规律性的农业生产形成了富有节律的经济、文化活动，他们日出而作、日落而息，有着充裕的文化活动和娱乐时间，且在大多数情况下，社会生活的空间维度都是受"在场"（presence）支配，即地域性活动支配的[②]。乡村社会的文化主体、空间、形式、载体等基本是在文化生产活动中按自然规律往复地交相运作的。这样将民族语言、宗教信仰、人生仪俗、审美旨趣聚合于具体的、特定的文化场域，使相对固定的文化主体、内容和形式更加强烈地唤起人们共同体意识和文化"在场感"，场域中所承载的民族文化生产方式得以按传统方式反复进行。基于此，畲村村民既是其村落文化的生产者又是文化消费者，文化生产和传播的方式单一，口耳相传或师徒传承成为文化传承的主要模式。文化生产者、消费群体和文化展演的空间相对固定，文化产品能满足畲族群众的审美和消费需求。

随着社会转型和城镇化发展，闽东畲村民众的生计方式发生根本性改变，纯粹的传统农耕被半工半农的劳作方式取代。相当部分农村

① 马克思、恩格斯：《马克思恩格斯选集·第1卷》，人民出版社，1995。
② 安东尼·吉登斯：《现代性的后果》，田禾译，译林出版社，2000。

劳动力通过自由流动或易地搬迁方式被卷入到城镇化潮流中去，少数滞留农村的劳动人口在农业生产之余进入农村的工地、旅游景区、产业园区或城镇的季节性生产工作行列。在这一过程中，畲族村落文化赖以延续的文化生产方式被解构。首先，随着大量村民往城镇迁移，其子女也随之转学入城接受教育，留在畲村的老年人比例增大，村落人口结构失调，高学历人员返乡意识愈加淡薄，村落文化生产的主体严重流失，加上村民就业方式的多样化和就业空间的分散化，使得畲村民众由于交往距离加大、时间减少、频率大幅降低，相互之间的身份认同感、民族文化热情、家园遗产传承的信心等也在不断减退。其次，畲村民众或从乡村进入城镇，或就地在农村产业园区打零工，打工谋生的经历使他们改变了原有的时间节奏和生活习惯，企业或商业行为对工作时间的要求也打破了他们对时间驾驭的自主性，不得不对可能参与文化的时间作出根本性调整与适应，这个过程面临着由文化时间差异而带来的文化冲突和碰撞。最后，当代信息技术也对闽东广大畲村的文化生产方式带来新的革命性影响①，包括网络、通信、数字技术在内的信息技术创造了各种网络和移动媒体，促进了文化生产方式的提升，数字电视、网络电影等不同类型媒体的相互融合使得文化传播的方式越来越便捷有效，然而众多的文化产品或视听节目涌入乡村民众的文化生活，急剧消解了畲族村落长期形成的传统文化空间，畲村传统文化不断被挤压，甚至走向式微。

城镇化和信息技术革命不仅使各民族居住区域原有的孤立封闭状态被彻底颠覆，而且深刻影响着村落文化主体的实践精神。实践是人类社会发展的动力源泉，文化生产实践是畲族文化发展的基础和最直接的推动力。在闽东畲村文化发展的现代化进程中，传统的文化生态链和传承基础逐渐松动，大量文化主体退出或不主动参与民族文化生产活动，文化主体参与文化生产实践的普及度不断降低。为加强畲村文化保护与传承而介入的政府力量以及舞台展演的出现又是一柄“双

① 祁述裕：《文化生产方式变化需求文化体制机制创新》，《人民日报》2011年10月14日第24版。

刃剑”，可能促使畲村传统文化商业化甚至异化，导致越来越多的畲族文化生产主体失去民族原生文化实践的机会，主体的文化实践能力不断弱化。

部分村民文化主体实践精神的消退和民族文化认同感的弱化有主客观原因。主观而言，是这部分村民遭受现代文明冲击后导致守护自身文化的内生动力的丧失；客观而言，是城镇化的空间挤压、畲村民文化主体地位的“退让”、文化接受环境的巨变等因素综合作用的结果。主客观因素的不断累积叠加，直接导致畲村民众跨区域社会交往与社会流动的不断扩大，传统文化精神自内而外遭到了多重挤压，再加上现代科学技术的推波助澜，畲村文化传承的社会根基被不断消蚀，村民文化建设主体精神出现普遍性弱化。当前，畲村文化已进入多模态融合协作发展阶段，少数人的努力不足以支撑起一个民族精神家园建构。“家园遗产”的保护与传承需要绝大多数文化主体振作起实践精神，并掌握好多模态的文化建构能力，这样才能让畲村传统文化之根深扎进新时代的大众语境里。一个民族的生产生活方式变化了，必然影响其语言文字、传统习俗、宗教活动乃至民族意识等方面，最终导致传统文化的根基在动摇，文化意识在弱化，文化功能在减弱，文化约束力在消退①。如何激发村民主体的内生动力从而使畲村文化获得更好的保护、继承与发展，是值得我们时刻思考并实时解决的问题。

（二）村落空心化与村民精神生活的位移

闽东畲族自 20 世纪 90 年代开始进入城镇化时代，特别是 1994 年闽东率先实施造福工程以来，闽东畲村不但最终告别了茅草房，而且通过易地搬迁、整村推进等措施，使大量畲族群众迁入城镇，告别了穷山恶水，改变了生存与发展空间。例如，1998 年，寿宁县将常年缺水的后井自然村整村搬迁到城郊的天凤新村；2013 年，蕉城区飞鸾镇打造省级重点造福工程集中安置村——桂洋新村；2013 年，磨石坑

① 吴莹：《城镇化视阈下少数民族搬迁移民的时空重构与文化变迁》，云南大学，2016。

19户畲族群众搬入霞浦县盐田畲族乡二铺造福新村……一方面是村民在“造福”的声浪中轰轰烈烈地迁离相对落后的乡村，另一方面是畲族村落可能就此彻底遗落进民族历史的星空。尽管城镇化符合时代的脚步，但在现代文明的冲击下，畲族村落的人口流失又引发一系列问题，如由于大量住户迁出祖居地，闽东畲族空心村数量日益增多，学习本民族文化或从事畲族文化工作的人员大量流失，村里组织民族文化学习和表演活动愈来愈困难，许多村落文化失去活态传承的动力机制。而随着村落空心化和文化主体的流失，民族文化面临的危机愈来愈引起社会各界的关注。

此外，村落空心化还导致村落建筑无人居住修缮乃至倒塌，使传统手工业、地理图标、民间文学、民间戏曲等具有文化特质产品的平台也不复存在①，即使是畲族银饰、畲医畲药等底蕴深厚的族群文化精粹也可能同样会失去往日的风采。某种程度上看，除去留在村落的老年人口，近年来闽东畲村的人口素质有所上升，农村也有许多务工场所，茶园、旅游景点、建筑工地、现代农业园区等均可为畲族群众提供良好的工作机会，但是村庄空心化造成劳动力严重短缺，人才资源的流失自然改变了闽东畲族村落的文化生态。即使一部分村民偶或返乡了，但由于经历了现代文化的多元洗礼，年轻一代对民族文化的情感也早已发生了由远离民族文化萌生之地的憧憬到对传统的遗忘、冷漠甚至厌恶的蜕变。尽管在畲村民众的呼吁下，当地政府不断加大力度扶持畲族村落文化发展，但此时的村落已“空心”，政府想复归畲族原始的文化生态内涵几乎已是不可能的事，即畲村文化发展的内生动力一旦失去，单靠举办一两次乡村旅游文化节等作为补救措施，大多容易流于形式，很难起到实际效果。畲村文化的主体是广大畲村民众，他们是本民族文化的创造者和继承者，只有他们继承和发扬了村落特有的文化遗产，并且关心、热爱畲村，才能更好地推动本民族文化的传承与发展。

---

① 李枝秀：《传统村落“空心化”的原因分析与治理策略》，《老区建设》2015年第8期。

随着村落空心化的加剧和民族文化传承纽带的断裂，村民的精神生活也在一定程度上产生位移。就闽东畲村而言，表现为民众的精神生活与乡村物质文化生活水平的不协调，物质相对富足的村民在精神文化生活上的需求未能得到应有的满足。据笔者调查发现，由于娱乐方式的变化，看电视、上网、玩手机等成了畲族群众最基本的现代文化生活内容，仅在猴盾村和半月里村等少数村落见到过村民观看畲族传统文化表演节目，日常生活中的对歌、庙会等民俗活动早已基本在绝大部分畲村中不复存在。手机成了畲族群众传播民族文化的主阵地，从相关调研反馈信息统计，82% 的受访者均在微信群或 QQ 群发送过与畲族文化相关的视频或图片，相关村民也大都以手机为通信工具获取本民族文化活动信息。显然，手机已成为当前畲族群众文化交流和精神生活最普及、最便捷的工具。但传统文化发展不能仅局限于虚拟的文化空间，要实现畲族村落文化的传承，也不能简单地采用“展演式”进行舞台化处理。当畲村民众以农民工或迁移户身份进入城镇，其生活习俗、精神追求、民族情感不可能瞬间消失或被其他文化取代，往往会自发地将原有的文化乡愁留驻于尚不完全熟悉的城镇，潜移默化地推动着族群精神生活的空间位移。例如，21 世纪初以来，一方面，闽东畲族群众以村落为阵地，开展丰富多样的传统歌会（见表 3.1），一到某个歌节，许多村落在民营企业或政府的支持下组织歌会，畲族群众便三五成群会聚盘歌，闲暇时亦在家屋厅堂等处自发组织家庭盘歌会；另一方面，闽东畲村农民工的大批进城使得畲族农民的生存空间发生了变化，植根于乡村的畲族歌言逐渐向城镇蔓延[①]，传统歌会由此进入城镇。来自畲村的农民工们自发组建“畲族农民工歌场”，或沿街搭盖歌棚，或开拓地下室歌场，偶或还办起“农民工歌会”。不同于传统歌场，农民工歌场聚合着移居到城镇的畲族农民工聚落，实现了闽东畲村文化和畲族群众精神生活在新时代的空

① 马骍、陈建樾：《中国民族地区经济社会调查·宁德畲族聚居区卷》，中国社会科学出版社，2015。

间位移，并继续发挥着畲族传统歌会的某些功能，具有即时性、临时性、随意性和不确定性等特点，对于提振畲族群众音乐生活、增进民族情感、促进民族团结等均有重要的现实意义。

表 3.1　闽东畲村传统歌会和农民工歌场概况表

序号	歌会或歌场名称	举办时间	举办地点
1	“正月十三”天凤岗村歌会	正月十三	寿宁斜滩镇天凤岗村
2	水门半岭观音亭“元宵节”歌会	正月十五	霞浦水门畲族乡半岭村
3	磻溪镇溪口后舍宫“元宵节”歌会	正月十五	福鼎磻溪镇溪口后舍宫村
4	佳阳畲族乡双华村“二月二”歌会	二月初二	福鼎佳阳畲族乡双华村
5	坂中畲族乡后门坪“二月二”歌会	二月初二	福安坂中畲族乡后门坪村
6	太姥山镇西门外歌会	二月初二	福鼎太姥山镇潋城村、西门外村
7	坂中畲族乡塔下村歌会	二月初二	福安坂中畲族乡塔下村
8	八都镇猴盾村“三月三”歌会	三月初三	蕉城八都镇猴盾村
9	金涵畲族乡新源村农民工歌会	三月初三 九月初九	蕉城金涵畲族乡新源村移民小区
10	硖门畲族乡瑞云村“四月八”歌会	四月初八	福鼎硖门畲族乡瑞云村
11	“四月八”牛歇节牛池岗歌会	四月初八	福安穆云畲族乡牛池岗村
12	溪柄镇八仙牛童宫“四月八”歌会	四月初八	福安溪柄镇八仙牛童宫
13	松城街道岔头岭“分龙节”歌会	农历四月	霞浦松城街道王坛村
14	周宁县方广寺“分龙节”歌会	农历四月	周宁玛坑乡首章村
15	崇儒畲族乡古老岩“五月五”歌会	五月初五	霞浦崇儒畲族乡古老岩
16	“六月一”白云山歌会	六月初一	福安穆云畲族乡蟾溪村
17	硖门畲族乡瑞云村“七月七”歌会	七月初七	福鼎硖门畲族乡瑞云村
18	武曲乡白岩山“七月七”歌会	七月初七	寿宁武曲乡白岩山村
19	松罗山、樟家山“九月九”歌会	九月初九	霞浦松罗乡樟家山、松罗山
20	霞浦松城街道马洋村目莲寺“九月九”歌会	九月初九	霞浦松城街道马洋村目莲寺
21	太姥山镇才堡村“九月九”歌会	九月初九	福鼎太姥山镇才堡村
22	福安城关畲族“地下歌场”	不定时	富春路 128 号弄堂里地下室
23	蕉城区蓝溪村畲族农民工歌棚	不定时	东侨蓝溪畲村
24	福安市老年大学畲歌场	不定时	福安市老年大学

资料来源：作者根据调研数据整理。

（三）时代文化冲击下畲村传统文化的异化

随着全球化的发展和城镇化的加快，人们的生活水平在不断地提高，价值观念也在时时更新，传统文化被新兴文化影响或取代，城乡互动给乡村文化良性变迁带来新机遇的同时又不可避免地带来新的挑战。

一是畲村传统文化的舞台化。这里并非强调畲族文化不可登上舞台，也不是说通过舞台就一定能将民族文化传统悉数异化。事实上，早在20世纪50年代，畲村民众刚一当家做主人便通过当时的专区、县两级政府将畲族乡村文艺会演的歌言节目搬上舞台，长春电影制片厂还拍摄了《难为亲家伯》，并首次将畲村民俗文化搬上银幕。改革开放之后，各地政府和有关文艺部门组织编排了大量歌舞剧，这些融合着现代声光电技术的舞台节目，一定程度上让接受者对这种改变文化传统的做法产生质疑，甚至完全颠覆普通民众对畲族文化传统的认知。近年来，诸如《千年山哈》《畲山风》《畲娘》《山哈魂》等舞台剧在各县市的巡演，一定程度上唤起了畲族群众对自我文化发展的信心，但并未真正促进外来者乃至当地居民对畲族文化本真的抓取和与传统的对接，因为民族文化一经舞台化势必被抽离文化演述场域，使其文化的本真性、本土性失去承载的空间而产生异化。如福安市连续主办了6届“福建省‘三月三’畲族文化节”，对畲族文化进行“展演式”保护确实起到了较大成效。不过，民族文化一经搬上舞台，其生命本真往往因被抽离出整体性生存场域而走向媚俗化、娱乐化或他者化，即从表层上看，传统文化由此得以延续甚至彰显，但从更深的层面上看，文化符号象征意义的神圣性被旅游活动的娱乐性消解了……有些少数民族的仪式只有在特定的日子才举行，而如今为了开发民俗旅游，倘若不能借此调动畲族群众参与活动的热情，那么众多族群内部的文化活动也就成了只为吸引外来游客的表演性活动，从而失去民族文化传统的本真色彩。[①]。由此，畲族群众逐渐地对文化节、

---

① 林锦屏：《乡村旅游浪潮下民俗文化功能的异化——以畲村猴盾为个案》，《宁德师范高等专科学校学报（哲学社会科学版）》2007年第4期。

采摘节、桃花节等失去了好奇感，且那种由他者主导的节庆安排显然缺乏族群文化认同，他们的精神生活应富有民族本真，节庆活动对民族文化的确能起到推动作用，但活动中的文化展演绝非民族文化的原真性表达，对其保护与传播更应着眼于民族文化传统的本真样貌。

二是畲村传统文化的市场化。城镇化以来，畲族村落文化也逐渐被贴上商品的标签，越来越多的文化产业与畲村“联姻”，或成立文化产业园，或以“公司＋农户＋基地”模式，挖掘畲村文化的商业价值，生产出大量的文化创意产品，通过生产技术创新、产品创新、营销模式创新并借助市场将畲村文化资源转化为文化商品。其基本运作方式主要有政府主导、资本介入，自上而下层层展开，如上金贝畲村的“民族村寨旅游”、溪塔畲村的“刺葡萄采摘节”、上水畲村的花斗笠、韩山畲村的“富蓉山”茶品、山哈乌饭系列食品、“盈盛号”畲家金银饰品等，满足市场或类似于市场的文化场域的需要，为畲村文化发展或振兴作出有益的探索。然而，受市场经济功利性的诱导，文化经由商业性操作也很容易沦为无创造性、商品化、个性虚假、操控人的异化①，即为了市场效益，相关产业以机器代替手工或彼此相互借鉴、复制模仿，大批量地生产缺乏个性和创造性的产品。这些被制造或被复制的劣质化大众文化产品，部分实现了畲村文化的经济价值，但畲族群众或手工艺人却因此失去了文化主体性，部分人员可能退出村落文化生产者行列，进入城镇打工谋生，另一些人员可能被商家利用，加入文化产业大军而转行制作“走形变样”的工业化产品，使本来富有个性的畲村传统文化产品脱离本土化传承与发展环境，最终成为被异化的市场化商品。同时，这种利益至上的商业开发模式最终还会导致畲村传统文化的加速消亡，因为能在当下通过市场化开发获得经济利益的文化很快获得各界重视，而那些不会带来经济利益的传统文化则无人问津，进而被世人彻底遗忘。这有悖于文化平等观念。过

① 化秋平、张俊强、毕凯旋：《市场经济条件下大众文化异化现象论析》，《合肥工业大学学报（社会科学版）》2017年第2期。

度倾斜关照某些特殊的文化项目而忽视或无视其他一般的文化，则有悖于文化生态和文化多样性原则①。事实上，我们所说的“生产性保护”实指对手工技艺体系和核心技艺的个性化保护，绝非工业化的克隆与复制。比如宁德市霞浦县上水畲村的花斗笠编织，如今村落里能制作花斗笠的仅有2位55岁以上的手艺人。这样的传统技艺根本无法做到规模化机器生产，哪怕真的实现了规模化机器大生产，其传统技艺的精髓和民族文化个性也随之荡然无存。要防止市场化行为加速对畲族村落优秀传统文化的侵蚀，必须采取切实有效的政府干预手段，为畲村传统文化发展营造良好的社会大环境，只有这样，才能避免大众文化的异化②。

三是畲村传统文化的伪俗化。“伪俗”意为诈伪的风气，鲁迅在《坟·摩罗诗力说》中说：“修黎（雪莱）抗伪俗弊习以成诗，而诗亦即受伪俗弊习之夭阏。”可见，文化艺术的发展深受伪俗的阻碍，伪俗的泛滥不仅在视觉上给人带来不适，而且常常以其表面化的“包装”迷乱了人们对传统文化的审美。其实，这种简单、粗暴地为传统文化贴标签的方式绝非“文化的现代性保护”，反而是对传统文化的消解和误导。如畲村建筑立面改造的一体化，即把畲村建筑外表进行“传统形式”的外包装，使得各个畲村的民居建筑呈现统一色调，原有的畲村传统文化被遮蔽。这种整齐划一的鲜艳、饱满的工业色彩实际上是一种现代工业化社会的冷漠，缺少人文关怀的感受，造成对人性的忽视和文化传统的破坏。闽东上金贝村、猴盾村、溪塔村、赤溪村等建筑均在某种程度上被烙上了“统一化”外衣，这种简单的装饰性操作实非对畲族村落的保护，恰恰相反，却是对畲村古朴风貌不可修复性的破坏。再如畲族服装的改良化。当地企业为传承和弘扬畲族服饰文化，10多年前便开始承接各类畲族文化活动的民俗服饰制作订单，所制作的畲族服饰被带上各种畲族文化活动的舞台，并被省内外

① 周星：《非物质文化遗产保护运动和中国民俗学：“公共民俗学”在中国的可能性与危险性》，《思想战线》2012年第6期。

② 王晓升：《文化生产中的异化现象》，《中原文化研究》2017年第4期。

多家博物馆收藏。但这种被高度“现代化”的“民族服饰”并未赢得畲族群众的喜爱而成为他们的日常穿戴，其中的原因固然很多，但不可忽视的是处于民族文化转型期的当下，畲族群众的民族意识和民族认同感在不断减弱。景区里、舞台上穿着现代版“畲族服装”的多半是汉族工作人员或演员，诸种做工精良、款式现代的畲族服装并未获得传统村落畲族群众的认可，而更多地被他们视为“伪民俗”而被普通群众疏离。又如畲族节俗的他者化，即随着越来越多的“局外人”介入畲村“三月三”“二月二”“祭祖节”等节俗活动，畲族群众作为“主体”的地位日益受到“他者”的挤占，本属于畲族村落族群内部的节俗活动被外力全面打开，并成为“旅游文化节”“海峡两岸少数民族丰收节”等官方活动。节俗的表演者也已不再局限于畲族村落群众，其舞台已被多民族成员共同享有，舞台下是从各行各业诚邀而至的各族同胞，众多的“局外人”挤入本属于畲族群众的独立文化空间。这尽管是当代民族文化发展的必然，也是时代进步的体现，但是企业的过多干预或介入，必然会降低文化专属者的主体地位，导致主体被边缘化。“为人民书写，勿将人民‘他者化’”①，这是畲村节俗活动势必要遵循的文化发展规律。

第二节　闽东畲村文化传承与发展现状

任何文化都是在社会变迁中不断传承与发展。村落是闽东畲族传统文化的汇聚地，在城镇化和市场经济发展背景下，畲族村落文化传承与发展呈现出新的样貌。在时代文化新潮的冲击下，畲族群众发展自身文化的内生动力不足，传统的文化传承方式已逐渐失去效用，取而代之的是各种各样或行政性或市场性或二者混合的保护策略。在宁

① 冯圆芳：《为人民书写，勿将人民“他者化”》，《新华日报》2019年11月14日第17版。

德市人民政府和相关部门的努力下，闽东畲族村落文化保护、传承与发展取得了一定成效，但也存在诸多问题。

一、政府主导下闽东畲族村落文化的传承

（一）政府主导下畲族文化的抢救之路

中华人民共和国成立后，国家对畲族地区进行了多次有针对性的调查，如畲民族识别、社会历史发展情况、传统村落文化等方面的调查，每一项调查均与闽东直接相关。例如，1953 年，雷关贤、雷恒春等组成畲民调查小组，赴福建宁德各县市的畲村展开田野调查；为抢救少数民族文化遗产，1958 年，蒋炳钊、吴文藻、费孝通、潘光旦等分赴闽东多个畲村对畲族传统文化展开调查，特别在畲族社会历史的调查等方面取得了历史性突破。而专门针对闽东畲族的社会调查则始于 1952 年，于当年 7 月 8 日完成的《畲族福安县仙岭洋村调查情况》是中华人民共和国成立后第一份关于福建畲族社区的田野调查资料；1953 年 6 月，当时的福安地区专员公署以双留乡的坑源里、岭柄宫等畲村及大留、北山、东山等畲汉杂居村为调查对象，完成了《福安县双留乡少数民族情况调查》的报告，半个月后又完成《福安县大车乡民族情况调查》，两次调查的项目大致相同，包括畲族历史、畲族风俗、畲族文化、畲族生活习惯等；1957 年，福建省文化局少数民族文化工作小组在闽东福安、霞浦、宁德等县开展了较为系统的畲族社区调查，完成了《闽东畲族情况调查报告》，报告中新加入畲族族谱、畲族女性服饰、“六月一”登山、“七月七”庙会等内容；1958 年，为编撰《畲族社会历史调查》和《畲族简史》，中共福建省委统战部等多家单位组织专家施联朱、郑小瑛、陈佳荣等分组对福安等县多个畲村开展调查活动，先后编写完成《福安县溪潭乡凤洋大会畲族调查报告》《福安城关镇人民公社仙岩大队畲族关于大跃进和人民公社建立的调查》《福建福安县畲族情况调查》《福建福安县甘棠乡山岭社畲族调查》等，内容涉及畲族族称和族源、政治情况、人口分布、经济情

况、生活习俗等[①]。但在“文革”期间，闽东畲族传统文化第一次遭到全面冲击，不仅带有封建迷信思想的畲族祭祀等习俗被视为“巫术”予以批判禁止，而且代表着畲民文化个性的家族文化、歌言文化、体育文化等统统被烙上“落后”“封建”“迷信”甚至“反革命”的标签，其间包括畲歌、畲舞、畲族民间信仰等文化以及畲族文物均遭到不同程度的破坏。

改革开放后，闽东畲村文化在保护与破坏的双向矛盾中发展着。一方面，在政治、经济、文化、教育等层面助力畲村发展，畲族群众真正获得了平等的地位，享有传承和发展本民族文化的权利，恢复传统民俗活动，普及义务教育，并于20世纪80年代中期，在全国范围内首先以畲族村落为扶贫起点掀起了易地搬迁、脱贫攻坚的序幕，福鼎市磻溪乡赤溪村成为“中国扶贫第一村”，并在宁德市区、福安市等地修建宁德市畲族博物馆、中华畲族宫、宁德市畲族革命纪念馆等，各畲族村落也掀起了修撰族谱、修（重）建祠堂的高潮，畲村文化保护与传承得到了社会各界的重视。但是，经济全球化和城镇化又给闽东畲族传统文化再次带来了时代冲击，村落人口的流失和各种时尚文化的影响，使得畲族传统文化式微或消亡，其保护和传承面临严峻的挑战。特别是市场经济背景下闽东畲族群众的社会生活方式发生根本性变化，那些依靠口耳相传和行为传承的村落文化最先受到冲击，畲语式微，畲歌活态传承后继乏人，“做表姐”“难为亲家伯”“传师学师”等村落传统习俗逐渐消失，畲族村落文化的代表性实物和资料（如竹编工艺品、农具、祖图、族谱等）难以妥善保护，畲族传统技艺失传的风险加大。

21世纪初，闽东畲族传统文化保护被提上政府工作日程，主要措施和成效如下。

一是政策的实施与助推。2004年，宁德市委、市人大常委会响应人大代表和部分学者抢救、挖掘和发展畲族文化的呼吁，正式成立

① 蓝炯熹：《福安畲族志》，福建人民教育出版社，1995。

"宁德市抢救与发展畲族文化领导小组"，该小组设有专门办公室，开启了21世纪近20年的畲族文化抢救之路。"抢救办"成立后，宁德市利用5年时间基本完成"八个一工程"目标，确定了一批畲族文化名村和文化传承人，多项畲族非物质文化遗产被列入国家级名录。之后的10多年间，宁德市结合新畲村、美丽乡村等建设规划，先后出台了《关于保护与发展畲族文化的决定》《关于开展抢救与发展畲族文化工作方案》《关于进一步繁荣发展少数民族文化事业实施意见》《关于进一步加快少数民族和民族地区经济社会发展的决定》《宁德市畲族文化十年发展规划（2013—2022年）》《宁德市畲族文化保护条例》等政策文件或法规。在这些政策的实施下，"八个一工程"目标基本完成，大量畲族原生态非物质文化遗产音像、图文、录音资料得到保护①，出版畲族志书10多部，如《闽东畲族志》《福安畲族志》《霞浦县畲族志》《穆云乡畲族志》《富达村志》等，打造畲族文化基地、名村、示范区等，先后组建畲医畲药合作社、畲歌传习所、畲歌协会等，在闽东畲族村落文化保护与文明建设等方面取得较为突出的成绩。

二是加快新畲村建设。一方面，加强村落文化建设，组织专家、学者等做好少数民族古籍抢救收集、挖掘、整理等工作，培养和认定一大批畲族文化人才或非遗代表性传承人，鼓励社会各界积极参与畲族文化事业建设。至2020年，大部分畲村公共文化基础设施建设获得根本性改善，在专项资金支持下，70%以上的畲村建有农民健身公园、农家书屋、文化信息共享工程点等设施。另一方面，加快美丽乡村、文化名村、风情广场、民族团结进步示范点、少数民族特色村寨等建设。目前，已有三批次共30个村落入选"中国少数民族特色村寨"，另有34个村落正在提名培育阶段。福鼎赤溪村被誉为"中国扶贫第一村"，霞浦县溪南镇半月里村入选国家级历史文化名村（全国唯一畲村），素有"畲族武术之源"的金斗洋畲村被评为全国农村

---

① 刘忠富：《关于繁荣发展畲族文化情况的报告》，福安市人大常委会官网，2014年6月25日。

体育先进单位，福安穆阳镇入选省级历史文化名镇，康厝凤洋村、坂中廉岭村等被列入第一批市级历史文化名村，建成的畲族民俗村主要有金涵畲族乡亭坪村、霞浦溪南镇白露坑村、穆云畲族乡“虎头—溪塔”中华畲族民俗文化村等。仅福安市就有康厝金斗洋村、穆云溪塔村、穆云虎头村、坂中廉岭村、松罗后洋村等20多个村被列入全国少数民族特色村寨保护与发展试点村，坂中彭家洋村等被列入全省民族团结进步示范点，坂中廉岭村、康厝金斗洋村等被列入闽东畲族文化生态保护实验区示范村等。此外，许多畲村还建设有畲族文化馆、民间博物馆、畲族文化展厅等，如宁德市畲族历史文化陈列馆（亭坪村）、双华村福鼎市畲族文化馆、白云山世界地质公园畲族文化展览厅、半月里民间博物馆等，这些展馆为畲族村落注入了时代新元素，同时对畲村旅游、畲族文化宣传、畲族文化教育等方面起到的作用也日益突出。

三是全面开展群众性文体活动。闽东畲族传统民俗和游艺、体育等群众性文化活动形式多样，在政府部门通力合作下，近年来各县市十分重视畲村传统节俗或体育文化活动，支持相关畲村举办传统歌会、民俗文化节、采摘节、丰收节等，通过“二月二”会亲节、“三月三”乌饭节、“六月一”登山节、分龙节、“九月九”盘歌节等吸引四面八方游客，将民俗、群众游艺、文化宣传、海峡两岸交流、民族团结进步等融合在一起，既展现独特的民族风情，又扩大畲族文化的传播力和影响力，还加强了畲族非遗文化保护，如瑞云四月八歌会、畲族小说歌、畲族民歌、畲族婚俗等入列国家级非遗名录，宁德畲族三月三节俗、福鼎双华畲族二月二歌会、畲族民间舞蹈（龙头舞、铃刀舞、猎捕舞）、畲族武术（福安金斗洋畲族拳）等被列入省级非遗名录。在政府主导下，闽东各畲村积极参与开展群众性文体活动，其中福安市的表现最突出，已举办两届福建省“三月三”畲族文化节[①]、

---

① 福建省“三月三”畲族文化节自2012年始每年举办一次，第一届至第五届均在闽东举办，2017年后先后在连江、三明、龙岩、福州等地举办。

27届福安市畲族民俗文化节，每年举办一次畲族“三月三”文化节活动，还举办了闽浙两省五市“正园春”原生态畲歌展演活动和“南葡萄沟”溪塔村刺葡萄采摘节、虎头村桃花节、金斗洋村畲族传统武术文化节等活动，设立“金斗洋少数民族传统体育训练基地”和“福安市民族职业中学少数民族传统体育训练点”，致力于以畲村为载体开展畲族体育活动，并在相关单位的培育下，相关体育表演项目在国内外比赛或展演中取得突出成绩，如畲族武术多次代表宁德参加福建省少数民族运动会获奖，“打枪担”等畲族舞蹈节目曾连续两次获全国少数民族传统体育运动会一等奖，2016年8月金斗洋武术表演队赴人民大会堂参加第五届全国少数民族文艺会演开幕式晚会演出①，为全面开展畲族传统文体活动培养了较多的人才。

（二）“八个一工程”与《宁德市畲族文化保护条例》（见附录2）

近年来，闽东畲族村落文化保护和传承问题引起闽东社会各界的重视，相关的调查研究已经取得了一定的成绩，其工作的实质性成效体现在2004年启动的“八个一工程”和2017年推行的《宁德市畲族文化保护条例》（以下简称《条例》），相关工作主要包括以下内容。

一是畲族文化“八个一工程”的实施。完成的工作任务主要有：①对全市200多个重点畲村进行一次普查，积累了2000多万字的第一手文献资料和5万多张照片；②主编一套畲族文化全书——《闽东畲族文化全书》（钟雷兴主编），该丛书于2009年由民族出版社出版，共13卷12册；③制作一套畲族文化专题光盘，完成了畲族文化综述、畲乡名胜、畲族服饰、畲族歌言、畲族婚俗、畲族谱牒祠堂、畲族民间信仰等8个专题的光盘制作，总时长500多分钟；④建一座畲族文物馆，即闽东畲族文物馆，该馆于2004年10月动工，2008年1月建成并对外开放，历时3年多；⑤打造一条畲族风情旅游专线，将中华畲族宫与福鼎方家山民俗村、福安穆阳民俗古镇、霞浦白露坑半

---

① 陈锦雄、林裙：《福安市康厝畲族乡入选第六批全国民族团结进步创建示范区（单位）》，福安新闻网，2019年1月2日。

月里民俗村、古田富达畲村5个旅游点连接起来，全力开发畲族乡村旅游产业；⑥命名一批畲族文化重点村，先后被命名的畲村主要有霞浦白露坑（2004）、福安廉岭（2006）、福安凤洋（2006）、古田富达（2006）等畲村；⑦编写一本中小学畲族文化乡土教材，由宁德市民族中学主编的《畲族文化简说》作为该校校本教材于2007年正式编成并使用；⑧创作一台反映畲族的歌舞剧，原计划创作的《天罡赋》目前只完成剧本尚未排练演出，而畲族首部舞剧《山哈魂》引起重大社会反响，并获第五届全国少数民族文艺会演剧目银奖。显然，在“八个一工程”的推动下，闽东畲族村落文化得到了一定程度的保护，政府的介入和重视，加快了闽东畲村政治、经济、文化的发展，源于畲族村落的民歌，小说歌，婚俗，“三月三”“二月二”“四月八”等节俗、歌会，银饰锻制技艺，医药等近100项文化遗产相继入选市级以上非遗名录，至2021年入选或拟建设的“中国少数民族特色村寨”有64个，以各地畲村为研究或编写对象的图书接连出版，如《富达畲村志》《崇儒乡畲族》《穆云乡畲族志》《闽东畲族百年实录》《猴墩茶人》《梦里畲乡》《闽东畲族民间故事》等，众多畲村承办歌会、采摘节、桃花节、民俗活动等培育了大量畲族文化后备人才且大大提升了畲村的知名度和影响力。

二是《宁德市畲族文化保护条例》的推行。该条例是宁德市首部地方性实体法，共四章二十八条，内容包括总则、保护措施、法律责任、附则等四部分，突出了政府各相关部门在畲族文化保护工作中的重要作用，在财政保障、分类保护等方面作出了具体规定，特别提出对濒临消亡的畲村部分婚俗、传师学师、畲语等文化进行抢救性保护，对一些已经面临消亡的文化实行记忆性保护（如畲村族长制），对具有现代市场经济潜力和发展优势的畲茶、畲药、畲银、竹编技艺等实行生产性保护，加强了畲村有关文化传承、传播和展示的平台和公共设施建设，如猴盾村的畲族歌楼、半月里村的畲歌传习所、重点畲族文物保护单位观音亭寨、畲村文化馆等。此外，还联合各市县新闻报刊、广播电台、电视台、新闻网站及各高校、中小学等教育机构，大力开展畲族文化宣传，将“闽东之光”等思想与畲族文化保护与传承工作相结合，营造良好的文化保护氛围。根据本项目组对福安市溪塔、凤洋、后舍、彭家洋、长岗、金斗洋、廉岭、后门坪、仙岩、南山、虎头等畲村田野调查情况来看，当地畲族文化保护成效更加明显，主要体现为：①自 2017 年 7 月 1 日《条例》正式施行以来，福安市先后出台了《关于进一步加快少数民族和民族地区经济社会发展的决定》《福安市民族工作行动计划纲要（2017—2020 年）》等文件，积极配合宁德市人大常委会就《条例》实施情况开展专题询问并征集意见和建议，进一步对标加大本地畲族传统文化保护力度；②以《条例》为标准，将各项保护措施落实得更加到位，如利用广播电视、微信公众号、网站、LED 屏幕等宣传媒介，结合畲族文化周、畲族主题文艺活动、畲族文化进校园、民族团结进步宣传月、文化惠民工程、畲族文化培训班等活动，在各文化场所、畲族社会团体、民族中小学、民族乡村等单位开展形式多样的宣传活动，营造畲族文化保护氛围[①]；③成立福安市畲族文化普查工作领导小组和畲族文化普查队，制定《福安市畲族文化普查工作方案》，完成对 180 个畲族村落的全面普查工作；④虎头村、后洋村、凤洋村和廉岭村分别入列市级畲族文化生态保护实验区示范点和宁德市畲族文化重点村，溪塔等 5 个村被国家民委命名为“中国少数民族特色村寨”，17 个村分别被列入第三批、第四批“中国少数民族特色村寨”保护与发展试点村，并加大对后备村的培育力度；⑤大力培养畲族文化人才，如 2017 年钟隐芳等 4 位畲族文化传承人获评省级非遗传承人、2018 年新增 18 名县级畲族非遗传承人，市民族中学、市民族实验小学、坂中中心小学、康厝中心小学等学校中积极开展讲畲语、唱畲歌、编畲舞、建畲拳队等，培养畲族文化后备人才；⑥推动畲族文化产业化发展，主要包括将“三月三”歌会打造成福安市三大文化品牌之一，出台《关于扶持

① 郑惠胜：《关于检查〈宁德市畲族文化保护条例〉实施情况的报告》，福安市人大常委会官网，2019年7月29日。

和促进畲族医药事业发展的实施意见》并建立7个畲药生态园，以大力发展畲药产业，成立金斗洋少数民族传统武术体育训练基地和畲族传统武术协会，加快发展畲族文化产业。

（三）政府主导背景下畲村文化保护的限度

细观近年来闽东畲族村落文化承传的某些细节，能清晰地发现正是城镇化发展和现代时尚文化的冲击，使畲族村落文化传承纽带最终发生了松动和断裂，造成当前文化保护的尴尬局面。其实，文化本自承传有序，无需刻意“保护”……虽然变动是文化的常态，没有亘古不变的文化，但常态的文化变动，是自然地发生和演化，发生和演化之中，自有承传的底脉在[①]。只要当良性的文化发展或转型处于正态承传的环境中，文化总会发挥出自身富有韧性的传续功能，而如今我们的“保护”倡议是否有效，文化承传的目标能否如既定的设想逐一获得大多数人的呼应，即从“呼吁”到“政策落地”再到“具体落实”的每个环节是否顺畅，这种自上而下的以行政为主导的文化传承运作方式是否因外界的过多干预反而加速了民族文化原质的流失与异化，等等。以畲族语言保护为例，无论是“八个一工程”还是《条例》都认为畲语的保护是畲族文化传承的关键环节，畲语一旦失传，畲族文化承传的生态链便会全线松动。但是，在实施乡村振兴战略的当下，畲族群众仍需进一步融入现代化工业社会，扩大视野，熟练掌握普通话或外语以更好地融入外面的世界，学习新知识、新文化，以助力新畲村建设和乡村振兴。否则，在政治、经济、社会等多种合力的作用下，即使在政府的重视下多立几项课题，多请几个专家开设几场讲座、研讨会，多出版几部专著，多建设几座畲族语言音库或有声数据库，也难以改变畲村讲畲语的人群依然会越来越少的现象。这是事实，也是面临的困境。据相关学者统计，2006年宁德市畲族人口80%以上畲村约有41300人讲畲语[②]。到了2020年，这个数字大幅降低，

① 马骅、陈建樾：《中国民族地区经济社会调查·宁德畲族聚居区卷》，中国社会科学出版社，2015。

② 赵峰：《闽东畲语濒危现状考察》，《长春工程学院学报》2009年第1期。

原先讲畲语的畲族群众大部分已离开原有的村落，而城镇基本不存在使用畲语的语境，青年或少年儿童中很少有人愿意学畲语，也很少有人会说畲语。由于不说畲语，畲族下一代似乎失去了民族确认的重要依据，民族自豪感、族群认同意识由此愈加淡化。可见，畲语的缺位增加了畲族村落文化保护的难度。

在政府的推动下，畲族传统文化产业化保护的提法在“八个一工程”和《宁德市畲族文化保护条例》中多有体现，且在实际操作中存在一些夸大和过激行为，甚至一些企业家也片面地主张产业化发展就是最好的保护。但从目前所获信息来看，或因价格高昂，或因产品不适合民众日常使用，如服饰产品等民众只在舞台或公共活动场合穿戴，银饰产品等则因较为昂贵成为奢侈品，畲族群众很少人会购买“珍华堂”“盈盛号”等知名品牌的银饰品，相关产业或企业的产品并未获得畲族群众的广泛认可，相关产业的发展对于畲村传统文化保护所起到的作用有待进一步证实。就事实而言，畲族村落文化传承的整体环境现已发生根本性变化，旧有的承续方式难以推行，新的发展路径又难以展开。正如胡惠林指出，任何离开了这样的历史环境所形成的特殊的精神心理结构和文化认同体系而开发的文化产业景观项目，很少有不失败的[①]。当前，以保护者自居的我们正处身畲族村落文化发展的十字路口，当进入我们保护视野的畲族村落传统文化并不能实质性地嵌入畲族群众的生活日常，这种保护是否仅停留于表面的“风生水起”，政府的主导、民间企业力量的介入导致当前畲村文化传承中畲族民众主体地位的消隐，保护的力度强、热度高、速度快、场面大，不等于保护的效果就好[②]。据本书作者主持的国家社科项目的相关成员田野调研数据显示，78% 的畲村受访者表示自己并不了解“珍华堂”“盈盛号”等畲银企业，其中约 54% 的受访者表示未听说过相关

① 胡惠林：《文化产业正义：文化产业发展的历史地理学问题——关于文化产业发展新战略理论思考》，《上海交通大学学报（哲学社会科学版）》2009 年第 5 期。

② 马骍、陈建樾：《中国民族地区经济社会调查·宁德畲族聚居区卷》，中国社会科学出版社，2015。

企业产品与畲族有关[①]，这与相关企业的经营理念、产品普及度、消费者的认可度等因素息息相关。当畲族文化产品尚不能广泛进入畲村公众视野，企业还未真正担负起为畲村文化传承保驾护航的时代使命之时，政府和相关部门在制定切实可行的畲族村落文化保护方案时更应当广泛开展实地调查，深入了解畲族村落文化传承与发展现状，健全文化产业发展理念。在满足企业诉求的同时，引导畲族文化产业主动服务畲族群众，既扶持企业品牌建设，又致力于促使企业全面服务畲村，让企业的发展与畲族村落文化传承之间牵系起更加紧密的纽带。但从目前的发展来看，这样一条纽带尚未全面形成。

二、民间视角下闽东畲族村落文化的传承

闽东畲族传统文化形成于闽东畲族村落，广泛地糅入（畲村）经济生活、节庆活动、人生礼俗、社区环境以及诸多民俗生活[②]之中，并在村落家族、社会力量的推动下不断传承与发展。然而，当前闽东畲族村落传统文化保护工作总体上采用政府主导、自上而下的思路展开，民间社会的能动作用没有得到充分发挥[③]，畲族传统文化保护过程中畲村主体经常缺位，民间力量也常被忽视，文化传承的社会根基不够扎实，致使畲族村落文化有的保下枝干，丢掉根基；有的得其形表，失却神魂；有的则留驻孤影，家园难寻[④]。事实上，闽东畲村的民间力量依然是当下畲族村落文化传承最重要的源泉，因为畲村长期以来总是依靠宗族关系、民间信仰、族群认同、节庆礼仪、习俗舆论等来维系自身秩序[⑤]，这种家庭、社会运作模式深刻影响着文化承传的

① 相关数据来自2017年本书作者指导的大学生创新创业项目田野调查数据。
② 郭志超：《畲族文化述论》，中国社会科学出版社，2009。
③ 孙庆彬等：《民间社会视角下民族传统体育保护的基本理论问题》，《首都体育学院学报》2016年第1期。
④ 贺学君：《关于非物质文化遗产保护的理论思考》，《江西社会科学》2005年第2期。
⑤ 孙庆彬、朱波涌、周家金：《少数民族村落体育组织的生成方式与运作机制：以壮、侗、苗、瑶等少数民族村落为例》，《北京体育大学学报》2014年第9期。

民族底脉。但是，工业化、城镇化等对闽东畲村文化的冲击改变了这种文化传承的常态，且目前的文化断裂现状清晰地映照出民间力量对于闽东畲族村落文化承续的无助。针对这一情形，闽东畲村的许多有识之士努力寻找此消彼长的规律背后隐含的文化传承、发展的逻辑与规则，他们立足闽东畲族村落的民间土壤及其文化赖以生存的社会条件，以不同的方式将民族文化传承所做的努力放在小心修复承传机理上[①]，而畲村一部分群众也在文化保护的话语框架下，努力表现着自身对本民族文化的真诚与热爱，自觉或本能地坚守着族群社会的基本价值观，使得畲村传统文化在现代化浪潮冲击下依然获得一丝生气，那些流传不衰的文化事象折射着闽东畲族村落文化最本质的传承脉续。可见，民间的作为与文化振作是闽东畲族村落文化传承与发展的根本保障，只要畲村民间社会的传统文化基因接续不中断，闽东畲族村落文化传承的功能就不致丧失。

首先，畲族村落文化式微，但群众性活动彰显了畲村文化传承根基尚存。闽东畲村常住人口虽在不断减少，节俗、对歌等活动也日渐式微，但本村富有特色的群众性活动仍在热烈的氛围中开展。在大多数村民看来，这与“利”无关，他们只是觉得几代人都在传承的传统不可丢，祭祖活动、节俗庙会、会亲对歌既是传承老祖宗留下来的东西，又可从中会亲访友，是生活中最有意义的活动。

根据本书作者于 2019 年 2 月开展的一次针对富达村的问卷调查分析来看，基本印证了这一客观事实。该次问卷设计的 10 个问题依次是：①您会唱畲歌吗？②日常生活中与家人或乡邻交流时用畲语还是当地汉族方言或用普通话？③请说出您所参加过的畲族节日。④您平时经常穿戴畲族服饰吗？⑤您喜欢参加畲族文化活动吗？为什么？⑥您会制作畲族特色工艺品吗？⑦您理想的结婚仪式是哪一种？⑧关于畲族文化的活动，你们学校经常开展吗？⑨您知道富达祖先蓝文卿、蓝应潮父子的家族传说吗？现在村里还有比较出名的慈善人物

① 林校生：《闽东文化流变论劄》，福建人民出版社，2016。

吗？⑩您对富达村畲族传统文化传承与发展有信心吗？

针对以上问题对富达村不同年龄段的村民进行问卷调查和访谈，相关反馈数据整理如下：①富达村除了个别老年人会唱畲歌外，基本没有年轻人会唱畲歌，且除了民族活动外，村内或村民家里基本听不到畲歌；② 100% 的受访者在日常生活和家庭或公共场合使用普通话或当地方言进行交流，没有使用畲语，因为他们不会说，据村民说，畲语早在 20 世纪 80 年代就已在富达村消亡；③从调查问卷数据看，受访者中 100% 的人员参加过或见过该村蓝公节、祭祖节，83.3% 的人员熟悉“三月三”“二月二”等畲族节俗，56.7% 的人表示能积极参加村里举办的传统活动，但也有部分年轻人认为办活动太浪费时间和金钱；④关于穿戴畲族服饰，受访者中只有 6.7% 的人确定自己在传统节日或者文化节时穿过，但包括富达村腰鼓队成员在内穿着的均是改良版舞台装，平时村中老少不穿畲服，但有少数人佩戴祖传下来的金银饰品；⑤对于第 5 个问题，该村 60% 的受访者表示自己喜欢举办的各种畲族文化活动，只要有空都会参加本民族文化活动，还有几位年龄较长的畲族同胞说，虽然村里人不会讲畲语，但民族情感没有淡漠，许多人除了捐助村里办大事，还捐助其他畲村举办传统民俗活动；⑥由于汉化严重，富达村的畲族手工艺品极少，调查发现只有极个别的老年人会制作一些简单的竹制品，年轻人多不了解或者根本没有亲手制作过；⑦关于婚俗，选择 A（坐轿办酒唱山歌的传统仪式）的占 10% 且大多是老年人，选择 B（按本村结婚习俗）的占 70%，选择 C（旅游结婚不办酒席）的占 20%，选择 D（按照西式结婚仪式）的为 0，从这些数据可以看出，在婚姻选择和结婚仪式方面畲族村落自身的习俗与生活习惯仍深刻影响着群众的婚姻仪俗观念；⑧受访的 10 名不同年级的学生和老师中，选择答案都为 C（从来不开展），说明作为当地特色畲村，学校和相关教育者对于畲族文化的传承方面不够重视，没有学校教育的介入，畲族文化逐渐淡化或消亡更是一种必然；⑨由于该村每年定期举办蓝公节、祭祖节，几乎全村老幼均有参加或见过，富达祖先蓝文卿、蓝应潮父子的慈善事迹无人不知，许多人被问及这个问题时脸上还洋溢着自豪的神情，近90%的村民表示见过或听说过村里的当代慈善人物“蓝春”，这从侧面说明了富达村的慈善文化对村民的影响较大；⑩由于政府重视、群众积极响应，该村畲族文化活动日渐增多，参与相关活动人数也越来越多，受访者表示对畲族文化发展比较有信心、非常有信心的人数分别达到58%、33%，可见，畲族文化发展的内生动力依然比较强劲。

从调查数据来看，当前闽东畲族村落文化流失较严重，存在着诸多保护与传承方面的问题，主要包括文化主体的流失、村落的空心化、村民精神生活的缺失、时代文化冲击下村落传统文化系统的异化等。尽管畲族文化的保护和传承观念削弱，但其文化基本内涵和传承根基尚在。

以富达村独有的民间祭祀仪俗蓝公节为例，每年正月初四，富达村蓝氏族人都会以特定的方式祭祀始祖蓝文卿和蓝应潮父子，祭祀活动场面盛大。流程大致如下：早上7点半，村民穿戴整齐聚集在蓝公府，举族开展庆典活动；大约早上8点，族人抬着蓝文卿、蓝应潮的泥塑像，逐家逐户走访、游行；游行队伍最前方安排两人举旗开路，队伍沿着“蓝公府—溪尾殿—朱垱—桥头垱—旗杆兜—下路弄—蓝氏祠堂”一路巡游。队伍顺序依次为：白旗队，锣、鼓队，始祖神像，吹奏乐队，普通村民。出巡时始终伴着锣声，锣声一起村里各家各户便在自家门前接应，并将准备好的祭品陈列门前恭迎蓝公到来；队伍经过时，势必燃放鞭炮，并要求众人向二位蓝公神位行礼，让群众取走香炉中的香并插到自家厅堂，希望以此获得先祖的护佑。蓝公节最后一个环节是请戏班在村前桥头公演闽剧，始祖塑像陈列正中间“听戏”，围观群众人山人海，活动由此进入尾声。演完闽剧，始祖神像又被抬回祖祠之内，蓝氏子孙齐聚祠堂，一一面向先祖神像稽首拜谢，焚烧纸钱，敬奉祭品，祭祀先人，祈祝家人平安、生意兴隆。有时村里还会公演闽剧大戏三日，招引众多亲友及邻村游众云集富达，热闹非凡，相关场景延续至正月十五，届时蓝文卿、蓝应潮二公的神像从祠堂被抬回蓝公府内。到此，蓝公节活动宣告圆满结束。其文化事象表明，富达村民秉承族训，将蓝公节蕴含的精神融入后人心中，使族人不忘祖先，谨记族群文化精神，世代相传，源远流长。富达村民代代秉承祖先慈善精神和耕读文化精髓，不断在村落文化中吸收汉族文化滋养，植入儒家文化精神，宣扬祖先的精神文化和族群认同的情怀，于是蓝公节的形成和发展便成为村落文脉传续的最佳选择。每年正月初四至正月十五，“迎蓝公”之祭祖仪俗在富达村隆重举行，以一种独特的方式寄托对祖先的追慕和对美好生活的祈愿之情。蓝公节所蕴含的畲民文化传统和价值取向在每一个时代均有重要的社会意义，为富达、巴地蓝氏家族提供了丰富的精神文化滋养。

除了富达村的蓝公节外，福鼎瑞云村的“四月八”牛歇节歌会、福安后门坪村和福鼎双华村的“二月二”会亲节、蕉城猴盾村等畲村的“三月三”乌饭节以及众多畲村的祭祖仪俗和日常节俗等依然活跃于闽东大部分畲村的群众生活之中，而且随着近年来畲族群众民族自信心的不断提升，村落文化在民众的广泛参与和推动下，基本获得了良性发展。

其次，文化传承人培养模式初步形成，但民间力量尚未充分调动。20 世纪 90 年代以来，加强畲族文化的保护与传承已成为政府与民间的共识，逐步形成了“政府 + 学校 + 社区 + 家庭”多维协同的畲族文化教育网络，发挥了各地畲族文化培训机构与相关学校的作用，利用传习所、民间协会、学校教育培养了一部分畲族文化传承人。然而，畲族民间文化资源和传承人主要来源于农村[①]，政府针对畲族文化传承高屋建瓴的同时，还必须重视畲族文化传承人的培养。宁德市人民政府和宁德市文化和旅游局至 2021 年已先后公布六批次市级非遗传承人共计 87 人次（见表 3.2），但从民间的视角来看，各类畲族文化保护项目的门类还不齐全，受保护的项目还远未形成完备的体系。鉴于当下畲村实际，必须被纳入保护与传承范畴的畲族村落文化至少

① 马骍、陈建樾：《中国民族地区经济社会调查·宁德畲族聚居区卷》，中国社会科学出版社，2015。

包括以下方面：畲族语言；民间传说、谚语、山歌、小说歌、音乐、舞蹈等；民俗活动、宗教文化、畲族体育和民间游艺活动等；有价值的文字类实物，如手抄本、典籍、文献、谱牒、楹联、契约文书等；古民居、服饰、器皿、用具、史迹等资源；代表性的设施、标识和文化空间；畲医畲药和其他民间传统医药；传统工艺传承人及其所掌握的知识和技艺；传统工艺和美术品，如花斗笠、剪纸等。闽东畲村文化资源极为丰富，尚有许多方面还未引起人们的重视，传承人培养尚待进一步展开。例如，畲语、传师学师、做醮、分龙节、修谱以及体育中的打尺寸、稳凳、千人押加等均无相应的市级及以上传承人，畲村文化空间的保护措施也未完善，传统文化空间存在进一步消亡的风险，同时还会削弱传承人文化展演的效度，如畲族婚俗文化空间的式微，导致“做表姐”“难为亲家伯”“长夜对歌”等仪俗的消亡，而这些仪俗恰恰是规训族人学习歌唱技能和教授家族文化的有效路径和策略。再如，畲族巫舞的保护不但涉及舞蹈艺术和传承人本身，还涉及与舞蹈相关的音乐、绘画、道具、演出场所等的保护，而事实上这些保护内容至今尚未受到应有的重视，对民间艺人的保护和人才挖掘还不全面，且民间的群体性力量尚未充分激发，传承人培养的成效不高，特别是在畲族文化传承的普及性、持续性等方面，相关人员仍未充分发挥相应的作用。

表 3.2　宁德市六批次市级非遗传承人名单（87 人次）

批次	项目名称	传承人	所在地
第一批	霞浦畲族小说	雷国胜	霞浦县
	福建畲族民歌（宁德畲族二声部山歌“双音”）	雷美凤	蕉城区
第二批	霞浦畲族小说歌	钟昌尧、雷翰林	霞浦县
	福建畲族民歌	雷志华	宁德市
	闽东畲族歌言	雷仙梅	蕉城区
	闽东畲族婚俗	雷其松	霞浦县
	福鼎双华畲族“二月二”歌会	兰承武	福鼎市

续表

批次	项目名称	传承人	所在地
第三批	畲族民歌	雷石凤、兰石乐、钟金财、雷远姐	蕉城区
	畲族民歌（寿宁畲族民歌）	雷奶全、雷石良	寿宁县
	畲族武术（盘柴槌）	蓝大瑞	霞浦县
	蕉城“盈盛号”畲族民俗银饰传统制作技艺	林陵祥、林贤学	蕉城区
	闽东畲族乌饭制作技艺	吴立强、雷元梅	蕉城区
	畲医畲药	钟隐芳、钟清	福安市
	福鼎双华畲族“二月二”歌会	蓝春娥	福鼎市
	畲族“登十三云楼”	雷官银、雷彭斌	蕉城区
	畲族“上刀山、下火海”	雷官银、雷彭斌	蕉城区
	福建畲族歌会	李梅英	福鼎市
	富达畲村蓝公节祭祖仪俗	兰良发、兰耀珠	古田县
第四批	闽东畲族传统服饰制作技艺	兰昌玉	霞浦县
	畲族斗笠制作技艺	蓝寿其、吴孙存	霞浦县
	闽东畲族乌饭制作技艺	钟伏谢、吴建华	福安市
	畲族医药	雷国胜、蓝德水	蕉城区、霞浦县
	畲族正月十八冥斋节	兰加安	福鼎市
	畲族武术（蕉城畲族下申厝拳术与棍术）	雷勇昌	蕉城区
	畲族武术（福安金斗洋畲族拳）	钟团玉、雷盛荣	福安市
	畲族武术（霞浦畲族白鹤拳）	蓝大瑞	霞浦县
	畲族传统民间舞蹈（龙头舞、铃刀舞、猎捕舞）	雷明祥、雷新平	蕉城区
第五批	畲族歌言（二声部山歌“双音”）	雷美容、兰小燕	蕉城区
	畲族民间舞蹈（龙头舞、铃刀舞、猎捕舞）	钟小辉、兰丽平	蕉城区
	宁德畲族奶娘催罡巫舞	雷廷木、邓张松	福安市
	畲族舞蹈	雷秀莲	霞浦县
	畲族传统蹴球	雷小媚	福鼎市
	畲族武术（牛家拳）	雷华香	霞浦县

续表

批次	项目名称	传承人	所在地
第五批	畲族手剪	雷仁华	霞浦县
	畲族菅粽制作技艺	雷贵珠	蕉城区
	闽东畲族传统服饰制作技艺	钟李发、兰加凤	蕉城区、福鼎市
	“三月三”歌会	钟石木	福安市
	畲族祭祖习俗	雷彭斌	市直
第六批	钟良弼传说故事	钟后扬、钟后满	福鼎市
	畲族歌言（二声部山歌“双音”）	兰灼成	蕉城区
	畲族民歌（福鼎过海调）	雷集妹、雷大娇	福鼎市
	畲族舞蹈（龙头舞、铃刀舞、猎捕舞）	雷美娟	蕉城区
	畲族奶娘催罡巫舞	兰贵波	福安市
	畲族提线木偶戏	雷金玉、钟昌敢	福鼎市
	畲族提线木偶戏	钟陈锋	霞浦县
	畲族武术（福安金斗洋畲族拳）	雷康莲、钟刘华	福安市
	闽东畲族传统服饰制作技艺（福安市山哈畲族文化研究发展中心）	吴廷文、钟桂梅	福安市
	闽东畲族乌饭制作技艺（福建山哈乌饭食品有限公司）	兰进良	福鼎市
	畲族“三月三”节俗	钟神滔、雷寿玉	福安市
	闽东畲族婚俗（福安市畲歌协会）	雷梅娇	福安市
	畲族“二月二”会亲节	雷振兴、雷廷平	福安市
	畲族歌会（秦屿方家山畲族“三月三”歌会）	李彩红、钟丽华	福鼎市
	闽东畲族婚俗	李圣回	福鼎市
	行孝礼仪习俗	雷宜杯	福鼎市
	雷氏畲医布打功（宁德市原生态畲族文化发展有限公司）	雷勇辉、雷勇斌	蕉城区
	畲族医药（福安市畲医药研究发展中心）	钟铃锋、钟石秋	福安市
	雷氏青草药制作技艺	雷顺荣	霞浦县

资料来源：作者根据宁德市文化和旅游局网站内容整理。

此外，畲村文化建设力度不断加大，但共建共享文化机制尚不成熟。改革开放后，闽东各地畲村响应政策，努力发挥和利用民族村落优势，并依托畲族文化生态示范区、产业园、风情园、文化主题公园、文化传习广场等，支持村落文化设施建设和民族特色文化产品开发，大力开展新畲村和美丽乡村建设。各地政府因地施策，将畲族村落文化保护与当地经济社会发展规划挂钩，把相关经费纳入专项财政预算。具体工作涉及地方人民政府的财政局、发展改革委、规划局、住房建设局、教育局、民宗局、文旅局等部门，各个部门各司其职、通力合作，不断加大畲村文化建设力度，以保障各项工作的有序开展。多年来，宁德一如既往地进行畲族文化的抢救、保护和传承，相关部门坚持保护为先、传承为基、传播为要、融合为重的原则，以村落为重心，通过畲族文化遗产项目申报、设立传习点（所）、培养传承人、创建文化保护示范区等方式，加强对畲族文化的分类保护和可持续传承，加大畲村文化建设力度，成果丰硕。至 2021 年，市级以上畲族非物质文化遗产项目已达 43 项，其中国家级 6 项、省级 12 项、市级 25 项；通过构建少数民族文化传承平台，扩建中华畲族宫（闽东畲族文物馆），建设畲族风情园、畲族文化主题公园，以及 100 多个民族村文化站，制定《宁德市畲族文化保护条例》（2017 年）以促进畲族文化的传承与发展，引导和支持民族乡村弘扬畲族文化，组织群众广泛参加“二月二”“三月三”等畲族传统节日活动，每年承办畲族文化节活动共约 60 场，有力地带动畲村文化建设。尽管近年来畲村文化建设风生水起，但文化共建共享机制尚不成熟。事实上，推进畲族村落文化共建共享机制是畲族群众传承本民族文化最有力的保障，因为通过文化共享，畲族群众不仅可以通过观看电视电影节目、听广播、读书、看报等基本文化活动，满足每个人的精神文化需求，还可多方位地直接参与民族文化体验或建设，特别是在民族文化融合愈来愈紧密的当下，畲汉共建共享民族文化已成为推进畲村公共文化资源发展的必然途径。但是，闽东广大畲村公共文化基础设施仍然较为匮乏，功能不健全、管理不规范、服务效能低①，现有的公共文化资源整合度不高，畲村与畲村之间、汉族村落与畲村之间、畲汉杂居村落内部的公共文化设施网络和创新运行机制尚未全面打通，畲族文化发展成果也未能普遍性地惠及每一位畲族群众。近年来，尽管闽东各地政府积极贯彻国家出台的《关于加快构建现代公共文化服务体系的意见》精神，持续加大对畲村公共文化建设的扶持力度，但由于长期受到城乡二元结构和村落之间民族经济文化发展不平衡等的影响，闽东畲村公共文化基础设施仍比较落后，开展文化活动的载体较为匮乏，公共文化产品的需求和供给均不足。此外，很多已经建成的基础设施由于规划和管理的问题，处于闲置状态而并没有真正发挥作用②，文化建设和有针对性的教育培训、公共文化资源，特别是畲族传统文化空间的共享共建等问题尚未受到社会各界足够的重视。

鉴于闽东畲村文化建设的短板，政府结合当前乡村振兴战略，因地制宜地实施一系列措施，在畲村文化共建共享方面正努力走出一条具有闽东特色的乡村振兴之路③。相关措施主要包括：①采取单位结对、村村结对、个人结对方式，面向相关对象开展文化培训，鼓励非遗文化传承人进行文艺创作、开设讲座，积极开展活动、组织筹划非遗传承人培训等，组织美丽乡村文化共建经验交流，并定期开展畲村文化建设结对帮扶活动；②政府牵头相关教育机构或文化部门送科技下乡、文化下乡，借助宁德市文化惠民工程等平台，送演出进畲村或畲族社区，组织开展文艺表演培训，提升畲村文化工作者或演出人员的素质素养；③对民族文艺工作者、畲村文化志愿者、畲族文化业余爱好者进行系统化的文化培训，指导相关人员参与畲族社区或村落开展文化活动，提升畲村文化治理水平；④扶持畲村特色文化建设，如福安彭家洋村、竹洲山村的民族团结文化，福安后门坪村与福鼎双华村的“二月二”会亲节文化等，对畲族文化特色相似或文化互补性强的村落

① 刘刚：《农村公共文化建设重在共建共享》，《学习时报》2016年9月22日第5版。
② 赵语慧：《农村公共文化生活的困境与出路》，《中州学刊》2015年第9期。
③《福建宁德：走好闽东特色乡村振兴路》，《人民日报》2022年12月23日第8版。

开展结对互助活动，并基于合作共享理念，对畲村文化遗产进行深入挖掘、整理和提升，合力打造富有特色的畲族村落特色文化。从相关举措的运行实际看，存在流于形式或“上热下冷”的现象，社会各界在介入畲村文化建设过程中与畲村民众之间的互动互促机制尚未形成。

从民间的视角看，闽东畲族村落文化保护与传承的逻辑起点是广大畲族群众的基本价值观，他们的文化诉求以及贯穿于民众生活日常的价值观应受到社会的尊重。民族文化保护并不只是关注我们为畲族群众做了什么，而更应该考虑到他们需要什么，他们用生命守护的文化精神有哪些。所以，畲村文化振兴必须始终沿着民族文化保护的逻辑前进。为此，守护好闽东广大畲族村落的传统文化生态，以畲村民众为核心的“人”的精神铸造，以及世代传承、生生不息的民族“根”文化的守护，应成为每一个族群成员的责任与担当，但事实却不尽然。例如，2012 年蕉城区政协、区人大民宗侨台委、文体和旅游局、民宗局等单位针对区内畲族原生态民歌现状深入开展了一次专题调研活动。调查发现，蕉城区畲族群众对自身传统文化的自信心大大弱化，260 份回收的问卷中，“不愿意讲畲语”的受访者超过 70%，6 岁及以上人群能开口唱畲歌的不足 30%。当调查人员问及穿戴畲族服饰的情况时，甚至有部分年轻人提出“穿一天畲服，给多少钱”等荒唐言论。蕉城区畲族文化所面临的这些问题绝非个例，在城镇化、全球化背景下，闽东畲族村落文化已遭到全方位的冲击，其保护与传承面临多重危机。

三、产业化视角下闽东畲族村落文化传承

闽东畲族村落文化资源丰富，悠久的历史、畲家美食、多彩的民俗节庆、畲医畲药、精湛的民间技艺，无不蕴藏着巨大的开发价值，其中畲族文艺体育文化、手工技艺文化、畲医畲药文化、民俗宗教文化、村寨旅游文化等的潜在经济价值和开发潜能巨大。闽东畲族地区文化资源保存相当完整，浸染着深刻的民族文化特色，拥有着独特的

生态优势和区位优势[1]，闽东畲族村落文化传承是闽东少数民族传统文化中底蕴最为深厚、传承最为活跃的因子。例如，承载着闽东畲族文化精髓的畲族民歌，最具民族文化创新精神的闽东畲族小说歌，广泛分布在闽东畲族乡村的畲族服饰、竹编工艺、畲族剪纸、银饰制作等民间技艺，以及富有畲族民族特色的饮食文化、民间医药文化、节俗文化等，均彰显了闽东畲族文化的多样性和实用价值。依据生产性保护原则，这些文化完全可以通过创意制作转化为各种类型的文化产品，同时将多样性的畲族文化资源转化为文化资本，使之成为促进地方经济和民族文化产业发展的重要源泉。这样，闽东畲族文化产业发展了，其村落传统文化传承与发展便拥有了可持续的动力。

近年来，宁德市依据省委省政府《关于贯彻落实少数民族事业“十二五”规划的意见》和《进一步推动金融支持福建省文化产业发展的若干措施》等文件精神，将民族文化保护与产业发展紧密联系，实施了一系列推动民族文化产业发展与提升工程。2013 年宁德市人民政府印发《宁德市畲族文化十年发展规划（2013—2022 年）》，铺设了 2013—2022 年宁德市畲族文化的发展道路，计划在此 10 年间实现各县市畲族乡村的基础设施更加健全，文化产业集群和民族文化产业多样化格局初步形成，民族社会综合实力明显增强，文化创新能力和文化产品市场竞争力大幅提升。经过近几年的重视和发展，宁德市逐步形成了两大民族文化产业经济带：一是福安市交溪流域中下游从北向南呈扇状分布的民族文化产业经济带[2]，包含穆云、康厝、坂中3个畲族乡，这一区域畲族村落众多，特色农业和林下经济成为当地群众主打的生态产业，呈现为产业单一而集中的特点；二是在闽东和浙南沿海地带的民族文化产业经济带，一些临海的畲族乡村则主要开发文化旅游业、滩涂摄影业，农产品设计较为零散，畲村之间距离相对较远，形成了虽有关联但又各具特色的文化产业，主要有文化旅游业、

---

① 伊漪、李益长：《民族村生态文化资源的产业开发研究——以闽东畲村为例》，《温州大学学报》2016年第3期。

② 同上。

观光农业、文化会展业、演出业、茶业、农产品加工业等[①]，但由于长期以来畲汉文化交融互通的影响，这些村落的产业与汉族关联度较大。另外，古田、屏南、周宁、柘荣、寿宁等县所分布的畲村较少，产业发展模式受当地汉族影响较大，民族文化产业特色不够鲜明，且基本未成形。由于地理环境和历史条件的差异，闽东畲村文化产业发展具有不平衡性[②]。尽管近年来广大畲村文化产业式保护取得了较大成效，但区域之间的产业发展不平衡性依然普遍存在，同时产业的介入也加快了闽东畲族村落文化的异化。

（一）闽东畲村文化产业化开发简况

1. 民间文艺和体育文化产业化开发

畲族有着丰富多样的民间文艺和体育文化。畲族被誉为爱歌唱的民族，无论是婚丧嫁娶，还是节庆会客，畲族人都要唱歌、对歌，歌唱是畲族人民延续千年的民族情怀，浓缩着这个民族最深刻的族群记忆，蕴含着无限的民族风情。叙事歌、时政歌、劳动歌、谜语歌、小说歌、祭祀礼仪歌、斗智歌等既有文学与史学内涵，又是民族经济文化多重交流的载体，充满迷人的文化魅力。畲族舞蹈同样富有民族文化特色，主要包括祭祀舞、丧礼舞、生产劳动舞及近年来新创作的舞蹈，特别是祭祀舞《奶娘催罡》、生产劳动舞《枪担舞》《打猎舞》《栽竹舞》等具有较大的社会影响力。近年来，经过文化创新，一些畲族文艺机构，如宁德市畲族歌舞团、浙江畲族歌舞团有限公司，已开始采用产业化运作模式。闽东畲族小说歌最富民族独特性，是历史上畲村歌手根据本民族传说中的英雄人物或汉族章回小说、话本、民间故事等改编而成，如《高辛氏》《钟景祺与雷万春》《钟良弼》《梁祝》《平贵回朝》《猴王反天宫》《白蛇借伞》《孔明借东风》《奶娘催罡》等，是畲族最富民族文化个性的文学样式，有着极为宝贵的民族文化价值。目前，挖掘出的畲族传统体育项目主要有武术、稳凳、打

---

① 伊漪、李益长：《民族村生态文化资源的产业开发研究——以闽东畲村为例》，《温州大学学报》2016年第3期。

② 同上。

尺寸、赶野猪、千人押加、上刀山、摇锅等，相关项目内涵丰富多样，兼备竞技性、娱乐性和观赏性，包含着闽东畲族文化的个性化元素，可通过产业化开发，将这些特色文化融入旅游、节庆活动之中，组织畲族群众进行歌舞娱乐竞技表演，创作畲族文化创意类产品，如大型舞蹈、影视作品、书画，以及小说歌、民俗演艺等作品，提升畲族乡村的文化产品和文化服务质量，形成畲族乡村文化产业。

2. 手工技艺文化产业化开发

闽东畲族手工技艺产品种类繁多，涉及畲族人民衣食住行用诸多方面。服饰方面，畲族凤冠、凤凰装、银饰、彩带、刺绣等纯手工制品或工艺精美，或色彩艳丽，或图案生动，富有经济文化价值。“珍华堂”“盈盛号”畲族银饰锻制技艺先后被列入国家级非遗名录。“珍华堂”是畲族银饰产业领军型企业，其商标已被认定为中国驰名商标，也是福建省首个非遗中国驰名商标；“盈盛号”现已成为福建省首家并连续获得“全国民族特需商品定点生产企业”殊荣的企业。畲族织花带工艺、纺纱织布工艺、缝纫及刺绣工艺为畲族服饰产业的发展奠定了基础，相关产品研发具有可行性，目前闽东已有“山哈服饰”“兰歌服饰”等专门从事畲族服饰设计、制作的产业。饮食方面，畲族凤凰茶道富有神秘感，适合当代人的养生理念。畲家的乌米饭、糍粑、菅叶粽、畲寨金薯米、畲族线面、畲家米酒、畲茶、畲家青草茶、畲家竹筒酒等特色美食比比皆是，其制作技艺均极富民族特色，相关产品备受人们喜爱。其中闽东蕉城的“畲族乌米饭制作技艺”等被列入省级非遗名录。其他工艺方面，畲族的竹编工艺极具实用价值，畲民日常生活中使用的竹编用品主要有屏风、挂帘、斗笠、炊具、蒸笼、枕头、箱子、席子、椅子、筐子、篮子等，这些产品美观实用，在当代人生活中仍不乏使用者。此外，畲族剪纸、畲族木雕、畲族石刻等也有较大的开发价值。由于民族文化产业发展的滞后性，这些特有的民族手工艺品仅在部分地区有少量销售，且以零散销售为主，相关产业尚未形成产业链，产品多为“自产自销”，多数产品无法投放市场进行销售。基于此，相关县市已开始组织畲汉群众学习交流畲族手工技艺，进行特色文化产品规模化加工生产和经营，如修建宁德市畲族工艺美术城，集中培育畲族各类手工艺生产基地，努力将闽东畲族手工技艺文化产业打造成畲族乡村经济发展的支柱产业。

3. 畲族医药文化产业化开发

闽东畲医畲药文化底蕴深厚。就畲药而言，由于闽东畲族集聚地区多地处山区，药用植物资源丰富，其中福安市是畲药最重要的原产地，被誉为“畲药宝库”。畲医近似中医，但有些医学理念、治疗方法等又不同于中医，入药基本为野生青草药，极少用动物类或化学类药物。经福安、霞浦等地畲医的收集整理，现已整理畲药 350 多种，单验方达 374 首。在多方的努力下，畲药产业开发已初具规模，发展潜力巨大，仅福安市就建有 6 个畲药生态园、4 个研究开发基地、相关合作社 26 个，畲药种植面积 3000 多亩，种植户 5500 多户，年产值4亿多元①。鉴于畲药巨大的市场开发潜能和经济效益，相关畲村建立合作社，引进企业和资金，成立畲药研发基地，孵育畲药品种，培养药材种植人才，特别是在名贵畲药的开发上加大力度，研发畲药驯养或家养技术、半野生栽培技术。立足“互联网 +”背景，创新畲药资源产业化开发和销售模式。例如，坂中畲族乡日宅畲村“林 + 药”的套种模式，林下套种铁皮石斛、金线莲、草珊瑚等畲药名贵药材数十万株；福安山川农业科技有限公司开发的多项仿野生栽培技术获得广泛应用，加快了畲药产业化开发的步伐；霞浦等县市的各大畲药生态园根据政府相关部门出台的政策文件，联合省内农、林、医学类高校，对接省里的相关项目，规范相关畲药农业合作社，有组织、有规划地带动畲民借“药”谋发展。为拓宽产业链、提升产品质量，相关畲药产业园还引进国内外先进生物技术，将各村零散的畲药生产基地组织整合成具备一定实力的产业化、规模化畲药产业集群，打造“畲药 + 旅游 + 互联网”多位一体的畲药产业园（见表 3.3）。

① 李益长等：《闽东畲族药资源产业化开发现状与对策研究》，《安徽农业科学》2016 年第 3 期。

表 3.3　　闽东畲村畲药产业园（部分）

序号	名称	所在乡镇
1	江家渡村畲药种植基地	福安市坂中畲族乡
2	后洋村畲医药产业园基地	福安市松罗畲族乡
3	溪塔村畲药生态园	福安市穆云畲族乡
4	高水笕自然村畲药生态园	福安市赛岐镇
5	兰田村畲药基地	福安市溪潭镇
6	大坪里村畲药生态园	霞浦县松罗畲族乡
7	南岗村畲药种植基地	宁德蕉城八都镇
8	中华畲药种植培育基地（北山畲村）	宁德蕉城七都镇
9	日宅村畲药基地	福安市坂中畲族乡
10	大象村畲药基地	福安市赛岐镇
11	竹柄村畲药基地	福安市范坑乡

资料来源：作者根据田野调查结果整理。

4. 畲族民俗文化产业化开发

闽东畲族民俗文化主要包括节庆习俗文化、饮食文化、婚庆习俗和民间祭祀文化等，其中多数的民俗文化被列入各级各类非物质文化遗产名录。闽东畲族民俗文化资源开发潜力和价值较大。其一，乌米饭、菅叶粽、畲家酒等特色美食展现着鲜明的民族文化特色，利用市场功能和产业式开发，生产满足市场需求的具有畲族民俗文化内涵的“名优特”产品。其二，畲族的节庆习俗文化极具时代功能，畲族“二月二”已成为东南地区最主要的民族文化节之一，在连接海峡两岸民族文化交流、促进社会经济互动方面起到重要作用；“二月二”会亲节、“四月八”歌会、“九月九”歌会等大型节庆活动也在很大程度上加大了畲族民俗文化产业化发展的步伐，围绕这些节庆活动的产业正在不断兴起和发展，如福鼎双华“二月二”的庙会正在以产业化形式谋求现代文化的创新发展。其三，随着全域旅游或乡村旅游热的兴起，各地畲村利用民族原生态文化和闽东畲村丰富的生态资源，共建旅游文化带，许多企业加入畲村民俗活动中，旅游产品被全方位融入民俗文化元素，民俗文化产业已逐渐成为闽东畲村最有活力的新兴产业。

5. 畲村旅游文化产业化开发

闽东畲族聚居地区旅游文化资源丰富。在联合开发区域性旅游产业的今天，旅游成为最有可持续发展前景的产业之一，全面实施“旅游+”产业融合模式，推动“农旅”“茶旅”“海旅”等新兴业态向融合式方向发展，构建相关新业态的乡村型产业链条，无疑成为当前闽东畲族村落的共同认识。有的村努力做好山这篇“文章”，以茶叶、葡萄、水蜜桃等果林种植产业为支撑，结合果蔬、茶叶采摘和耕耙等农事活动，开发田园娱乐体验等以农事农趣为特色的旅游产品，如福鼎方家山、赤溪等畲村；有的村则竭力做好海的“文章”，利用海洋文化元素，创建水乡渔村，开发滨海游憩休闲、滩涂摄影等生态旅游产品，如霞浦盘前畲村；也有的村结合畲族的庙会、戏曲等非物质文化遗产资源，开发民俗旅游产品，如福鼎双华、古田富达等畲村；还有的村落依托林业资源优势，加快森林公园等旅游资源的整合，大力开发森林氧吧康养、避暑休闲、探险拓展、生态露营等以森林体验活动为特色的乡村生态旅游产品，如福安彭家洋畲村等。随着畲村旅游品牌的集体亮相，品牌带动日益成为推进畲村旅游文化开发的主要推手，于是一批畲族特色的旅游小镇、旅游文化村、旅游品牌相继涌现，具有民族文化特色的旅游产业体系初步形成，畲村美食、特色民宿、特色农业等多元乡村旅游业态连接着名茶香茗、海洋特产、绿色果蔬、畲家美食等乡村旅游商品，催生“旅游+”产业融合模式，推动闽东畲族村落文化产业化融合发展，如蕉城上金贝、福安溪塔、福鼎赤溪等畲村主推畲族生态文化特色旅游，带动了畲族节俗、饮食、歌舞、服饰等文化产业的发展。

（二）闽东畲村文化产业化开发存在的问题

1. 开发中存在的“硬伤”

自然地理环境因素的制约。至 2022 年，闽东畲族依然有约 80% 的人口散居在乡镇和农村，由于各县市经济文化发展的实际情况不尽相同，这种“大杂居、小聚居”的格局不利于畲村文化资源的整体性开发和保护。畲族作为迁居民族，历史上他们只能定居在高海拔、半山区等地理条件差的地区①，生存环境较为恶劣，生产力落后。20世纪90年代初，闽东10户以下的畲族自然村有357个2570户11500人。聚落分散，直接导致了扶贫成本的增加，基础设施发展滞后②，而且教育、卫生、文化、科技等公共服务难以覆盖和延伸到少数民族山区群众……这使得闽东畲族乡村的生产力水平低于全省平均水平。在产业发展信息化的今天，这些因素决定了广大畲村很难在市场开发与竞争中占据有利地位③，村落文化产业化保护难以获得落实和推广。另外，受区位因素影响，不同的畲村发展不平衡、不同区域的村落发展质量差异也较大，许多畲族乡村协同发展机制仍不健全。受区域环境的制约，广大畲村要想提升自身文化发展的质量和层次，培育文化资源开发的新路径，加快形成民族文化产业化保护体系，面临的困难还很多。

文化产业资本市场不发达。在扶贫开发和“一带一路”背景下，尽管目前闽东广大畲村的文化资源得到一定程度的开发，民族文化产业也出现了积极的发展态势，但由于畲族地区经济发展长期处于落后状态，发展产业的资金缺乏，政府投资和项目制开发难以保障足够的开发资金，文化产业发展长期受到资金短缺等不利因素的制约，文化资源开发和利用率较低，开发模式趋同，产业同构化现象较严重。再加上文化产业资本市场不发达，社会融资渠道不畅通，许多文化资源长期未能得到开发利用。实践证明，开发文化资源和发展文化产业必须要有充足的资本，而闽东大部分畲族村落的文化产业资本市场尚未形成，畲村文化产业规模尚未形成，相关资金投入严重不足，而且文化产业前期投资成本高、回报率低，民营企业投资积极性普遍不高，这些问题均不同程度地制约着畲族村落文化产业的发展。

特色品牌少难以形成规模优势。各地畲村结合自身特点，借助旅

① 伊漪、李益长:《民族村生态文化资源的产业开发研究——以闽东畲村为例》,《温州大学学报》2016年第3期。

② 马骍、陈建樾:《中国民族地区经济社会调查·宁德畲族聚居区卷》，中国社会科学出版社，2015。

③ 同①。

游、畲药、畲茶等文化资源的开发，先后创建了一批民族文化产业，打造了一些有影响力的文化品牌，但由于缺乏创新，缺少民族特色品牌，仅“珍华堂”“盈盛号”等有限的几个民族品牌被认定为中国驰名商标，国家级著名商标、驰名品牌的培育力度不够。宁德福安溪塔村的刺葡萄[①]由于缺乏区域联动机制，“刺葡萄采摘节”等文化产品的影响力和影响范围不大，对域内其他产业发展的辐射和带动作用有限，即使许多畲村依托“中国茶叶之乡”“坦洋工夫茶”“福鼎白茶”等资源优势，大力发展茶文化产业，注册了数十种具有畲族文化特色的品牌，如“金牡丹”“金山翠芽”“富蓉山”“畲鼎红”“畲韵红”“畲品红”等，但由于产业较为分散、资金投入有限、缺乏产业能人和市场导向等原因[②]，畲族茶产业小品牌众多，大品牌打造力度不够，品牌凝聚力不足、影响力有限，对文化资源开发的整合度不够，无法形成产业规模效应，更无法将畲村茶业培育成富有区域影响力的特色主导产业，难以形成具有独特个性和竞争力的文化产业体系和品牌体系[③]。

人力资源和文化传承人匮乏。随着城镇化发展，农村人口特别是青壮年劳动力大量地向城镇转移，闽东畲族乡村劳动力严重不足，许多文化层次较高或具有一定技能的村民不愿留在乡村，导致从事民族文化产业的人才尤其是高级经营管理人才和专业工艺匠师极度匮乏，并且尚未建立起一套人才培养的长效机制[④]。产业振兴是乡村振兴的核心，而产业的发展关键是人才培养，所以人才是文化产业真正的灵魂所在。文化产业的发展核心指向是主体“人”的发展，具体而言，是推进主体人在政治、经济、文化各个层面的全面发展，如若缺乏创新人才，闽东畲族村落文化资源的产业化开发和品牌培育等势必面临极

---

① 福建福安溪塔葡萄沟被誉为全国三大葡萄沟之一，位于福建省福安市穆云畲族乡溪塔村，系当地畲民们沿着秀溪、詹溪种植野生刺葡萄而形成的绵延6公里的葡萄沟。现为闽东北亲水游线路的重要组成部分。

② 伊漪、李益长：《民族村生态文化资源的产业开发研究——以闽东畲村为例》，《温州大学学报》2016年第3期。

③ 孙向荣：《发挥政府主导作用，推动地域文化旅游品牌建设》，《行政与法》2011年第6期。

④ 许陈颖：《创意产业视域下民族银饰品牌建构研究——以“盈盛号”畲族银饰企业为例》，《福建省畲族文化学术研讨会论文集》，2016。

大困难，更不用说借助产业开发促进文化保护与发展。闽东畲村文化资源开发需要培育传统工艺传承人和一定规模的人才队伍，但包括畲族的年青一代不愿学习传统工艺，相关科研机构极少，如闽东福安畲药产业，科研实力最强的是“福安市畲医药研究发展中心”，其高级职称研究人员仅3人，中级职称人员只有5人，名畲医寥寥无几[①]。近年，闽东畲村传统手工技艺传承链条已断裂，即使像“珍华堂”“盈盛号”这样的知名企业也面临人才培养的困境。由于受到生产不集中、尖端设计和销售人才以及工艺传承人才不足等因素的制约，大多数畲村合作社或民营企业规模小、产能低，知名品牌少，市场竞争力不强[②]，闽东福安有6个畲药生态园、4个研究开发基地、相关合作社26个，畲药种植面积3000多亩，种植户5500多户，年产值4亿多元[③]，尽管增长势头良好，民族药保健品、畲药成品制造业等也逐年拓宽市场，但极少畲药产业具备打造富有影响力的文化产品的能力。

2. 开发中存在的“软伤”

忽视民族文化特性，对畲村文化资源开发认识模糊。闽东畲村文化资源种类多、内涵丰富，资源禀赋也各不相同，在城镇化背景下村落文化资源的价值须重新评估。人们普遍认为，闽东畲村文化资源开发式保护意义重大，但并不是所有的畲村文化均适合产业式开发。有学者把民族生态文化资源分为可度量和不可度量两类[④]，其中，历史文物、建筑、民间工艺品等可以通过建立相应的评估体系来具体估测其价值，属于可度量的民族文化资源，而民俗、民间信仰、戏曲等则难以用现实价值予以度量，属于不可度量的民族文化资源[⑤]。他们还认为，一些经济价值相对较低的不可度量资源经常在文化资源开发中

① 李益长等：《闽东畲族药资源产业化开发现状与对策——以福安畲药为例》，《安徽农业科学》2016年第5期。

② 许陈颖：《创意产业视域下民族银饰品牌建构研究——以“盈盛号”畲族银饰企业为例》，《福建省畲族文化学术研讨会论文集》，2016。

③ 同①。

④ 刘文颖：《民族文化产业化与区域民族经济发展研究》，云南师范大学，2008。

⑤ 刘婷：《广西民族生态文化资源评估与文化产业开发研究》，《广西社会科学》2011年第2期。

被人们刻意忽视。一般来说，可度量的民族文化资源体现了人类对这类资源的产品属性的认可，更易于进入市场和进行产业开发。当人们急功近利地追逐民族文化资源开发的经济效益时，资源开发的整体性原则必然被人为地打破，某些富有开发价值的文化资源因为迎合了当地经济发展等的需要，获得了当地政府和群众的重视。但由于开发者往往只注重禀赋较好的文化资源，片面地凸显其形象价值、宣传价值、经济价值，没有深入了解文化资源的特性，导致过分强调文化资源开发的经济效益，忽视了民族文化资源的其他功能和潜在价值，造成对其所包含的文化内核的俗化和曲解，导致许多市场开发价值不高的文化资源遭到冷落，甚至被束之高阁。这种片面性的开发，不但有违民族文化资源开发式保护的原则，而且使所开发的文化产品因缺乏文化内涵而失去个性。总体上看，闽东畲村对于文化资源的开发没有统一的规划和管理，缺乏区域间的交流合作和资源整合，这样使得众多文化资源开发各自为政，带来的结果是开发主题的混乱和开发产品的重点不明显，难以给消费者深刻的印象，从而削弱了自身的市场竞争力①。由此可见，未能根据当地文化资源的禀赋和特性，科学理性地对待文化资源的开发问题，是许多畲村未能有效开发自身文化的一个重要原因。应认识到经济价值仅仅是民族生态文化资源开发的一个起点，而民族文化保护、传承与发展才是资源开发的最终目标。只有这样，畲族文化资源开发才能走上正确的道路，相关人员才能制定出畲族村落文化资源开发式保护的正确策略。

发展理念滞后，文化资源闲置浪费或开发不当。闽东大部分畲村地处交通落后的山区，经济、文化发展水平较低，创新人才少，技术条件差，开发文化资源的理念落后，甚至缺乏科学的可行性分析，只求眼前利益，开发方式粗暴，未能充分挖掘民族文化资源的潜在价值。受多方因素制约，闽东畲村传统产业依然以农业为主。为参与市场竞争，分散的家庭式经营被农业专业合作社取代，但这些“合作

① 顾森瑞：《创新开发文化资源的策略研究》，南京艺术学院，2016。

式”产业科技含量少，再加上大多数合作社或其他合作组织不注重人才培养，组织者学历层次较低、缺乏理论知识和新科技知识，文化资源的创新性开发能力不足，导致许多合作式产业无法可持续发展。总体上看，畲村有些产业发展理念滞后，表现为“重自然资源的开发，轻文化元素的挖掘，重文化产品的生产，轻文化产业的培育，重文化产品的数量，轻文化产品的质量，重短期的经济利益，轻持续的发展能力，重区域利益的竞争，轻跨区域资源整合”[①]。另外，许多畲村普遍存在文化资源闲置浪费或开发不当现象。文化资源闲置浪费表现在有形资源浪费与无形资源浪费两个方面，由于投资者或村落产业能人发展理念的偏差，大量极具民族特色的自然资源和社会资源，如村落、田园、生态资源、村落人文景观等，未能得到科学开发，盲目化、过度化和庸俗化开发现象时有发生。具体表现为：第一，为带领民众早日脱贫致富，将文化产业做大做强，相关合作社或企业往往表现出急于求成的心理，结果“欲速则不达”，反而造成村落文化资源的浪费，阻碍了文化产业的发展；第二，文化资源开发过度商业化，这种轻内容重形式的盲目性开发破坏了畲村文化资源的原生环境，使其民族文化生存空间遭到破坏，甚至造成有形文化资源和无形文化资源双重损毁，从而“失去其原有的神韵”，并“不断失真和蜕化”[②]；第三，为了迎合市场需求，许多畲村在文化资源开发中不立足村情，盲目跟风，普遍存在产业同构化现象，出现了“哪里有钱赚就到哪儿去开发”的现象，这种经济至上的开发理念必然会粗暴地将民族文化遗产庸俗化，甚至导致畲村大量文化资源的“异化”。因此，发展理念的滞后必然导致项目可行性分析的缺失，简单式的粗放开发无法顺应当前经济文化发展之路，文化资源的浪费和开发不当等问题必将继续影响畲族生态文化产业的发展。

---

① 熊正贤：《乌江流域民族生态文化资源开发与文化产业发展研究》，西南民族大学，2013。

② 伊漪、李益长：《民族村生态文化资源的产业开发研究——以闽东畲村为例》，《温州大学学报》2016年第3期。

开发模式单一，缺乏整体规划和多方联动。目前，畲村文化资源主要以“政府主导、社会参与”的模式进行开发，已取得了初步成效，但在开发过程中存在产业雷同化、模式单一化、无规模效应等问题，未能充分利用畲族生态文化资源的独特性、多样性、区域性等特征，存在开发的片面性、模式特点不突出、形式呆板单一、缺乏整体性规划等不足和缺失[①]。特别是一些大项目，政府和产业投资方往往占据了绝对话语权，而大部分畲族群众由于能力不足、缺乏主体意识和文化自信力，往往处于“失权”状态，且形成了过度依赖政府和企业的被动心理，“等靠要”思想已使他们不能也无能力肩负产业发展的重任。从畲族现有的文化资源开发和产业规划来看，相关产业“主导”力量未能处理好文化资源整体性保护和开发利用的辩证关系，不能主动探寻和创新畲族文化资源的市场转化模式，也没能有效解决民族生态文化资源的循环开发与利用等现实问题[②]。即使是当下备受人们热捧的“文化主题公园”开发模式，也没能按照各地区民族文化自身发展的不同规律，采用类型化保护和开发原则，带动当地经济有效发展。当前闽东畲族地区民族文化主题公园开发模式也比较单一，跟风建设导致文化产业同质化现象严重，未能依据畲村自身的文化资源禀赋，结合区域文化产业发展实际客观地进行项目论证，缺乏宏观视野和整体性规划，主题公园规划者之间也缺乏合作交流，民族文化产业的特色元素不够凸显，削弱了产业的社会影响力。随着生态文明建设的深入，为避免区域同质化竞争和产业同构化现象，宏观布局成为各地文化资源产业化开发的重要一环，然而这种宏观布局需要充分调动社会各界的力量，通过多方联动和社会整体力量的合力作用才能真正实施。就目前情况看，畲村文化产业的宏观布局并未完成，民族文化资源在乡村振兴背景下可能发挥的重要作用还未得到人们的足够重视。虽然《文化产业振兴规划》《文化部文化产业投资指导目录》等

① 伊漪、李益长：《民族村生态文化资源的产业开发研究——以闽东畲村为例》，《温州大学学报》2016年第3期。

② 同上。

文件的出台大大促进了畲族地区民族文化资源开发的成效，但如何有效整合各方力量，将畲族服饰、民间信仰、节庆、饮食、畲药、民间技艺等资源与文化旅游产业开发相融合，使畲村文化资源在大开发的视野下借助跨文化交流和以电子商务为基础的现代物流、电商平台等媒介，突破民族界限和地区界限，真正实现新时代民族文化保护和产业的大发展、大创新目标，所要走的路程还很长。

人力资源不足，产业链或规模化生产尚未形成。从创新驱动发展战略层面来看，闽东畲村文化资源产业化开发也需要科技创新驱动，而人才是创新发展最根本的动力源，畲族文化资源开发需要大量多层次、多领域的专业人才团队。畲族聚居区域大部分人口集中在边远山区，产业化开发所需的人力资源严重短缺，这一问题短时间内无法得到有效解决。在城镇化和市场经济的冲击下，众多畲族青年男女离开家园到外地打工，由于失去了民族文化传承的时空环境，许多畲族群众的民族文化意识逐渐淡化，这些浸染了新时代气息群体中的大多数人再也不愿传承民族传统文化，致使许多需要活态传承的畲族村落文化资源面临保护与发展的危机，这也是制约畲村文化资源开发的重要因素之一。目前，大多数畲族文化传承人的年龄在 50 岁以上，而且人数上也在日趋缩减，甚至有的省级或国家级非遗项目传承人只剩下一两个人了。霞浦上水村畲族斗笠制作技艺曾经远近闻名，而今省级非遗“畲族斗笠制作技艺”项目传承人仅有吴孙存等 2 人，且他们均已步入暮年，没有多少余力发展畲族斗笠产业。另外，文化产业的发展应与当代科学技术相接轨，但更需要众多高新技术人才或高级管理人才的介入，没有一定数量的产业人才，畲族村落文化资源产业化开发的目标就难以实现。再者，现有的畲村文化产业布局分散，规模较小，必须加以合理整合，形成文化产业链，才能加大文化资源开发力度，实现文化产业规模化效应。但就目前来看，各畲族聚居区域的民族文化产业链还未完全形成，甚至有些产业还处在靠政府支持或项目化开发的低水平阶段，尚未形成真正意义上的文化产业。

第四章 闽东畲村文化振兴的实践逻辑

文化振兴关系着一个国家和地区在经济社会、文化习俗、思想观念等方面的新旧更替与发展进步。传统文化的现代化发展，对于村落文化振兴等意义重大，相关问题也日益引起人们的深入探讨。随着现代文化日益多样化，人们对传统文化的现代性转型呼声愈来愈高，但构建一种新的时代文化必然会同传统文化产生冲突，且这种冲突涉及多元的文化碰撞和深层的民族心理，甚至包括传统文化的反现代性元素以及对现代文化的适应与接纳等问题。对于少数民族而言，其传统文化的振兴同样包含自身文化与社会发生同质、同向的变迁过程，特别是当前经济社会的发展、政府与民间的互动、民族合法权益的保障、民族文化自信的重树、文化产业的发展与政策的支持、民族教育的发展等，均反映了对民族文化进行现代性建构的客观必然。

少数民族村落文化的振兴，不是去除传统，也不是趋附他者文化，而是挖掘文化发展的积极因子，用现代性赓续传统，推动民族文化现代化。但是民族传统文化现代性建构既是机遇也是挑战，因为这一过程是随着社会发展而持续发展的建构过程①。一方面，让少数民族文化适应新的时代文化发展诉求，并在现代化进程中获得更好的创新与可持续发展；另一方面，随着时代的发展，民族文化不可避免地要和其他文化发生更加频繁的交流和剧烈的碰撞，甚至加快文化异化或消亡的速度。可见，少数民族传统文化振兴必须处理好传统与现代、发展与保护等方面的关系。

第一节　闽东畲村文化振兴的主要实践

早在20世纪50年代，党和政府就制定了一系列民族工作方针，针对闽东畲族开展了村落文化调查和民主改革活动，为之后畲族文化事

① 陈文江、黄超：《少数民族传统文化现代建构的逻辑和机制——以肃南裕固族自治县为例》，《西北师大学报（社会科学版）》2018年第3期。

业的发展奠定了基础。20世纪80年代后，闽东畲村结合造福工程建设、对口支援挂钩帮扶活动等开始全程多维地开展闽东畲族村落文化保护、传承等工作。进入21世纪后，闽东畲村文化保护和传承进入多样化的发展阶段，其文化振兴的理论和实践探索在多层面展开。

一、成立研究机构和组建学术团体

2000年之前，闽东各界对畲族文化的保护与研究并不重视，由政府参与设立的畲族文化机构极少，在广大畲村也只有6个村级文化站。2004年，宁德市“畲族文化抢救办公室”成立，以此为平台组织专家、学者深入畲村挖掘、整理畲族村落文化。2006年，宁德师范专科学校[①]成立畲族文化研究所。2009年，成立宁德市闽东畲族文化研究所，该所是国内首家地市级畲族文化研究机构，并以此为平台聚集一大批知名学者和畲族文化研究专家，这使该所成了域内外最重要的畲族文化研究机构，成员主要包括施联朱、庄孔韶、郭志超、谢重光、钟雷兴、蓝炯熹、缪品枚、雷弯山、林校生、伊漪、李益长等，其中还包含一部分在畲村土生土长的畲族文化工作者，如钟伏龙、雷志华、钟昌斧等。近年来，随着闽东经济文化的快速发展，畲族文化研究队伍也在不断壮大，以宁德师范学院为例，该校共建有畲族文化研究平台9个，现已形成由40多人组成的庞大的研究团队，相关成员利用暑期社会实践活动、课外兴趣小组活动等形式带领广大师生深入畲族村落做田野调查，相关活动对于畲族村落文化的保护、传承和振兴具有积极的推进作用。主要表现在以下方面：一是通过各级各类项目研究，深化了畲族村落文化的内涵，为广大畲村利用自身文化促进经济社会发展起到较大的引领作用；二是大力弘扬和传播畲族村落优秀文化，收集、整理和研究畲歌、畲舞等传统文化题材，为畲族村落文化的保护、传承和开发奠定了基础；三是畲族村落文化研究成果的

① 2010年经教育部批准更名为宁德师范学院。

出版，在学术层面提升了畲族文化的价值，为区域文化研究增添了民族特色，也为将闽东畲族文化推向全国提供了研究基础；四是这些研究机构和学术团体立足闽东畲村发展实际，探索畲族传统文化分类或整体性保护与振兴的对策措施等具有启示意义。

目前，闽东设有多个畲族文化研究学术团体，其中宁德市畲族歌舞团在畲歌、畲舞创新引领方面起到重要作用。此外，部分畲族有识之士也身体力行创建畲族文化培训中心等机构，为推进本民族文化活动传承不辞心力，如雷志华、雷美凤、雷仙梅、钟昌尧等。

二、构建畲族文化艺术教育的传承体系

习近平总书记曾指出，要抓紧修建畲族博物馆，办好畲族研究会和畲族歌舞团，以丰富我国多民族的文化宝库①。畲歌、畲舞、畲俗被视为畲族文化最根本的特征，也是畲民族群认同的重要标志之一。因此，在闽东畲族文化振兴中，畲族歌言等艺术文化教育始终被放在重要的位置。早在1988年，宁德市就成立了全国唯一的以畲族命名的文艺表演团体——宁德市畲族歌舞团；2000年后，闽东各县市农村民族中小学开始全面开展畲族文化进校园活动，宁德市民族中学、蕉城区民族中学、蕉城区金涵民族实验小学等民族学校纷纷举办畲族文化节、艺术节、体育节以及相关第二课堂活动，并把畲族艺术文化的学习与传承列为评价学校教学成效的重要指标，因为挖掘和传承闽东畲族在语言、音乐、舞蹈、美术、礼俗文化等方面的优秀文化也是各民族学校的重要任务②。

具体案例如宁德市民族中学通过畲族艺术文化教育推进畲族学生传承闽东畲族村落文化。①坚持采用“双语”教学，让学生在家里或

---

① 习近平：《巩固民族大团结的基础——关于促进少数民族共同繁荣富裕问题的思考》，载《摆脱贫困》，福建人民出版社，2014。

② 马骍、陈建樾：《中国民族地区经济社会调查·宁德畲族聚居区卷》，中国社会科学出版社，2015。

村里向畲族歌手学畲歌；②畲歌进课堂，让学生经常聆听代表性畲歌，了解、学唱并懂得欣赏畲歌；③组织学生参观或参加畲歌演唱活动和一年一度的畲村节庆活动，感受畲歌的艺术魅力；④学校成立畲歌传承班，邀请畲村知名歌手到校教唱畲歌；⑤设立各种畲族传统文化兴趣小组，组织学生编排畲族舞蹈参加各种艺术活动，每年定期举办畲族“三月三”校园文化节；⑥开发校本教材《畲族文化简说》，开设了《畲族语言文化》《闽东畲族史》等科目；⑦建设畲族文化展厅，成立畲族武术队、舞龙队，创编畲舞“赛竹卜”“龙图腾”等，推动畲族文化创新发展。总之，学校畲族文化教育目标明确，旨在让少数民族学生在浓厚的民族传统氛围中，更多地了解本民族的语言文化、风俗和历史，让他们掌握和破译本民族的传统文化密码，更好地打开灵魂返乡的旅程，做一个有根的现代畲乡人[①]。

又如霞浦县民族中学结合校本课程开发助力小说歌等文化创新发展。①与霞浦县民族文化研究会联合整理、编辑、出版了《畲族小说歌》《霞浦畲族小说歌》，首次将闽东最具民族文化特色的文学样式用文字形式系统性地呈献给读者；② 2010 年，学校成立小说歌编写组，完成《福建省少数民族古籍丛书·畲族小说歌》编撰工作，该书系近年来有关畲族小说歌整理汇编篇目最多、内容最丰富的图书，在小说歌的研究与推广方面具有突出意义；③开设白露坑小学小说歌传承班，并与半月里畲歌传习所等配合，开展小说歌保护与传承活动；④以国家级非遗传承人钟昌尧为核心，整合学校和社会教育资源，培养小说歌非遗传承人；⑤自主编排畲族舞蹈“水连云”，成立畲族陀螺、射弩训练基地，选派学生参加全国少数民族运动会和省民运会、维也纳青少年音乐会、海峡两岸畲族“三月三”文化节、舞蹈比赛、体育节等。

再如福安康厝中心小学开展的“五个一”活动。①让不同年级学生学会一个畲族文化项目；②学校编撰一套《畲族情缘》校本教

① 马骍、陈建樾：《中国民族地区经济社会调查·宁德畲族聚居区卷》，中国社会科学出版社，2015。

材，内容几乎涵盖畲族文化的全部内容；③围绕畲族文化开展一系列活动，如考察葡萄沟、畲族宗祠、蟾溪冰臼等畲村自然、人文景观等，引导学生主动调查、探究、发现畲族文化；④学校环境布置突出畲文化元素，如校徽、校服、校歌、校旗等突出畲文化主题，走廊布置畲族宣传壁画，学生穿戴畲族服饰；⑤在教育教学过程中融入畲族“孝、耕、读”传统文化，加强感恩教育、民族教育、劳动实践教育、法治教育，让畲族村落文化在校园里传播，扎根在学生心里。

此外，福安穆云中心小学创建的“畲俗书香校园”利用校园里的每一处文化空间，打造畲族文化长廊，处处创造“无声的畲俗语言”；福安坂中中心小学将体育训练馆、小山哈乡村少年宫建成畲拳等畲族体育传承基地，创编“山哈操”“竹板操”，并利用畲族村落文化资源制作“赶小猪”“竹竿变变变”等儿童游戏，使畲族传统文化在校园里真正获得创新发展；蕉城区民族中学编写校本教材《畲族文化读本》，并将畲族民歌“双音”、舞蹈、体育等非遗文化的学习、保护、传承等纳入课程教学计划和教学过程中，开展“说畲语、唱畲歌、穿畲服”活动，邀请国家级、省级非遗传承人到学校教授畲歌、传授“猎鼓舞”“打枪担”“板鞋竞速”等文体项目，组织学生表演创新型畲族舞蹈《梦圆畲乡》《畲寨欢歌》《畲乡美》《竹竿舞》等，以及畲歌原声对唱《山歌年年唱春光》，促进了畲族文化的现代性探讨；宁德职业技术学院与“珍华堂”合作开办畲族银雕技艺专业，培养专门性人才，“福安畲族银雕技艺”随即入选“福建省高校中华优秀传统文化传承基地”名单，为全面探索畲族传统文化现代性发展之路，该校还设有“闽东畲族传统文化艺术传承应用文科研究中心”，在畲医、畲药等方面的教育教学与研究在域内外作出开拓性尝试，引起社会广泛关注；宁德师范学院成立全国高校首个“畲族歌言传承班”，创建国家民族事务委员会命名的“民族团结进步教育基地”，建成全省首个“畲族文化教育中心”，建立与畲族文化相关的研究团队 3 个，申报或完成国家社科等各级各类畲族文化研究项目 160 多项，开展校企合作、产教融合，以多种途径积极探索畲族文化保护和传承路径。

至2017年《宁德市畲族文化保护条例》正式出台，宁德市初步形成了从幼儿教育到高等教育全程多维协同的畲族文化教育传承体系，畲族村落文化已打破传统发展模式，走向了传统与现代教育相结合的发展之路。

三、营构畲族文化现代性发展的文化空间

“文化空间”亦称“文化场所”，是联合国教科文组织针对非遗文化保护提出的一个专有名词，通常指按照民间习惯法，在固定的时间举行各种民俗文化活动及仪式的特定场所。如畲村传统文化空间主要包括家屋、祠堂、庙宇、会馆、歌寮、歌场乃至整个村落。而今，随着造福工程、易地搬迁等工作的不断开展，闽东畲族村落文化空间发生了较大变化，传统的寮、火炉塘、会馆等已消失，甚至一些边远自然村落因整村搬迁而退出了族群活动范围。但时代的发展又必然催生新的文化因子，人们在时代理念、生活需求和审美追求等的影响下，对原有的文化空间进行着现代性改造或全新的营构，如闽东畲族村落的立面改造、古建筑修缮、文物保护、旅游景观和文化场所的建设，推动着畲村文化空间的现代性发展。具体表现在以下几个方面。

（一）实施“美丽畲村”建设工程

1986年前后，闽东赤溪村最早在全国范围内拉开脱贫攻坚序幕，被称为“中国扶贫第一村”；1994年，宁德市在福建省内率先开展造福工程建设；至2013年，全市少数民族造福工程搬迁人数累计828户3767人；至2020年11月，全市完成易地搬迁40.7万人，其中易地搬迁安置少数民族群众累计达6万人①。这使得闽东畲族群众彻底告别“住的是茅草房，点的是煤油灯，吃的是地瓜饭，配的是盐水汤”的苦日子。闽东畲族村落社会面貌变化的表征还体现在其村落文化被

① 尹文：《民族团结一家亲，携手并进奔小康——我市奋力推进少数民族脱贫攻坚和民族乡村高质量发展》，《闽东日报》2020年11月3日第2版。

融入了新的时代内容。

首先，政府对畲族村落实行“全覆盖”挂钩帮扶，致富奔小康成为广大畲村的社会主旋律。随着“一村一品”“一村一业”“一村一景”“一村一韵”发展目标的逐一落实，“绿色产业”“蓝色产业”走进古老的村落，“茶叶、果蔬、药材、林竹、畜禽、水产、食用菌等特色农业产业”以及一批批“特色产业基地和‘拳头’产品”齐聚畲乡，文化生态园、生态示范村、美丽乡村、特色村寨等称号为广大畲村赢得巨大的社会效应，畲族群众以前所未有的热情努力耕耘着自己的家园，在脱贫致富奔小康背景下畲村变化日新月异。宁德市先后有4批64个村开展少数民族特色村寨试点建设，将88个民族村列入“千村整治、百村示范”工程名单，朝着生态宜居等乡村振兴目标全方位打造美丽新畲村，厕所革命、垃圾治理、污水整治等工作的有效开展，提升了闽东畲村社区营造的精神文明标准和物质基础，增强了畲族群众生态保护、乡村治理和乡风文明等多方面的时代意识。

其次，美化乡土环境，塑造畲村多样的美的形态，留住的是不变的“乡愁”。随着城镇化加快和畲村民众背井离乡人数的日益增多，畲族村落传统文化成为维系乡愁的焦点所在。乡愁是乡村文化“重生”的动力，乡愁力量成为新时代的生产力①，所以在美丽乡村建设过程中，闽东十分重视畲族村落乡土人文环境建构，在畲村环境建设中不过度改造，而是尽可能地维系村落原貌，即保持村落传统审美意义上的空间面貌和生活情境，以便唤起人们对故土的依恋，拉近村落审美对象与人们内在心理之间的距离②。例如，霞浦上水村在美丽乡村建设过程中，修建了凤凰台、生态公园等现代建筑，同时对交错延伸在村道两旁的石墙、斑驳的石子路、清代石古厝、竹编花斗笠、手工刺绣和畲族服饰等进行整体性保护，这使得人们在对畲族村落空间文化

① 刘玉堂、高睿霞：《乡村振兴战略背景下乡村公共文化空间重构研究》，《江汉论坛》2020年第8期。

② 滕守尧：《审美心理描述》，中国社会科学出版社，1985。

展开认知时易于唤起“乡愁者”的审美体验和情感共鸣。村落文化空间是自然美与社会美的统一，既有静态的景观美，又具有动态的人际交往的和谐之美[①]。近年来，随着乡村旅游热的兴起或产业的入驻，闽东畲族村落的宁静被打破，畲族传统村落文化被植入大量的外来文化或创新型文化，如上金贝的“旅游文化”、赤溪村的“扶贫文化”、彭家洋村的“民族团结进步”、虎头村的“桃花节”、溪塔村的“刺葡萄采摘节”、半月里村的摄影文化、方家山村的“白茶产业文化”等，使畲族村落文化更具有了丰富性、多样性和现代色彩，村落文化空间也由此变得既宁静而又充满生机。“美丽畲村”建设工程的实施尽管一定程度上改变了畲村文化空间的内在肌理，闽东畲族村落也已走上了现代性发展之路，但畲村那缕不变的“乡愁”始终是人们建设家园、传承与创新文化的内在动力，“看得见山、望得见水、记得住乡愁”已成为闽东畲族村落文化空间营造的一个现代性审美标准。

（二）新建传承传统文化的物质载体和保护平台

过去，闽东畲村人工建筑空间主要是供人们生产交往和生活居住的人工空间场所[②]，而今现代生活改变了不同空间的交往模式。对于村落文化空间的回望与记忆，村落里的村道、古井、石碑、牌坊、祠堂、古民居等的修葺或重建不仅体现了族群回忆的场所精神和时代文化的印记，有的依然在现实生活中起重要作用，如茶楼、餐馆、广场、祠堂等，但某些空间的建筑目的、设计理念、实际应用等却更有现代性色彩，如中华畲族宫、村口牌坊、畲村民间博物馆、畲村文化站、农家书屋、生态公园等，这些文化空间或聚合着民族传统文化共同的基因谱式，或彰显着村落主体的融入感和归属感，成为畲村文化空间承续的物质载体。人们为凝聚民族向心力，在亭坪畲村新建“中华畲族宫”等多功能文化空间；为彰显畲村的族群个性，新建畲村牌坊、戏台、祠堂、文化站等公共文化空间；为满足群众生活需要，新

① 丁俊清:《江南民居》，上海交通大学出版社，2008。
② 牟婷:《苏州村落的空间传承与当代重构》，南京艺术学院，2019。

建文化广场、生态公园、休闲场所、购物商店等现代生活空间。这些文化空间建构的现代性特征主要表现在以下方面。首先是承袭文化传统，积淀民族文化信息，发展村落族群关系，尊重自然宜居环境建构规律，利用畲村自身文化资源，构建生态与人居环境相和谐的新畲村；其次是“以人为本”的民居空间的拓展与重建，新街道、新民居等越来越多，改变了族群原有的生活习惯和交际模式，大规模族群现场交际的频率变低，但随着通信技术的发展，民众之间的交往也越来越紧密；再次是打造具有族群归属感的建筑设施，文化空间里被嵌入凤凰、族徽等极具民族现代文化心理表征的图腾，以强化人们对民族身份的确证和对美好生活的向往；最后是重建祭祀活动场所，彰显族群的信仰文化，即各村越来越重视祠堂文化的保护，除了重建或整修祠堂建筑外还成立村落大型活动服务队，如古田富达畲村的腰鼓队、福安坂中后门坪畲村的祭祖礼仪队、霞浦半月里畲村的婚俗礼仪队等，还原祭祖、畲族婚俗以及家谱、村谱、宗谱、族谱修撰等文化生活，积极推动村民参与文化环境建构，修复村落传统仪俗，使得族群信仰文化的载体在现代性重构中得以复归。

至 2020 年，宁德市以畲族村落为重心，已建立文化站、文化广场、农家书屋、畲歌传习所、民族文化传承基地、文化室等基础设施近 150 处，建有文化生态保护示范点（示范村）30 个（试点总量居全省首位），成立畲药、畲歌、服饰传承或研究中心、协会等 20 余家，形成了自上而下、自政府到村落的多级民族文化传承平台，再加上 2017 年出台《宁德市畲族文化保护条例》，闽东畲族聚居区各级政府、民族文化机构、畲村、文化传承人等之间已形成全方位的协同保护和现代性发展网络。在政府的牵头下，不同畲村承办“三月三”等畲族节庆活动，在畲村或互联网举办“桃花节”“丰收节”等富有现代色彩的农事文化活动，并植入“互联网 + 精准扶贫”活动，创新畲族文化的弘扬与传播形式，将畲村的传统文化和现代文明嫁接在一起。利用政府项目经费和民间集资等形式营造富有特色的少数民族特色村寨，典型的有“中国扶贫第一村”赤溪村、“畲族风情旅游”上金贝村、“茶叶王国”猴盾村、以文促旅的“美丽经济”半月里村、“南国葡萄沟”溪塔村、“白茶小镇”方家山村、“百艺村”凤洋村等。换言之，一个村落就是一个文化保护平台，闽东畲村依托脱贫攻坚、乡村振兴等政策的实施，始终坚持以村落为载体，大力发展乡村旅游业、餐饮民宿业、民族特色手工艺品等行业，将民族文化保护与产业发展相融合，并在项目资本的带动下，实现畲族村落文化的现代性发展[①]。

（三）政府主导优化畲族村落文化空间

闽东畲村文化空间的现代性建构离不开政府的主导，但从以往的文化空间建构成效看，存在畲村文化空间建构的同质化现象，公共设施闲置浪费较严重，有些畲村没有依据自身人文环境实际营构富有村落特色的文化空间。例如，霞浦上水畲村的农家书屋中没有非遗文化类书籍，更没有花斗笠竹编技艺相关的图书；半月里畲家民间博物馆内畲族小说歌手抄本极少，所能看到的大体都是复印本；溪塔、虎头等著名的社会主义新畲村所能见到的公共文化空间几乎都是“现代版”，人们很难从中体会到畲村传统文化的历史厚重感。作为畲族群众物质文化和精神文化的获取地，畲村文化空间的建构必须能更好地满足群众精神文化需求，“畲村文化供给”与“畲族群众文化需求”应形成正态的互促关系。所以，近年来政府主导下的畲村文化空间建构主要围绕提升畲族群众传统文化自觉意识、优化文化资源均衡供给、凝练畲村文化空间特色、借助文化空间建构助力畲村文化振兴等方面展开。

1. 凝聚畲村文化空间建构的合力，提升村民民族文化自信力

政府的主动介入对于畲族村落文化空间建构起到重要作用。首先，闽东畲村长期以来都是经济文化建设的重要阵地，当地政府在畲村文化建设中十分重视增强多元主体参与乡村文化空间建构的合力，特别是调动文化程度较高的“村落能人”或“新乡贤”的积极性，并

① 雷李洪：《资本再生产视角下的民族村落发展——以闽东狮墩畲村的发展为例》，《宁德师范学院学报（哲学社会科学版）》2016年第2期。

利用他们当前畲村治理的非制度性主体之身份，鼓励其在村落文化空间建构过程中扮演多重角色，使之既成为政府和群众之间的联络者和协调者、当前畲村文化空间建构的参与者与监督者、乡风文明的示范者与引领者、村落传统文化的继承者与发扬者，又成为凝聚畲村文化空间建构的核心力量。其次，增强村民发展本民族文化的自信心，提高村民的文化自觉意识，通过文化研习所以及文化活动广场等文化空间，鼓励村民进行文化创新。也就是说，立足于畲村传统文化表达形式的现代性建构，利用旅游、互联网等消费市场，将外来文化与畲村文化完美对接，形成“他者文化”到“我文化”的转变，如畲村茶叶品牌“畲韵红”“畲品红”“富蓉山”等与福鼎白茶或坦洋工夫茶业、畲药文化与畲药产业园等的融合式发展，在提振畲村经济文化和提升畲族群众的获得感、幸福感中增强村民的民族自信力。最后，政府在畲村文化空间重构中竭力规范社会各界尊重当地村民的文化主体性，主张文化空间的现代性建构应充分尊重村民的日常生活和行为习惯，将畲村公共文化空间建构成村民自主表达的自在场所，并通过对村民文化自觉的培养，促进普通村民、新乡贤、驻村干部、产业能人等与其他畲村民众团结协作，共同建构一个多元的畲村文化空间聚合体系，形成同一畲村内部、不同畲村之间互帮互扶、互促互进的文化保护、传承和振兴的合力，增强畲族群众发展自身文化的自信。

2. 落实文化惠民工程，优化畲村公共文化服务供给

“魅力闽东”文化惠民工程始于 2012 年 3 月，起初每周五晚上在宁德市艺术馆为市民免费演出，后来提出“高雅艺术下基层”理念，拓展文化惠民工程公益范围，之后协同宁德市畲族歌舞团精心打造《凤凰到此》《山哈魂》《祥瑞畲乡》等大型畲族风情歌舞节目，并深入包括闽东畲族村落在内的广大山村下基层演出，走出了一条“党政搭台、各界参与、社团唱戏、百姓受益”的公益文化“共建、共享”新路，共带动各县市区演出 810 多场，受众 50 多万人次。其间，该项惠民工程注重畲族文化现代性创新与整合式展演，将畲歌“双音”“阿噜调”“福宁调”“过海调”等、畲舞“枪担舞”“龙

头舞”“捕猎舞”等、畲族民俗“畲族婚俗”“祭祖仪式”“传师学师”“上刀山”“登云楼”等、畲族体育“畲家拳”“盘柴槌”“稳凳”“摇锅”等、畲族茶艺表演等融入现代舞台，还在项目推送过程中举办畲族文化艺术展览、文艺讲座、手工技艺培训、民俗展演等活动，让形式多样的畲族村落文化走进群众生活，并以全新的样式呈献给畲族群众，以此达到优化畲村公共文化服务供给和广泛传播闽东畲族村落文化的目标。首先，惠民工程走出剧场，进社区、进畲村、走基层，立足乡土，丰富了畲族群众精神文化生活，带动了畲村文化事业的现代性开展，如宁德市畲族歌舞团以清末白露坑畲村传奇人物钟学吉为原型，创编国内首部畲族舞剧《山哈魂》，此剧获福建省第六届艺术节一等奖，并进京演出获得巨大反响，鼓舞了广大畲族群众的民族自信心。其次，文化惠民进畲村的常态化开展，增强了专业化文艺工作者同畲族文化传承人及其他村民之间的互动与联系，文化工程也从原先的惠民剧场向百姓舞台转变，畲族村落文化和民间艺人走上了舞台，此举尽管削弱了畲族村落文化原生性、本土化特征，但通过台上台下互动，激发了社会各界参与畲族文化建设的积极性，同时进一步锻炼了畲村文艺队伍，提升了他们的艺术水平和专业素养。最后，随着畲族群众审美水平的提升，政府部门因势利导地解决好文化供给与村民文化生活需求间的矛盾，避免了畲族文化供给失衡的问题，营造和丰富了畲村的文明环境，让畲族群众真正成为民间文化发展的受益者。

3. 凝练文化空间特色，引导畲族村落文化健康发展

闽东畲村文化空间在现代重构过程中存在政府干预过多、过于功利化和标准化等问题，直接导致的后果是民族文化乡土气息的缺失和文化生态的异化。为此，闽东各县市政府近年来认真推行《宁德市畲族文化保护条例》，依据记忆性保护、生产性保护、本土化保护等分类保护细则，积极推进“针对不同的乡村文化资源提炼特色文化精髓，创新适宜其发展的传承展示形式，提升乡村特色文化的创新性发展和创造性转化”等措施，并在具体的实践中避免“千村一面”，而

始终坚持“一村一品”的畲村特色文化发展思路，打造一村一特色的个性化发展之路，如旅游特色村上金贝、生态产业村富达、民族团结进步示范村彭家洋等，利用内外力量的结合凝炼出畲村各自的文化空间的特色。为凸显文化空间特色，闽东各县市十分重视对畲村特色文化的宣传，建立具有民族特色的文化站、文化展厅、博物馆、展览馆、牌坊等，将畲族文化绘进立面壁画、宣传画或广告里，把富有民族风情意蕴的乡俗文化、乡愁文化、乡情文化融入节庆活动、人生礼俗、旅游活动之中，同时又充分考虑各村落的文化个性，有选择地塑造富有自身特色的文化空间样式。例如，蕉城猴盾畲村的“双音”广场、畲族歌楼、畲歌传习所、文化站、歌节、捕猎舞、民俗“上刀山”“下火海”、茶园对歌等凝合而成极具特色的“双音”文化空间；福安后门坪畲村以“二月二”节俗为核心的文化空间里聚合着“会亲节”“‘二月二’红糖馒斋”“‘雷氏宗祠’祈福”“‘魏公侯庙’公祭”“收集‘百家米’”以及持续三天三夜的“长夜对歌会”等，形成了独具后门坪特色的村落文化。相关政府部门在复模或重塑这些文化空间时，注重挖掘村落文化中易于引起文化主体或消费者共鸣的情感要素，同时积极发挥政府的引领作用，调动村民参与文化振兴的积极性，提高村民在文化建设中的参与度，共同营造畲村文化空间。政府和村民分别扮演好引导者与主体的角色，以政府引领、村民主导的发展模式合力建构畲村文化空间，做好畲村文化空间建构与现代文化市场建设的对接，强化畲村文化空间的乡土色彩和当代意义。

4. 发挥融媒体优势，拓展村落文化传播渠道

融媒体即利用报纸、广播、电视、网络等媒介载体，依据相关媒介的互补性特征，对其人力资源、信息内容、宣传手段等方面进行最佳整合，达到“资源通融、内容兼融、宣传互融、利益共融”的新型媒体宣传理念①。闽东畲村大都地处偏僻山区，交通不便，信息不畅，仅由广播、电视等媒介输送的资源有限，不能满足畲族群众的文化需

① 董黎丽：《融媒体时代纸媒的优势及突围之道》，《新闻战线》2016年第8期。

求和畲族村落文化发展的需要。融媒体打破了以往畲族文化覆盖面小、创收力弱等局限，让人们得以充分利用网络媒体这一无限空间，扩大了信息传播面，拓宽了村落文化的创收空间。就目前来看，融媒体促进了畲村文化的挖掘、整理、研究、宣传等一系列工作的开展，同时畲族村落文化的保护、传承、开发及现代性转化等问题备受人们的重视，且随着参与主体的增多、队伍的高素质化和专业化、传播手段和传播技术的现代化，民族传统文化传承表现出诸多新的发展轨迹。具体表现为：①在政府的牵头下，充分利用融媒体的资源整合优势，创新形式对畲村文化进行多样化展示，除了组织制作《闽东文化大观园》《多彩畲族》《半月里村的故事》等电视栏目或宣传片，拍摄《梦归山哈》《快乐童年》《喜鹊岭茶歌》等电影，还以微电影、短视频等方式加大民众之间的文化传播和共享力度，增强畲村文化的互动性和体验性；②培养一批综合素质较高的村民担任畲族村落文化宣传员，利用好村落房屋立面、宣传栏、文化广场、文化活动室、村情村史展览墙、家风家训展示墙等特色文化空间，通过相关网站、自媒体将畲村文化展示出来，同时充分调动村民参与畲村公共文化空间建设的积极性，鼓励群众将畲村特色文化与现代科技手段相融合，利用微信群、QQ 群等大众空间多元立体地展示村落特色文化；③开拓了多种类型的传播渠道，如设立畲族文化数字共享平台、数字图书馆、党建 + 畲族文化宣传阵地等，构建互联网 + 传统媒介宣传网络，宣传畲村传统文化；④加强对“中国少数民族特色村寨”“美丽乡村”等的宣传，利用各种媒体或媒介对相关村落的经验做法进行多方位多形式的推介，等等。

第二节　闽东畲村文化振兴的推进动因

社会的城镇化和现代性发展直接导致传统村落乡土性的逐步消失

和社会时空“脱域”趋势的加剧[①]，社会的转型又使得农村社会迫切需要重新构筑人们的时空感知框架，更新生活经验，从而为社会关系重组后的生活实践领域建构一种新的身份归属和认同机制[②]。随着村落居民流动频率的增加，传统的文化载体、演述或传承方式已不能适应当下文化发展的现实需要。

近年来，闽东畲村文化传承与振兴愈来愈受到人们的重视。一方面，国家和当地政府对畲村多元文化保护的政策支持达到了前所未有的高度，各种文化保护项目落地畲村，为畲村文化发展注入了活力；另一方面，随着乡村旅游业等生态产业的发展，闽东畲村传统文化，如节俗、服饰、歌舞、体育竞技、饮食文化等，被市场化或产业化地嵌入地方经济开发浪潮之中，成为服务地方经济社会发展不可或缺的文化资本[③]。因此，地方政府开始积极主导民族传统文化开发和再造的实践。

尽管闽东畲村文化资源十分丰富，但由于传统原因或客观因素影响，闽东畲族地区经济发展滞后，科技水平低，人才匮乏，村落文化现代性发展明显滞后于浙南等地区，自我创新能力不足。近年来，人们加快对闽东广大畲村的民族语言、服饰、民俗、口传文化等传统文化资源的挖掘、整理、出版，同时通过项目工程、研究机构、新媒体、海峡两岸民间交流等平台或载体，实践着畲族村落文化的再生产，这种文化再生产、再创造之动因涉及政治、经济、文化、民族心理等多方面因素，是畲民文化主体延续和发展本民族文化的必然选择，也是当地政府促进畲村经济文化发展、民族团结和谐和实施乡村振兴战略等的时代要求。

一、民族身份多重表达与文化凝聚力的回归

畲族的民族来源说法不一，目前关于畲族族源的观点多达 10 余

① 安东尼· 吉登斯：《现代性的后果》，田禾译，译林出版社，2000。

② 张原：《从“乡土性”到“地方感”：文化遗产的现代性承载》，《西南民族大学学报（人文社会科学版）》2014 年第 4 期。

③ 肖青：《民族村寨文化的现代建构逻辑》，《思想战线》2008 年第 3 期。

种，如“武陵蛮说”“东夷说”“徐夷说”“河南说”“越人说”“南蛮说”“闽族说”“山夏说”“汉族说”等。1983 年施联朱阐述了畲族源于“武陵蛮”的观点；石光树、李维信、吴永章、黄家教、毛宗武等学者从不同角度论述了畲、苗、瑶同源于“武陵蛮（五溪蛮）”。但也有很多学者反对这一观点，如李干芬《瑶族族源探讨》认为，秦汉时期的瑶、苗、畲仍处于蛮荒时代，尚不具备形成一个民族的条件，共同的图腾信仰和相同的语言不一定就是一个民族；蒋炳钊在《关于畲族来源问题》和《畲族史稿》中对“畲族源于武陵蛮和畲族是瑶族一支”提出了五大质疑：一是用历史事实与文献记载否定畲族在“唐初才进入闽、粤、赣三省交界区”[①] 的观点，二是畲、瑶两族的名称与发展的历史不同，三是把具有某种相同信仰的民族都归为相同族源是值得怀疑的，四是畲、瑶两族的姓氏不尽相同且迁徙路线不是一般人所认为的从两广向福建迁徙，五是以极少数畲族讲布努语就推断整个畲族与瑶族同源是令人怀疑的；石奕龙、雷阵鸣等学者认为把神话传说作为史实、史据难以令人信服，畲、瑶都来自“武陵蛮”缺乏说服力，值得商榷。

长期以来，关于畲族的族源，许多学者从不同的视角进行探讨，直至如今，尚没有达成共识，众说纷纭，仍然是一桩众论不决的学术公案[②]。可见，畲族族群内外针对自身民族起源问题也一直处在争论之中，大家的观点莫衷一是，再加上畲族没有文字，缺少历史文化资源，受到他族文化同化的现象日趋严重，畲族村落传统文化特征日趋式微，长此下去不利于畲族群众族群身份的表达和民族认同感的确认。当前，闽东畲村民众的生活水平普遍提高，加之多元一体文化成为社会的共识后，畲族群众的民族意识觉醒，迫切要求对本民族传统文化进行振兴，以此增强民族自豪感和凝聚力，实现民族身份与民族文化特性相符合的表达。正如埃里克·霍布斯鲍姆所说，民族语言

① 蒋炳钊：《关于畲族的来源问题》，《中央民族学院学报》1984 年第 3 期。
② 雷弯山：《畲族源流研究》，中共中央党校出版社，2016。

（或民族服饰）是民族意识的“文化加工品”，可以唤醒族群个体的存在意识，并使存在的意识得以持续，同时借此把民族成员和其他群体区隔开来，把一个民族的内在心灵与内在力量具体化。

畲族村落文化主要包括畲族群众传承至今的生产生活、岁时节俗、人生礼仪、银饰服装、歌舞艺术等文化形态，这些文化是畲族村落传统文化的精髓，所浓缩或转化形成的民俗风情，丰富了我国民族大家庭的文化内涵[①]，维系着畲村民众的族群凝聚力，对于增强民族意识和民族精神起着重要的作用。同时，人们在挖掘畲村传统文化过程中，十分强调突出其民族特性，而凤凰崇拜、畲语、畲族服饰等最具民族文化代表性的显在特征在畲族村落文化现代性建构实践中被首先凸显出来，因为民族文化再生产或现代性建构的目的在于重塑民族文化特色，强化民族意识。也就是说，不管是民族精英还是普通民众，那些直接关乎民族文化感、民族身份表征的显在文化在现代性建构实践中更不可束之高阁，理应在族群建构和固化方面，以再生产的方式不断演进，推动社会、文化的进步[②]。

所以，溯源文化之根以确证民族身份，凝聚民族向心力，成了当前畲族传统文化发展的主要目标。这要求我们必须以马克思主义唯物史观为指导，对畲族文化进行振兴，以便剔除那些不利于民族团结与发展的文化糟粕，不将神话传说当史实或用迷信来说明史实，而应还原民族文化本真，从畲族文化的多元性角度获得民族身份的多重确证，进而弘扬畲族优秀文化，促进民族团结和谐。

二、民族形象的提升与构建时代精神的显证

20世纪90年代以来，随着造福工程和脱贫攻坚的深入推进，闽东畲村发生了巨大变化，大众传媒、交通通信、市场经济、人口流动、产业发展等时代元素充斥在畲族群众生活的方方面面，曾经经济文化十分落

① 雷弯山：《畲族风情》，福建人民出版社，2002。
② 马成俊：《基于历史记忆的文化生产与族群建构》，《青海民族研究》2008年第1期。

后的畲村日益融入多元互动的社会格局。当广大畲族群众不断浸染现代文明之后，他们开始反思自身的“历史文化”，主张“畲族是尊龙崇凤，以龙凤为图腾崇拜”[①]。目前，“凤凰”已成为畲族最主要的图腾标志，如在族徽或标志民族身份的LOGO、建筑图案、图标等设计中广泛使用“凤凰”形象，以此彰显畲民的民族形象，有意识地彰显追求民族平等的心理，追怀畲族祖先的反封建爱国精神，重新还原或厘定畲族民族史，正本清源。由此，对畲村传统文化进行振兴已是时代必然。

中华畲族宫[②]所敬奉的畲族祖先为“忠勇王”，将畲族祖先崇拜位移至“忠勇王”这一充满新时代色彩的光辉形象上，明确了新时代畲族人民“爱国”等精神的文化主旨。当然，无论哪个区域、哪个历史时期的畲族群众，热爱祖先的情怀始终起着维护畲族发展的作用，是维系民族文化和民族意识的精神支柱。对于闽东畲族群众而言，其始祖无疑是神勇、机智、无私、忠诚的民族英雄，而闽东畲族有意将始祖定性为“忠勇王”，除了意在凸显民族的忠勇形象之外，亦有现代性地重构畲族文化之意。文化总是在创新性转化中不断发展，闽东畲村文化也只有通过现代性建构才能适应时代的发展。畲族传统的服饰、舞蹈、节庆文化和宗教活动等已不能完全符合当下人们的审美标准，传统服饰只有融入时尚元素才会让当代人愿意穿、喜欢穿，传统的舞蹈、畲歌也只有通过声光音响的加持才能吸引当代人去观看、欣赏，也只有这样才能让畲族文化“美”起来。出众、显眼、能够给人留下深刻而且美好的印象就成为各民族塑造自己形象的追求[③]，人们还在实践中将畲族的祭祖、传师学师等仪俗和祭祖舞、迎祖舞、龙头舞、迎龙伞舞、牛角碗舞、铃刀舞、行罡舞、安祖舞、踏步舞等舞蹈

① 钟亮：《从传统文化上论畲族龙凤崇拜》，载《畲族文化研究（上）》，民族出版社，2007。

② 中华畲族宫位于宁德金涵畲族乡亭坪畲村旁，始建于1995年，1998年投入使用。整个建筑群呈汉代风格，富有畲族特色，主要建筑包括汉阙门、龙头主杖、月亮池、祭祖坛、礼仪台、忠勇王殿、高辛帝阁、畲族文物馆及畲族红色文化展厅等，宫名题字由费孝通先生亲笔书写。该宫为我国首座集中展示畲族文化的建筑物，被列为“中国民俗旅游福建专线”。

③ 菅志翔：《仪式和庆典中的族群身份表达——以保安族为例》，《云南民族大学学报（哲学社会科学版）》2007年第4期。

与乡村旅游、文化节活动等相融合，为村落发展创造文化附加值的同时大力构建畲族文化的时代精神。闽东畲族群众在山民会馆及大大小小的村落祠堂开展隆重的祭祀活动，还借此加强海峡两岸民族文化交流，传承祖先精神，展现宗族情怀，彰显民族认同和民族文化之根，凝聚畲民群体强盛的生命力。可见，无论是宗教信仰、节俗礼仪、音乐舞蹈，还是饮食服饰、家族文化，畲族人民无不将自身的民族记忆和精神家园建构的梦想现代性地转化为符合时代需求的“文化产品”，而且这种符号化的建构或虚拟的文化精神被巧妙地融入各种文化事象，成为当代畲族富有时代特征的精神图式，召引着人们潜埋于内心的民族文化情结，共同促进民族文化获得新的蜕变和超越。换言之，闽东畲族村落文化传统不是一个凝固的、僵死的存在，而是需要不断生成和建构的过程，这个过程同时也是不断弘扬本民族文化传统、吸收汉民族文化优秀元素、构成新的文化“基因”的过程，民族文化振兴是这一过程目标得以实现的必由之路。

三、“闽东之光”的弘扬与畲族文化的发展

“闽东之光”是习近平总书记对闽东文化的生动比喻，他指出，一定要把握住闽东的闪光之处：畲族文化就是一个闪光点[①]。习近平总书记将畲族文化列于其所概括的闽东文化 4 个闪光点之首，且其余 3 个闪光点亦均与畲族文化息息相关，可见畲族文化在闽东文化中占有突出地位。在美丽乡村建设、乡村振兴等一系列工作中，畲族文化为畲族的延续和发展起到了积极作用[②]。弘扬“闽东之光”、传承畲族文化是当前畲族社会发展和现代化进程中必须常抓不懈的主要工作，畲族文化的现代性发展是整体性的建构，是与当代多样的文化色彩相融合的尝试与超越，是立足于村落传统文化根脉的发扬与创新。

---

① 习近平：《闽东之光——闽东文化建设随想》，载《摆脱贫困》，福建人民出版社，2014。
② 习近平：《巩固民族大团结的基础——关于促进少数民族共同繁荣富裕问题的思考》，载《摆脱贫困》，福建人民出版社，2014。

闽东畲族传统文化形成于村落，发展于村落，也必然现代性地建构于村落，因为闽东畲族文化具有强烈的开放性特征。无论在哪个时期，闽东畲族文化均或多或少地主动采借汉族文化的因子，如畲族审美意识下产生的歌言文化，不但出现在以汉字为载体的畲村地方性文献中，而且现存于闽东畲村的家谱、歌言唱本等均有众多的汉族文化元素，其中畲族家谱的编写体例基本按照汉族的家谱编写模式，畲族家族文化充满浓郁的汉族儒释道文化，畲族小说歌绝大部分内容来自汉族章回小说或民间话本。畲族文化的开放性还体现在其融合汉族文化的同时能不断加以创新，如小说歌《孟姜女》中的孟姜女比汉族民间故事中的更富有反抗精神，《奶娘催罡》中“奶娘”形象更富有生活气息，即畲族文化在保留自身传统文化基本构建的同时，总能通过创新获得新的发展，这也正是畲族村落文化得以不断传承的生存基础和发展动力。

闽东畲村发展的重要目标和根本工作在于发展经济，而根据闽东畲村“老少边穷”的实际情况，发展畲村经济十分困难，这就更需要从畲村文化入手寻找助力，即一方面挖掘畲族村落文化内涵和当代价值，运用分类保护等原则，传承畲族优秀传统文化；另一方面立足畲村丰富的文化资源开发地域文化产业，为经济发展培育新的增长点，进而反哺文化事业的发展，尤其重视文化产业的发展，建立推动文化产业发展的领导机制，进一步提高认识，抓住发展机遇，尽快推出适宜当地文化产业发展的振兴计划[①]。然而，文化变迁常常落后于经济变迁，在畲村的现代文化观尚未形成之时，其传统文化必然会逐渐失去或部分失去助力社会发展的功能，即畲村经济的发展要求建立更具适应力和助推力的畲村新型文化，因为在开放的社会生态经济系统下，传统生态文化的变迁远远落后于生态经济系统的变迁，只有改造传统生态文化适应现行社会生态经济系统，才能从生态文化的角度有效地维护民族地区生态经济系统的可持续发展[②]，再加上当前闽东畲村的文

① 李文慧：《发展文化产业促进经济发展》，《光明日报》2010 年12月21日第12版。

② 闵文义、戴正、才让加：《民族地区生态文化与社会生态经济系统互动关系研究——对民族地区传统多元宗教生态文化的形成特性的分析及启示》，《湖北民族学院学报》2005年第1期。

化和经济越来越开放，村落文化的自然演替速度已跟不上经济的外向式发展速度。因此，如何对闽东畲族村落文化进行现代性建构，并使其更具有鲜活的时代适应力，已成为当下闽东畲村文化发展亟须解决的问题。

发展畲族村落文化与弘扬“闽东之光”具有相辅相成的紧密联系，前者是后者的重要组成部分，后者又推动前者获得与时俱进的发展动力，即发展畲村文化才能镀亮“闽东之光”，让“闽东之光”的每一个组成部分都得到创新和发展，而弘扬“闽东的闪光之处”就一定能让畲族文化获得更好的发展。当前，闽东畲族村落文化已逐渐同地方经济发展相融合，畲族文化对于畲村经济社会发展起到越来越重要的作用，主要表现在文化建设促进了畲村经济和社会事业的发展。畲村文化催生了众多新的文化业态，如旅游业、茶产业、畲药产业等，许多畲村走上了文商旅综合开发的发展之路。因实现民族间事实上的平等首先就要消除各民族在经济、文化发展水平上的差距[①]，“闽东之光”极力倡导畲汉团结，共同发扬“弱鸟先飞”“滴水穿石”精神和脱贫路上“一个少数民族群众都不能少”的团结意识，合力推动闽东各项事业大发展，并实现“民族的真正平等”。所以，闽东畲村文化的发展不可能游离于政治、经济之外，其文化振兴也必须迎合畲族群众的政治、经济、文化诉求。当然，闽东畲村文化振兴的实践过程中，除了保证文化传承的积极作用和政治、经济效益之外，还需要深入思考这种实践过程可能带来的其他社会效应。例如，随着畲村民众民族文化自信力、民族认同感的增强，民族意识可能会成为影响民族关系的重要因素之一，再加上在民族传统文化的现代性建构过程中，畲村文化精英趋向于差异化的建构策略使得畲汉之间一些本已基本消失的文化差异又在文化重构中得以复现或强化，甚至为了规避某种曾经的文化伤害有意剔除有争议的文化问题，或对某一些文化设置

① 习近平：《巩固民族大团结的基础——关于促进少数民族共同繁荣富裕问题的思考》，载《摆脱贫困》，福建人民出版社，2014。

讨论和研究的禁区。这种状况是否会影响各民族之间的交往与文化交流，是否会因为相关研究触及有碍民族团结的禁区而影响民族文化振兴的进程等，尚需深入探讨。

总之，在全面弘扬“闽东之光”的大背景下，只有通过对畲村文化进行现代性建构，才能全面发挥畲族文化创新发展的优势，实现文化价值由“潜在”向“现实”的转换，达到社会、经济、生态三者的效益的协调，让畲族村落文化更加发扬光大。

四、现代发展理念的融入与文化空间的拓展

闽东畲村文化历史悠久、根基深厚、内涵丰富且保存完好，是闽东地区培育和发展生态绿色文化产业的重要资源，开发和利用畲族村落文化资源以加快发展畲族文化产业已成为闽东发展民族经济和社会事业的重要途径。近年来，宁德市已将民族文化产业的战略地位提升到前所未有的高度，2010 年出台《宁德地区畲族民族民间文化保护条例》，大力扶持畲族银饰（银器）、畲族剪纸、畲药等特色文化产业发展；2011 年出台《宁德市国民经济和社会发展第十二个五年规划纲要》，启动建设“环宁德畲族原生态保护区”“民族文化‘活态传承’示范村”，加快了立体式开发畲村文化资源的现代化进程；2013 年出台《宁德市畲族文化十年发展规划（2013—2022 年）》（参见附录 3），有针对性地对畲村基础设施进行高标准建设，形成具有闽东民族特色的文化产业，不断创作和生产既富有文化内容又具有市场价值的文化产品，初步实现民族文化产业发展活力和综合竞争力明显增强的目标。2015 年，国家提出“创新、协调、绿色、开放、共享”五大发展理念，意味着今后我国的发展战略、思路、模式以及发展质量、发展效益、发展体制机制等将得到全面提升，我国社会发展也将迎来一场深刻的变革。在此背景下，闽东畲村文化资源开发对于促进闽东畲族地区社会进步具有更深远的战略意义。但由于闽东畲族地区经济社会较落后、文化产业发展水平低、现代性特征不明显，再加上近年来当

地政府主要着力于畲族传统文化的保护和传承等工作，而对于畲村传统文化现代性建构、文化产业的现代性发展等问题却少有关注，现有保护与传承视角下的畲族文化发展跟不上时代步伐，畲村的文化产业对市场化、产业化的融入尚处于起步阶段，亟须吸收五大发展理念，广泛吸收有利于民族文化发展的、现代的、先进的文化元素，积极培育新的民族文化消费增长点①。主要任务包括加快建设公共文化服务体系、保护弘扬畲族传统优秀文化、打造畲族文化艺术精品、发展畲族文化产业、推进海峡两岸民族文化交流等，只有紧紧围绕这“五大抓手”，着力推进畲族文化现代性建构与可持续发展，才能为畲族村落文化及相关文化产业发展提供强有力的基础。

从附录3的3个分解表亦可看出，要实现畲族文化的整体性保护与全方位发展这两大目标，不仅要将现代发展理念融入畲族村落文化振兴中，而且要不断拓展畲族现代文化发展空间，尤其是产业发展需要大力营造的文化创意空间。尽管当前闽东畲村文化产业仍比较单一，但村落文化资源禀赋独特丰厚。在政府的发展规划下，相关项目的任务目标、牵头单位、协办单位的职责明确，体现了近10年间畲族文化多维协同的现代发展特征。随着畲族风情旅游、畲族生态保护区建设、畲族公共文化体系建设、畲村传统体育、畲族文化教育等发展项目的落实和推进，畲族民族文化产业发展空间将更加充满张力。要想让畲族文化发展有效融入五大发展理念，并立足畲村实际推动畲族文化产业发展，就必须创新畲族村落文化的发展模式，探索“互联网+”模式下的文化振兴路径，拓展传统文化发展空间，把文化的理念注入其他产业，让传统产业焕发新的活力②，以至将畲族文化发展置于区域经济文化发展的突出地位，并结合建设海峡西岸经济区和福莆宁同城化等的有利形势，大力提升畲村文化产业在畲族经济生态文化发展中的地位和作用。所以，只有对畲族村落文化进行振兴，畲村文

① 马骅、陈建樾：《中国民族地区经济社会调查·宁德畲族聚居区卷》，中国社会科学出版社，2015。

② 李孝敏：《“一带一路”背景下我国文化产业拓展浅析》，《学习论坛》2016年第7期。

化的发展才能契合时代精神，找寻到文化变革与创新的动力，也才能更好地融入信息时代的新型文化空间，找寻到新的可行路径。如产业大融合背景下的“文化＋”融合创新要求必须激活畲族村落文化，使之与畲村经济社会发展形成更广范围、更深程度、更高层次的融合空间。主要表现为：①现代文化产业发展要求“文化＋”模式应不断打破传统旧思维，重视运用大融合思维、一体化思维等，将“升格”后的文化植入现代产业发展中，因为文化的某些特质只有经挖掘和转化才能适应产业更高层次的融合创新要求；②文化经济一体化是今后文化产业和国民经济发展的总体趋势，这要求文化发展的格局必须跳出原有的“小文化”而迈向“大文化”，即“小文化”向“大文化”的扩展。从文化产业视角看，文化正在走出传统的文化艺术、新闻出版和影视创作的“小文化”，迈向国民经济的“大文化”；③文化与产业的深度融合要求文化与产业由单向或双向融合改变为一体化融合，即加大资源挖掘、要素整合、产业耦合力度，推动“文化＋”与各种业态之间架起桥梁，实现文化产业由初级阶段表层融合迈向高级阶段深层融合[①]。

五、美丽乡村的建设和乡村振兴战略的推进

美丽乡村建设涉及乡村的经济、文化、生态等层面，是广大农村社会稳定、经济文化发展的重要基础和关键所在[②]，其与乡村振兴总要求“产业兴旺、生态宜居、乡风文明、治理有效和生活富裕”有着本质上相同的目标取向，文化振兴是目标实现的关键。基于此，畲族村落文化的保护、传承和开发已成为闽东民族村落建设和乡村振兴的内在需要，畲村文化振兴的意义显得愈发重要，主要表现为以下几方面。

① 张湘涛：《“文化＋”：产业融合发展的新形态》，《光明日报》2015年12月25日第10版。

② 魏世友：《美丽乡村建设的生态现代化路径探析》，《青海师范大学学报（社会科学版）》2021年第1期。

（一）以村落文化生态建构润泽乡村产业发展

“没有美丽乡村，就没有农村的现代化。”[①]当前，乡村旅游热、美丽新畲村建设、乡村振兴战略等一系列现象或政策极大地推进了畲村各项事业的飞速发展，畲族地区多样性的村落文化资源优势也在时代的发展进程中显示出巨大的潜在价值。显然，乡村的经济发展诉求和文化从资源向产业的重构激活了畲族村落文化现代性发展的动力源，不论是否还能保持着文化的原真性，乡村文化都已经被裹挟进市场及其以市场为中心的派生力量中去。[②]但长期以来，畲族文化产业仍局限在初级开发阶段，即便是畲银等品牌产业，也因技术更新缓慢、人才匮乏、市场竞争力较弱等，很难形成可持续发展新态势。也就是说，没有文化的村落是没有灵魂的，文化现代化无疑是美丽乡村建设的内在指向，村落文化建设与美丽乡村建设之间具有共振耦合关系。美丽乡村建设固然可推动村落文化快速发展，但优秀的村落传统文化所蕴含的进步思想、人文精神、道德规范、村规民约等优秀传统以及含蕴其中的生态美、人情美、劳动美等依然是当前建设美丽乡村的精神财富，也是畲村留存于今的原生性美好姿态。畲村的这种文化生态之美在于它的自觉性、原生性和可持续发展性，且随着社会物质生产的发展而发展。因此，深入挖掘乡村文化的当代价值，保护和传承畲村的文化生态，并使之更好地适应以现代文明为主导的乡村环境，确立畲村原生态文化新发展理念，建设具有闽东畲村独特文化内涵的美丽乡村，以铸造畲村美的灵魂，彰显美丽畲村建设的时代价值，已成为当前畲村发展（特别是文化产业发展）重要的目标指向。为探求民族文化产业开发之路，解决畲村发展问题，必须立足闽东畲村实际，深入研究畲族村落文化资源开发的可行性策略措施，并致力于畲族生态文化资源开发和文化生态现代性发展，探寻依据畲村文化生态的个性特征进行文化资源产业化开发之路，形成生态产业创意化优势，发挥闽东畲村良好的文化生态优势，推进畲村文化产业发展。可以说，

---

① 魏玉栋：《乡村振兴战略与美丽乡村建设》，《中共党史研究》2018年第3期。

② 李佳：《从资源到产业：乡村文化的现代性重构》，《学术论坛》2012年第1期。

闽东畲村文化生态的振兴对于实现海西民族文化产业与经济发展的双赢目标、培育民族特色文化产业、凝聚民族文化自信心等具有重要意义，畲村文化生态的复显和振兴对于美丽畲村建设和乡村振兴战略目标的实现具有直接影响和正态效应。

（二）以村落文化和谐之美推进畲村文明发展

无论是美丽畲村建设还是畲村振兴，均绕不开根植于畲村的优秀传统文化的传承与发展。就文化禀赋而言，村落文化是闽东畲村文明的基因密码，彰显着中华民族的思想智慧和精神追求，体现了乡村民众的社会主义核心价值观、道德修养、人际关系、民族精神等的总体样貌，是传承乡村文明之魂、维系乡村生息之根，对滋养村落群众精神世界、提振人们精神力量、推动乡村文明创新发展等均具有深刻作用。但由于当前畲村传统文化式微，经济、社会发展衍生而来的人情风、攀比风、拜金主义、利己主义、诚信缺失、生活浪费、生态破坏等现象成了畲村发展的阻力。畲族村落文化蕴含着丰厚的以和谐美为核心的价值理念，内容涉及谦恭礼让、贵和持中、讲信修睦、守信践诺、修身重德等方面，这与美丽乡村建设和乡村振兴战略目标中的“乡风文明”“乡村治理”以及社会主义核心价值观等关系密切。首先，作为中华传统文化的重要组成部分，畲族村落文化亦强调人之为人的基本精神，“与人为善”“贵和持中”“邻里和睦”等对促进畲村社会和谐稳定、建立村落和谐人际关系、化解人际矛盾、传统畲村的当下调适等方面均具有较大影响。其次，推进畲村文化建构，对于提升畲村治理能力现代化、增强乡村社会思想凝聚力以及实现乡村振兴目标等具有重要的现实意义。党的十九大报告提出了“治理有效”的乡村振兴目标，涵盖的内容基本包括村落治理所涉及的物质文化、制度文化、行为文化和精神文化等方面。乡村要实现治理有效的目标就必须拥有一定的物质基础、制度保障、示范引领和智力支持，乡村治理能力现代化实为以“人”为中心的乡村文化建设，“文治”“人治”统一于“自治”“法治”和“德治”相结合的乡村现代治理模式。畲族村落文化中极具民族特色的“忠勇精神”所呈现出的家国情怀、民族大义、畲汉团结等，在当前畲村建设中具有不可替代的凝心聚力作用，“人心齐”所汇聚的文化向心力无疑是促进畲村文明发展及乡村振兴的原动力，再加上畲族村落文化本身具有“兼收并蓄、博采众长”的文化基因，恰恰与大部分畲汉杂居村落彰显的“畲汉齐心勠力共建美丽乡村”的时代风尚相融合。最后，闽东畲族村落和谐之美的核心机制在于村民自治，这要求畲村必须改变原有的“行政包办”文化建设模式，取而代之应推行文化建设重心下移的策略，通过培育村民主体意识，基于“共建、共享”原则建构真正意义上的畲族村落现代文化，以此激活畲村振兴的内源性动力优势。但是，国家行政与畲村社会同样存在二元对立关系，畲村社会文化自治具有自发性、盲目性和方式简单化等问题，诸多问题需要国家行政介入才能使畲村文化建构始终顺应时代要求，充分发挥“人”的作用，激发畲村民众参与文化建构的热情，丰富农民文化生活，促进农村社会和谐稳定，形成政府引导与畲族群众良性互动，共同构建畲村现代文化的新局面。也就是说，畲村的社会和谐、文明进步乃至乡村振兴必须立足于文化现代性建构之基，其传统文化传承与振兴的并轨演进是畲村社会文明进步的标识。显然，随着地方政府和相关机构、畲村农业合作社等的介入与合作，当地畲村文化发展更要以群众为主体，以和谐共建共享为基础，提升文化建设的社会效益，实现“生态美、百姓富”的美丽乡村建设愿景和“产业兴旺、生态宜居、乡风文明、治理有效、生活富裕”的乡村振兴目标，促进闽东畲村经济文化的可持续发展。

（三）以村落文化融合发展促进畲村协力共进

畲村文化系统除文化本身外还包括文化主体及村落社区这一独特的空间实体，村落社区完整的物理形态是畲村文化发展的重要基础。闽东畲族村落众多，传统上看，不同村落之间的文化样式具有一定的个性，如白露坑小说歌、猴盾“双音”、半月里“阿噜调”、溪塔刺葡萄文化、上水竹编文化等，这些带有村落标签的特色文化较为固定地在该村落内部代代相传，兼及辐射到有限的几个附近村落，长期以来这些村落富有个性的文化呈现为超稳定结构体，难以广泛“移植”到其他村落或产生质变，体现出文化发展的“内卷化”（involution）特征[①]。然而，文化本来就是流变的过程，在产业形态的成长中，必然会有一些文化事象被激活、被消解或者被重构，在新的社会条件下，这几乎是无可避免的[②]。所以，畲族村落文化不仅满足于自身边界范围，还具有很强的内部延续性和外部适应力[③]，既保持村落文化底色，又在与现代文明对撞互冲中相互吸收，使自身文化形态日益繁复，展现出“内敛与外显”[④]的双重特征。一方面，闽东畲村文化具有较强的对外界文化的转化吸收能力，这种化外为内的能力可将外来文化内化于自身文化体系之中；另一方面，闽东畲族村落文化又始终以村落社区为边界，在与外界交流中往往内敛为一种自我隔离式的文化保护策略，强调以血缘、地缘和集体记忆为基础的文化凝聚性和延续性。正是畲族村落文化的这种双重特征，促成了村落之间、村落与城镇之间交流互动的动力，使得人们愈来愈重视寻求村落外部的政策支持、资金引入等路径以促进城乡之间、村落之间的文化交融与互补循环。

美丽乡村和乡村振兴所体现的文化建设就是实现村落多元文化和融共生、共存前提下的现代性发展。这种现代性发展要求人们在实现“产业兴旺、生态宜居、乡风文明、治理有效、生活富裕”的同时，积极将乡村传统文化同现代文明元素融合，乡村的人与自然、文化的传承和发展、乡村的生态化、不同村落之间文化的协同发展等均是新的时代背景下畲村文化振兴的现实选择，这些恰恰与畲族村落文化的双重特性与发展诉求相吻合。村落文化承载着一个民族的心灵史，时代变革催生着文化革新。畲族村落文化现代性建构有

① 季中扬：《乡村文化与现代性》，《江苏社会科学》2012年第3期。
② 李佳：《从资源到产业：乡村文化的现代性重构》，《学术论坛》2012年第1期。
③ 方坤、秦红增：《乡村振兴进程中的文化自信：内在理路与行动策略》，《广西民族大学学报（哲学社会科学版）》2019年第2期。
④ 赵旭东：《乡村何以振兴？——自然与文化对立与交互作用的维度》，《中国农业大学学报（社会科学版）》2018年第3期。

助于畲族传统文化的挖掘、甄别和选择性重构，巩固畲族群众的民族文化主体性，化解各村落文化发展不平衡问题，以满足当下畲族群众对本民族文化的情感取向和精神追求。乡村振兴本质上是人的振兴，只有让民众在物质和精神等多方面获得长足发展，才能让乡村振兴获得不竭的动力。然而，就闽东当前许多畲族村落的情况来看，文化振兴的路子尚未全面打开，村落中的畲语、畲族歌舞、民间技艺、民俗文化等依然未有效得到整体性的协同保护与传承，不同村落之间文化发展不平衡问题长期无法得到解决，也没能很好地培养畲族群众的增权意识、引导更多的畲族群众主动参与到民族文化建设活动中来，即人与文化尚未融为一体，文化的发展与人的发展未得到有效融合与统一。因此，当政府投入项目运行资金后，大部分畲族群众并没有自觉地参与到民族文化实践中去，导致文化保护格局小，力度不够大，文化流失、异化现象严重。文化现代性建构所包含的融合发展、协同共生等理念优势，增强了乡村发展的可持续性、多样性、活态性，从而影响乡村振兴的最终成败[①]。事实证明，畲族村落文化只有经过现代性建构，充分利用村落发展要素做到内外联结、协同融合、互促共生，才能适应时代发展，从而使每一个畲族村落都能在协力中获得创新性发展。

第三节　闽东畲村文化振兴的主要模式

受城镇化推进的影响，闽东畲村及其文化无可避免地逐步走向式微。幸运的是，近年来人们已愈来愈深刻地意识到村落文化建设的重

① 方坤、秦红增：《乡村振兴进程中的文化自信：内在理路与行动策略》，《广西民族大学学报（哲学社会科学版）》2019年第2期。

要性，认为村落文化始终是乡村的灵魂，起价值引领作用①。对于闽东而言，积极推动畲族村落优秀传统文化现代性建设，对于促进闽东地区经济、社会、文化的全面协调可持续发展，都具有深远的历史意义和重大的现实意义。

目前，民族村落文化保护模式主要有非物质文化遗产保护模式、传统村落名录制保护模式、分级分类保护模式、文化生态保护区模式、生态博物馆保护模式、活态保护模式、文化旅游保护模式、多元主体保护模式、村民自治式保护模式等②。在借鉴和吸纳相关成功经验的基础上，闽东畲族村落文化振兴与非遗保护紧密相接，宁德市七批次共200多项市级以上非遗项目基本涵盖了当下畲村非遗文化现代性建构的主要内容，但随着分类保护、整体性保护、原真性保护等现代理念的融入，畲村文化现代性建构更有了文化生态建设的新内涵，文化生态保护区模式、生态博物馆模式、活态保护模式、文化旅游保护模式等均聚焦畲村文化生态建设，且更全面地将生态博物馆、生态园区等实体保护范式纳入了村落文化现代性建构的重要目标中。村落文化的活态保护不仅强调活态的传承理念，更力主村民文化自治，激活了文化现代性建构的“人”的因素，也强化了文化本体、文化载体、人等因素之间的完整保护链。事实上，各种保护模式也具有互嵌特征，在畲村文化振兴中起着相互促进、互为补充的作用。现简要比较其中四种村落文化保护模式（见表4.1），可以发现，针对村落文化保护，闽东各畲村采用多措并举的策略，政府介入得多，村民自治能力偏弱，许多做法尚处于学习他人经验的阶段，大多村落还未形成富有自身特色的建设模式。具体表现为以下几个方面。

---

① 曹红亮、张扬：《长三角地区乡村文化建设的主要模式研究》，《上海农业学报》2021年第3期。

② 王萍、陈楚寒：《西南少数民族传统村落文化建档式保护模式研究——基于传统村落文化保护模式比较的视野》，《民族学刊》2020年第4期。

表 4.1　闽东畲族村落文化保护四种模式比较

保护模式	保护主体	保护客体	保护方式	保护优势	保护劣势
非物质文化遗产保护模式	政府、文化部门、专家学者等	闽东畲族村落非遗文化	建立各级非遗名录、文化生态保护区、认定传承人等	政府主导、行政推动强；项目资本足，抢救保护的号召力强；闽东畲村非遗文化保护体系较完善，积累的经验较丰富	保护对象单一，忽视闽东畲族村落物质文化遗产保护，导致文化生态链断裂；相关村落各自为政，协同保护的立体化格局未形成
名录制保护模式	国家民族事务委员会、住房和城乡建设部等	闽东具有一定保护价值的畲族村落	积极申报、成立各种类别的村落名录，如历史文化名村、特色村寨、美丽乡村等	政府主导，村落示范，资金助推，发展快速；评选规范，集中优势，利于发展；分批次申报评选，逐步推进	随着入选村落数量增多，保护工作难以协调开展；后续资金投入不足，村落发展特色不鲜明；村落物质文化遗产的保护被忽视，荣誉称号等象征资本优势未充分发挥
生态博物馆保护模式	文化机构、相关专家、本地村民	文化生态良好的闽东畲族村落	政府拨款建设、精英捐建、村民自发筹资建设等	原真性地集中展示畲族村落的物质、非物质文化遗产；吸引游客，促进畲民文化传播，增强民族文化自信	展品保护不专业，文献、图片、影像、实物等资料存放不符合规定；建立的畲村博物馆数量极少，覆盖范围有限，与时代需求不匹配
村民自治式保护模式	闽东畲族村落原住民	原住民世居村落的物质和非物质文化遗产	编制家谱、编写村史村志、培养文化传承人、建立文化研习所传习等	村民自主意识提升，注重亲历参与；挖掘自身文化，提升畲族群众的村落治理能力；增强村落民众的凝聚力和向心力	畲族村落民众学历相对较低，缺乏科学治理能力；许多没有直接经济效益的文化未能获得足够重视，存在盲目复制他村经验的现象

资料来源：作者根据相关调研资料整理。

一、历史文化遗产建构模式

尽管当前闽东广大畲村深受现代文化冲击，但深植于畲族民间的历史文化根脉始终不曾完全松动。闽东畲村传统的农耕文化景观、风俗民情、历史文献等构成了其历史文化遗产的基本框架。因此，立足现代视野对畲族村落文化进行合理的保护与传承，首推历史文化遗产建构这一最为基本的模式。村落历史文化遗产建构模式又可分为四类：一是历史文献建构；二是非物质文化遗产建构；三是农耕物质文化遗产建构；四是民俗节庆文化建构。

（一）历史文献建构

由于畲族没有文字，其历史文献与传统意义上的文献不能一概而论。畲族历史文献主要呈现在族谱、家规族训、地方志书之中，最初畲族家族史基本仅靠口传代代陈述，后来畲族效仿汉族借用汉字修撰族谱、家规族训，以成文的形式记载家族历史，把族谱、族规当作家族文化予以传承发扬。现在，闽东畲族村落已基本做到了村村有家谱、户户有家规，族谱也由此成为畲家“三宝”之一。畲族族谱，又称“宗谱”“家谱”，是家族繁衍历史的记录，用过程性的谱例框架再现族群的源流，记录着该家族婚姻、族规、道德、宗法、家约等历史文化全貌[①]，起到规训族人、尊宗睦族等社会化作用。闽东畲族现保存有蓝、雷、钟、吴、李姓等族谱约600部，其中蓝姓、钟姓各约200部，雷姓约180部。为确保家族血脉承袭方面的记载准确清晰，畲族族谱通常20~30年便重修一次。传统意义上的畲族家谱基本不外传，大多存放在祠堂或宫庙，如需查阅，必须在祠堂董事或村中耆老陪同下在固定时间开封小心查阅。现在，随着印刷技术的进步、村落经济实力的提升及研究者的整理出版，闽东畲族族谱已不再是族中权威人士专享的精神图谱。部分村落开始采用现代印刷，各家私藏族谱日渐

① 赖艳华:《闽东畲民家族文化传承与发展调查》,《宁德师范学院学报(哲学社会科学版)》2017年第3期。

增多，加上当前对畲族历史文献研究的不断深入，人们习惯于从族谱、家书、族训之中微观审视畲族社会变迁的某些历史真实细节，如近年来族谱修撰愈来愈重视民族团结、中华共同体意识等，这往往成为乡村文化建设中最具基础性的工作，族谱的现代价值也日益突出。近年来，闽东各界十分注重借助畲村文化现代性建构开展历史文献建设，这种建设大致包括 4 个方面：一是方志（包括市志、县志、乡志、村志等）、家谱、契约文书、手抄歌本等的馆藏式收集与保存；二是在政府牵头下组织编撰新年鉴、新方志，从市到各乡村社区相关年鉴或志书都从不同层面记录了不同时代的畲村文化，为闽东畲村文化振兴注入大量的时代内容；三是挖掘整理畲村的口传文化、家风族训和优秀畲族儿女的动人事迹，广泛宣传闽东畲族村落传统文化，如编辑闽东畲族小说歌、闽东畲族歌谣集、闽东畲族革命故事集；四是结合"闽东之光"文化传统和时代精神，打造新畲村文化，如以新农村建设为视野的《畲族习惯法研究》①、村民口述史、新村史等。

闽东畲村历史文献的现代性建构还体现在图书的编撰和研究上。以方志为例，《霞浦县畲族志》（1993）是 20 世纪 90 年代以来首部闽东畲族志书，而后各县市纷纷编撰畲族方志，仅福安地区就先后编撰出版《福安畲族志》（1995）、《穆云畲族乡志》（2014）和《穆云畲族乡志》（2018）。《福安畲族志》（1995）在编排上明显拥有了国际视野，不仅扉页上附有司马义·艾买提用维吾尔语签写的"弘扬畲族优秀文化，促进民族团结进步"，还附有日本茶道团参观畲族茶山的图片，甚至增设有英文志书名和英文目录，这无疑是闽东畲族志书编排体例的首创，此后《穆云畲族乡志》（2018）也沿用了这一体例，但封面多了英文书名 *LOCAL RECORDS OF MUYUN TOWNSHIP OF SHE*。《穆云畲族乡志》（2014）和《穆云畲族乡志》（2018）均突出了畲乡红色文化，许多内容参照了钟大湖的《闽东畲族革命斗争纪实》一书，志书中包含大量的畲族红色文化内容，体

① 雷伟红：《畲族习惯法研究——以新农村建设为视野》，浙江大学出版社，2016。

现了畲族历史文献现代性建构的红色文化主旨。至于《蕉城区畲族志》（在编）则是自1999年编撰《宁德市畲族志》之后时隔20年再次编撰地方志书，计划在原来畲族志的基础上进行续编、增编和再创造，跳出了传统的民间视野，充分利用文史界的权威著述和观点，体现了当前畲村历史文献现代性建构的学术性拓新[①]。《闽东畲族志》《穆云畲族乡志》《富达畲村志》等各级志书的大量出现，既表明闽东畲村文化传承坚持“族有谱、家有书”的理念，更体现了政府主导在畲村文化新型建构中的积极作用，方志、族谱也由此成为今后畲族村落文化传承最重要的方式之一。对畲村历史文献的多视角研究也提升了闽东畲族村落文化现代性建构的成效，相关学者对畲村宗教仪式唱本、小说歌手抄本、歌谣等的研究，丰富了畲村文化的指涉意义和构成图像，如孟令法运用图腾学理论研究畲族古歌、祖图文献、史诗《高皇歌》等。近年来，更有学者推动畲族文献外译研究，如万兵的《畲族情歌翻译试析》[②]《畲族哭嫁歌英译探微》[③]等。《高皇歌》堪称畲家“百科全书”，内容涵盖畲族族群记忆、民俗、祖先传说等多方面内容，因其突出的历史地位被世人视作畲族史诗。多年来学者对其关注和研究日盛，其中不乏外译研究，如喻锋平的《畲族史诗〈高皇歌〉英译研究》[④]等。

（二）非物质文化遗产建构

非物质文化遗产具有遗产、记忆和认同的内在属性，为其现代性转型提供了前提基础和可能[⑤]。闽东畲族村落自21世纪初开始全面重视本民族非物质文化保护工作，迄今为止已挖掘整理七批次市级非物质文化遗产名录，入选名录共计42项，其中省级以上项目26项（不含扩展项目）、国家级6项，相关项目数量居全国畲族聚居区首位。

① 蕉城区民族宗教局：《〈蕉城区畲族志〉编撰工作启动》，福建省民族与宗教事务厅。
② 载《民族翻译》2014年第3期。
③ 载《民族翻译》2015年第1期。
④ 喻锋平：《畲族史诗〈高皇歌〉英译研究》，浙江工商大学出版社，2018。
⑤ 冯莉：《现代性建构：乡村非物质文化遗产保护的未来》，《大众文艺》2017年第5期。

随着时代变迁和城镇化发展，闽东畲村非物质文化遗产在不断吸收时代文化新元素，以“政府主导＋行业协会配合＋项目资助＋传承人培养”模式，按照分类保护、整体性建构原则，挖掘、整理、开发了一大批非遗项目，并借助互联网或数字平台进行文化重构，创新非遗文化保护与传承体系，实现畲村非遗文化从传统向现代的转型。

闽东畲族非物质文化遗产是维系畲村民众的精神纽带，承载着各村落族群之间的文化认同。当前，闽东畲族非物质文化遗产的现代性建构已经从相对传统的阶段进入全新的数字化发展时期。所以，从数字化角度来看，新媒体的兴起打破了传统媒介对于畲族非遗文化传播途径的垄断，原有的非遗文化演述或展示手段所能起到的作用被削弱了。而文化是活着的生命，其只有在不断的传播中才能保持鲜活的生命力。新媒体是当前通信技术背景下发展起来的媒体新形态，相对于原有的或传统的媒介，被称为“第五媒体”。网络科技的发展也大大改变了畲族民众的经济观念、科技观念、思维方式和文化观念，对闽东畲族非遗文化现代性建构提出新的要求，也为其传播提供了新的途径，基于此，闽东畲族村落非遗文化的现代性建构亦有新的时代特征。

首先是畲族非遗文化现代性建构的高度开放性。与传统相比，新媒体时代畲族村落文化资源几乎完全公开，无论是畲村歌会，还是大型的“三月三”等节俗活动，抑或是银饰制作等民间技艺，其文化现代性建构空间已不仅仅局限在原有的文化场域之中，而拓展到了新媒体空间，网络的高度开放性为畲村非遗文化建构和传播打开了新的通道，电视、网络、自媒体畲族非遗文化能够通过网络将自己的文化魅力传播出去。

其次是畲族非遗文化现代性建构的高度交互性。网络技术的发展使得人与人之间的信息交流更加便捷流畅，借助网络技术发展起来的网络传媒也具备了传统媒体所不具备的巨大优势——高度的信息交互，传播者与受众间的关系不再是传统媒体时代那种点对面的传播模式，而是双向传播，即网络用户既是信息接收者同时也是信息传播者。为此，大量畲族群众利用自媒体空间参与村落文化建构，他们用微视频、抖音记录着每一个畲村文化片段，视频中广大民众真正成为文化建构的主人。人们可以依据自身喜好、专长和对本民族文化的理解，广泛地参与村落文化建设，并及时地将自身所拥有的文化资料、信息随时分享给其他人，这使得本来属于弱势一方的少数民族文化在网络中实现了文化建构的平等地位。了解到本民族文化在新媒体用户中自觉建构和传播的实际，社会各界立足当下，制订了许多符合现实情况的非物质文化遗产建设策略，如网络视频、节庆活动现场直播、网络畲歌教学、传承人线上交流等。

再次是畲族非遗文化现代性建构的高度融合性。新媒体逐步兴起后，传媒机构同时运用多种传媒手段进行信息传播的新作业模式，将电视、广播、报纸等传统媒介与互联网、手机智能终端等新媒体进行整合，更有利于实现信息共享和多途径传播。在三网融合、多媒介融合的大趋势下，新媒体将畲村文化载体，即文字、图片、声音、影像等，借助多种传播媒介糅合在一起，利用超强的加载能力使畲族村落非遗文化信息在市场运作中获得竞争优势。在媒体互相融合的当下，畲村非遗文化真正实现了通过一个媒体平台，实现多个媒介的同时传播，不仅节省了传播的环节，还节省了所需的经费。例如畲族电影《梦归山哈》在电影宣传时能够同时实现在电视端、网络端、报纸端的宣传，人们可以通过观看电影《梦归山哈》和电视栏目《闽东文化大观园》对畲族非遗——闽东畲族婚俗、畲族枪担舞进行全面细致的了解。

最后是畲族非遗文化现代性建构的高度共享性。非物质文化遗产数字化主要是采用数字采集、数字储存、数字处理、数字展示、数字传播等技术[①]，将非遗文化转化为可共享、可再生的数字化形态，以供人们便捷、重复使用。在闽东，相关机构或研究队伍不仅利用数字化技术如图文扫描、文字识别、录像、录音等手段建设畲族村落非遗文

① 黄永林、谈国新：《中国非物质文化遗产数字化保护与开发研究》，《华中师范大学学报（人文社会科学）》2012年第2期。

化数据库，以优化畲村特有的文化生态环境，甚至利用数字化修复与演变模拟技术，一方面复原或再现了部分濒临失传的传统舞蹈、传统仪俗，另一方面将三维建模、虚拟漫游、图像处理等技术应用于畲村非遗文化建构之中，如博物馆、畲村文化展示中心等场景的虚拟，便是通过各种感官模拟，创设畲村传统原生态生活场景，如对歌、婚嫁、节庆、会亲等场面，营造出畲村文化活动场景的“真实”感受，创新非遗文化保护与传承的现代性路径。

（三）农耕物质文化遗产建构

闽东畲村还保留有大量的物质文化遗产，对其保护与传承亦能发挥其在凝聚人心、教化群众、淳化民风中的重要作用[①]。可见，优秀农耕文化遗产的突出价值决定了其无疑也是闽东畲村文化保护和现代性建构的重要内容。近年来，随着美丽乡村建设和乡村旅游的兴起，“留住乡愁，守望家园”成了时代主题，特别是2018年中央一号文件《关于实施乡村振兴战略的意见》针对农村遗留下来的传统物质文化遗产保护、利用提出指导意见后，社会各界对于村落物质文化保护的热情更加高涨。闽东畲族村落中的古建筑、公共设施、生产生活用具等是其主要的物质文化遗存，也是广大闽东畲村乡愁记忆的重要载体，甚至成了留住传统农耕文化的最直接选择。

首先，闽东畲村文化站、民间博物馆或展示馆成了第一批挖掘、整理、展示村落农耕文明的平台。20世纪90年代，闽东畲族群众开始意识到本民族传统农耕文化正远离村落，越来越多的有志之士着手抢救性收集保存农耕器物，掀起留住农耕记忆的第一波浪潮。典型的案例便是畲族群众开始自发搜集农耕器物，许多人家开始珍藏家族契约文书，畲歌手抄本，传统旧器物如棕衣、米砻、农具、首饰、竹制品、餐具、窗雕等，将其赠送或高价卖给当地政府和私人博物馆、文物馆，避免了部分农耕文物的流失。但囿于目前畲村农耕文化场馆建

---

① 中共中央 国务院：《中共中央 国务院关于实施乡村振兴战略的意见》，人民政协网，2018年2月4日。

设的滞后性，馆藏陈列比较粗放，文物收藏不够规范专业，缺乏文化遗产可持续保护意识。更有甚者，有些文物来路不明，一些本属汉族的器物混杂其中无法分辨，影响了所陈列文物作为畲村农耕文明遗存的可信度。尽管如此，文化站和农耕文化主题场馆等的创建，为当前畲族村落传统农耕物质文明留下了一道深刻的文化印痕，这种对农耕文化的留影造像式建构具有重要的社会意义。

其次，畲村祠堂、古民居、遗址遗迹等成了考释、传播畲族传统农耕文化的重要文化空间。闽东畲村宗祠林立，古民居、古遗址特色鲜明，人们利用公共文化空间创造、积累和传承了大量的畲族物质和精神遗产，如祖牌、族训牌匾、族谱、祖杖、楹联、文化栏、古建筑遗址等，以物化形态集中展示、广泛传播着畲族优秀的思想观念、人文精神、道德规范，并以此构建新畲村的时代文明，主要包括：①宗祠、族谱、祖牌、祖杖等物质文化所承载的敬宗睦族、民族团结、崇德向善、邻里和谐等社会风尚和修齐治平、礼义廉耻等思想理念；②祖先塑像、楹联、族训牌匾、窗雕和梁雕等古民居构建、精湛的传统手工器物等所聚合的忠勇报国、孝悌忠信、敬业乐群、扶危救困的家国情怀和吃苦耐劳、坚忍不拔、精益求精的奋斗情怀与工匠精神；③古建筑或古民居构造、村落传统设施、村落景观、地景人文、水系河涌、桑基隅田、古榕古塔古巷道等汇集的人与自然和谐相处、道法自然、天人合一等自然观、生态观、哲学观和村落里风格庞杂的“三雕两塑一画”所呈现的审美体验与审美超越等。这些立足畲村传统构建的时代文明，在新时代畲村文化建设中发挥着凝聚人心、教化群众、淳化民风的重要作用，对当前美丽畲村建设、畲村振兴等均具有重要的现实意义和实践价值。此外，那些传统理念，也可以通过批判吸收，成为塑造新时代家风和新型农民精神世界的有益元素[①]。

再次，各种传媒的介入、文化遗产的“活化”等成了合理适度开

① 汪庆华、寇鸿顺：《农耕文化遗产：乡村振兴不能没有你》，《光明日报》2019年9月8日第12版。

发和利用畲村农耕文化遗产的有效路径。一是利用报纸、网络、广播、电视等即时播发畲村新动态，召引人们回望乡村、守望乡愁，积极融入畲村农耕文化建设之中，并在物联网、大数据背景下共同推动闽东畲村农耕文化遗产现代性建构与创新发展。二是利用优秀农耕文化遗产的当下，促进人们思想道德教育和农耕文化主题教育，让融合了多元文化要素的畲村传统农耕文明帮助当代青少年直观感知闽东畲村历史和往昔人们的生存样态。充分利用新媒体传播速度快、传播范围广、易接受等特点进行意识形态教育和文化传播与交流[①]，并借助畲族村落人文环境和自然景观引入电影、电视、摄影等文艺创作，使畲族村落成为农耕文化传播和乡土文化育人的主要基地。三是利用“活化”传承等方式，激活“人”的因素，以实际行动为留下农耕记忆、弘扬传统文化、教育子孙后代、传承中华美德作出积极贡献[②]，即一方面教育村民平时加强对村落遗产有意识的保护，共同努力让村落文物尽可能完整地留存下来；另一方面通过畲村名建筑、特色民宅，以及传统农耕器具等物质载体的合理适度开发利用，提升村落的文化内涵，有些畲村农户还将古宅修缮成可供居住的民宿，既分享乡村旅游红利，又为畲村建设作贡献，推进乡村旅游。总之，将畲村物质文化融入现代休闲旅游、农耕劳作体验、田园风光打造、农业科普教育等项目创新发展，已成为畲村振兴之路上闽东畲村农耕文化遗产活化式建构的亮点。

（四）民俗节庆文化建构

节日等民俗文化是传承民族文化的重要载体[③]。在悠久的历史长河中，畲族先民创造了大量的民俗节庆文化，流传于今且富有民族文化特色的节俗主要有“三月三”、“二月二”、“四月八”、分龙节、歌节、庙会等。作为闽东畲村文化建设的重要内容，畲族民俗节庆文化丰富

---

① 杨乐强、高宁宁：《新时代如何增强文化自信》，《理论前沿》2019年第6期。

② 汪庆华、寇鸿顺：《农耕文化遗产：乡村振兴不能没有你》，《光明日报》2019年9月8日第12版。

③ 鲁元珍：《民俗节庆，如何在融合中传承文化根脉》，《光明日报》2019年6月24日第15版。

多样，主要体现在两个方面：一是传统节庆活动文化空间不断扩展，形式丰富多样，文化空间延伸至舞台、互联网、自媒体，受众范围也打破传统的族群身份，拓展到畲族以外的所有人群，甚至将节俗文化融入海峡两岸民族文化交流中去，全方位发挥民俗节庆文化的社会功能；二是创新民俗节庆载体和形式，赋予节俗文化新的功能，以推动畲族村落经济文化发展，如穆云虎头村桃花节、福安溪塔村刺葡萄采摘节、古田富达村芙蓉李丰收节、闽东畲族农民丰收节、畲村“村晚”等。总体上看，闽东畲村节庆民俗正在逐步建立“一乡一节、一村一品”机制，努力激发畲村民众的办节积极性，不断扩大“三月三”、“二月二”、“四月八”、“七月七”对歌节、“九月九”歌会、冥斋节、分龙节等节庆活动规模，赋予节庆活动时代特色，当地政府已连续15年举办“三月三”畲族文化节[①]等民俗文化活动。从闽东畲村近年来民俗节庆文化建构来看，相关活动既借鉴国内外先进经验植入民俗节庆新理念、新内容，又结合地方民族文化特色，但无论是传统的还是新创的民俗节庆其实均扎根于畲族村落文化，常被作为塑造地方形象、建构地方文化身份与认同、促进地方更新与经济发展等的重要策略，在畲村文化现代性建构中起到保护地方传统文化、重塑地方文化身份、增强群体地方认同、刺激经济发展等多重作用[②]。此外，畲村民俗节庆文化建构还进一步框定了畲族族群互动、文化展演的新方式，促进了族群内外的文化融合与认同。如闽东畲族庙会是畲族的一种传统的信仰民俗活动，它不仅存在于人们的历史记忆中，也鲜活地存续在当今民众日常生活里，以福鼎后畲村临水宫庙会为个案，可洞察闽东畲族庙会传统和现代的社会功能，从而发现其在畲村现代文化建设中的作用，特别是在促进乡村文化振兴和民族文化交流、推进美丽乡村建设等方面所具有的独特意义。

---

① 黄国璋：《宁德市人民政府关于推进少数民族乡村振兴工作情况的报告》，宁德市人大常委会网，2020年7月21日。

② 刘博、朱竑：《新创民俗节庆与地方认同建构》，《地理科学进展》2014年第4期。

二、文化展馆与产业园区建构模式

闽东畲村文化的展馆式建构是基于保护与传承畲村传统文化遗产及现代文明建设、文化空间重构等的目标实现而确立的畲村文化现代发展思路。从闽东各畲村的实际操作来看，这一模式主要是以村落为单位，在政府带动、村落牵头下，通过村级文化场馆建设、文物搜集和静态展示的方式，再现村落农耕文明、民间技艺、乡风民俗等文化景观，常与当地民族文化生态村建设、旅游资源开发、非遗文化保护等耦合推进，让传统文化以实物、虚拟场景再现等形式参与村落文化建设，使人们在体验中获得传统文化整体性感知。文化展馆式建构作为一种新理念、新模式，突出强调文化遗产就地保护、社区参与、动态可持续发展等核心价值诉求[①]，其建构模式主要有以下类型。

一是以村落景区为载体，即把景区中的某一处建筑作为展馆展示空间，场馆建筑与景区其他建筑融为一体。例如，上金贝畲族馆与金贝寺、半山茶亭、古墓、金贝“十奇”等人文、自然风貌共同塑造整体风格一致的景观带，使畲族馆成为既是文物、文创产品的陈列或销售点，又是村落主题公园、民俗园区等景观的一部分，文化展馆成为参与畲族村落文化当代价值实现的重要载体。这些与村落文化聚合为一体的景观是闽东畲村文化现代性建构不可或缺的因子，在畲村经济文化发展过程中起着越来越突出的作用。

二是以公共文化设施或闲置民房为载体。例如，亭坪村的闽东畲族文物馆、上水村的农耕文化馆、半月里畲族民间博物馆、溪塔村由旧学校改建的畲族历史文化展馆、坎下村的闽东畲族服饰展示馆、仙岩村的村史展馆等。这些场馆作为社会群体利用非国有文物、标本等资产向大众免费开放的文化机构[②]，吸引了大量游客驻足参观，既提高了村落民众文化保护与传承的“自觉性”，又促进了畲族村落文化融

---

① 王乃举、沈东生：《基于生态博物馆思想的古村落旅游发展模式》，《安徽农业大学学报（社会科学版）》2014年第5期。

② 国家文物局：《关于促进民办博物馆发展的意见》，《中国文物报》2012年2月13日第1版。

入全域性旅游，并与之形成合作共赢式创新发展的运营模式，二者相互借力以形成村落文化对于地方经济文化发展更大的助推力。

三是以文物建筑、遗址、产业园区为载体。例如，“闽东畲族革命摇篮”竹州山畲村的红色露天展馆由纪念碑、纪念亭、闽东特委遗址以及后方医院、子弹再造厂、红军枪支修造厂、土豪看守所、红军洞等旧址[①]等部分组成，与造福新村的“老区基点文化活动中心”形成文化时空的多重呼应，丰富的红色文化资源使该村一跃成为“民族团结进步教育基地”“党建＋革命传统教育基地”，成为传承“闽东之光”文化的重要载体和进行爱国主义、党史学习的重要阵地。以畲村产业园区为载体的对外展示窗口，如“珍华堂”畲族银雕文化创意园、“盘盛号”民族银饰文化产业创意园、亭坪村中华畲族文化园等，其中最为典型的尚数集研发、驯养、展示功能为一体的畲药生态园，2016年仅福安市就建有6个畲药生态园、4个研究开发基地、26个相关合作社，畲药种植面积3000多亩[②]，致力于传播传统畲医畲药文化，打造“畲药＋旅游＋互联网”多位一体的畲药产业园（见表4.2）。

表4.2　闽东畲村畲药产业园（部分）

序号	名称	所在畲村
1	江家渡村畲药种植基地	福安市坂中畲族乡江家渡村
2	后洋村畲医药产业园	霞浦县松罗乡后洋村
3	溪塔村畲药生态园	福安市穆云畲族乡溪塔村
4	高水览自然村畲药生态园	福安市赛岐镇高水览村
5	兰田村畲药生态园	福安市溪潭镇兰田村
6	龙新村畲药生态园	福安市溪柄镇龙新村
7	大坪里村畲药生态园	霞浦县松罗畲族乡大坪里村
8	南岗村畲药种植基地	宁德蕉城八都镇南岗村

① 林锦屏、赖艳华：《福安穆云村落调查手记》，《宁德师范学院学报（哲学社会科学版）》2015年第2期。

② 李益长等：《闽东畲族药资源产业化开发现状与对策研究》，《安徽农业科学》2016年第3期。

续表

序号	名称	所在畲村
9	中华畲药种植培育基地	宁德蕉城七都镇北山村
10	日宅村畲药基地	福安市坂中畲族乡日宅村
11	大象村畲药基地	福安市赛岐镇大象村
12	竹柄村畲药基地	福安市范坑乡竹柄村

资料来源：作者根据相关资料整理。

闽东畲族聚居区域具有非常丰富的历史文化遗存，相关区域千百年前就有畲族先民活动，留下大量的文明遗迹，其中不乏国家重点文化保护单位。这些历史文化遗存主要分布在福安、福鼎、霞浦和古田等县市（见表 4.3），均为该区域畲族村落文化的组成部分，在畲村文化保护与现代旅游业发展、美丽乡村建设等过程中起到巨大的辐射作用。

表 4.3　闽东畲村省级及以上重点文物保护单位（部分）

级别	文物保护单位名称	所在地
国家重点	观音亭寨	霞浦县水门畲族乡半岭村
	古田县临水宫	古田县大桥镇溪源里畲村附近
省级重点	中共闽东苏特委和闽东苏维埃政府旧址	福安市柏柱洋村
	龙溪宫	霞浦县溪南镇白露坑村
	洋里民居	福鼎市白琳镇翠郊村
	飞路塔	霞浦县盐田畲族乡北洋村
	石兰城堡	福鼎市硖门畲族乡石兰村
	龙溪宫、雷世儒厝、举人府等建筑群	霞浦县溪南镇半月里村

资料来源：作者根据官方公布的资料整理。

由于民族特色文化有助于推动地方经济文化的发展，畲族聚居区域通常把畲族文化作为地方发展的一张重要名片，各地在制定民族文化发展规划时均十分注重基础设施建设，不管是政府、企业或个人均已意识到地域文化资源对于民族文化创意产业的发展和繁荣意义重大。文化设施或产业园区等的建设有利于激发畲族文化活力，促进文化资本集聚，提升文化产业竞争力，加快民族地区生态文明的进步和生态产业的发展。闽东畲村试图通过博物馆、产业园区以及其他各种文化设施等的建设，将与广大畲村文化发展密切相关的物质载体融入旅游、文化创意等产业的发展之中，打造“世界畲都”和“畲族文化旅游集镇”。因为没有相应的文化创意产业园、民族文化风情园等生产性文化资源的建设，相应工作是很难顺利开展的，所以闽东畲族乡村大力创建国家级生态村，创办文化创意产业园区，建设特色村寨风情园，培育民族特色文化产业，推进美丽畲村建设，使闽东地区真正成为畲族聚居区中最重要的文化发展前沿阵地。在乡村振兴背景下，闽东相关的畲族乡村的文化广场或产业园区不断涌现，几乎所有的畲族乡村都已建成或正在规划筹建畲族文化产业园或风情园（见表 4.4），为畲族村落文化的发展奠定了基础。

表 4.4　　闽东地区畲族文化园区（部分）

序号	园区名称	所在县市	序号	园区名称	所在县市
1	坂中畲族文化公园	宁德福安	9	宁德市畲族文物馆	宁德蕉城
2	霞浦畲族民俗风情园	宁德霞浦	10	“珍华堂”畲族银雕文化创意园	宁德福安
3	宁德金涵畲族文化旅游集镇	宁德蕉城	11	福建盈盛号民族银饰文化产业创意园	宁德蕉城
4	宁德霞浦畲族风情园	宁德霞浦	12	中华畲族文化园	宁德蕉城
5	福安市高水村畲药生态园	宁德福安	13	福鼎佳阳畲族乡文化旅游区	宁德福鼎
6	福安市兰田村畲药生态园	宁德福安	14	福鼎赤溪畲族风情生态旅游村	宁德福鼎
7	仙岫山畲族风情园	宁德福安	15	中华畲族宫	宁德蕉城
8	宁德麒麟山畲族风情旅游区	宁德蕉城			

资料来源：作者根据调研结果整理。

三、乡村聚落及公共空间建构模式

聚落指由特定族群集聚而居的区域空间，分为乡村聚落和城市聚落。乡村聚落是指聚居地在农村且以农业为主要生产方式的聚落，主要包括民居建筑、公共建筑、街巷、池塘、河沟、井泉、公共空间、乡村聚落所处环境，以及融合了当地人们精神追求的物质文化生活①。乡村聚落文化丰富多样，即使是有形的物质文化，如民居、祖厝、宗祠等，均蕴含着深刻的历史文化意义，体现了特定聚落在经济文化、民间技艺、艺术审美等方面的发展水平。随着现代文明的冲击，闽东畲族乡村聚落迅速解构，村落文化空间随之坍缩，再加上村落改造搬迁、农民工进城等的现实冲击，闽东畲族村落必然要进行现代性营造，走出一条具有闽东特色的乡村振兴之路。尽管近年闽东畲村也建构了各式各样的“农家乐”旅游休闲空间，进行了一定程度的乡村聚落保护，并通过多种渠道召唤人们回归乡土、重拾乡愁情结，但并不能满足人们对美丽畲村、乡村振兴等背景下文化发展的需求。

从20世纪90年代的扶贫搬迁、造福工程到近年来的美丽乡村建设、乡村振兴战略，闽东畲村已发生了巨大变化，改变了原先布局零乱、面貌脏乱差的局面，促进了村落集聚，布局更合理；基础设施建设已然取得显著成绩，新村与集镇缩短了距离；一些偏僻、落后的畲族自然村搬迁，在地图上消失，一些更为美丽、宜居的畲族新村诞生了，提升了闽东畲族乡村的新形象②。自造福工程实施以来，全市易地搬迁畲族人口约6万人，这些人员通过“分类指导、科学落户”，集中迁移至交通便捷的中心村或集中聚落，民族村落人居环境不断改善，现已全部实现通电、通水、通水泥公路、通固定电话、通移动电

① 吴昀格：《地域文化视角下乡村聚落的传承与再造研究》，杭州师范大学，2019。
② 马骅、陈建樾：《中国民族地区经济社会调查·宁德畲族聚居区卷》，中国社会科学出版社，2015。

话和宽带，实现有线电视或卫星电视全覆盖[①]。闽东9个畲族乡239个畲族民族行政村（另有畲族自然村900多个），正在各级政府的统筹规划下积极推进“美丽乡村”“少数民族特色村寨”协同建设。2019年底，闽东239个畲族民族行政村“改水改厕、垃圾治理、污水整治”等工作均已提前完成；2021年底，已完成88个民族行政村的美丽乡村建设任务，并使之成为“百村示范”的典型村落。此外，2021年闽东已建设30个“中国少数民族特色村寨”，另有34个同类特色村寨正在实施建设中，这些特色村寨历史文化资源丰富，古民居、古建筑保护良好，乡风文明基础扎根深厚，民族特色产业振兴潜力大。2022年，闽东畲村建设紧紧围绕乡村振兴五大目标，培育了一批富有民族特色的品牌、文化产业、文化产品，建立了17个产业示范基地和7个畲药生态园，15个省级乡村振兴试点村，这些村落在闽东畲村经济文化建设中起着各具特色的示范引领作用（见表4.5、表4.6），部分村落已率先入选农业农村部全国15个乡村振兴典型案例村、2019年度福建省乡村振兴重点特色乡（镇）及乡村振兴实绩突出村等名单，在乡村各项事业推进中相关村落的变化日新月异。

表4.5 入选农业农村部全国15个乡村振兴典型案例村、2019年度福建省乡村振兴重点特色乡（镇）及乡村振兴实绩突出村名单

序号	乡镇、村名	类别	所在县市
1	“中国扶贫第一村”赤溪村	农业农村部全国15个乡村振兴典型案例村	宁德福鼎
2	宁德市福安市穆云畲族乡	2019年度福建省乡村振兴重点特色乡	宁德福安
3	九都镇九仙村	2019年度福建省乡村振兴实绩突出村	宁德蕉城
4	潭头镇渔溪洋村	2019年度福建省乡村振兴实绩突出村	宁德福安
5	八都镇新楼村	2019年度福建省乡村振兴实绩突出村	宁德蕉城
6	盐田畲族乡二铺村	2019年度福建省乡村振兴实绩突出村	宁德霞浦

资料来源：作者根据相关资料整理。

① 黄国璋:《宁德市人民政府关于推进少数民族乡村振兴工作情况的报告》，宁德市人大常委会网，2020年7月21日。

表 4.6　　宁德市首批福建省民族乡村振兴示范点培育名录（2020 年）

序号	村落名称	所在县市	序号	村落名称	所在县市
1	福安市穆云畲族乡	宁德福安	13	福鼎市磻溪镇赤溪村	宁德福鼎
2	蕉城区金涵畲族乡	宁德蕉城	14	福鼎市太姥山镇方家山村	宁德福鼎
3	蕉城区漳湾镇雷东村	宁德蕉城	15	霞浦县三沙镇东山村	宁德霞浦
4	蕉城区七都镇北山村	宁德蕉城	16	霞浦县水门畲族乡茶岗村	宁德霞浦
5	蕉城区金涵畲族乡上金贝村	宁德蕉城	17	霞浦县崇儒畲族乡霞坪村	宁德霞浦
6	蕉城区九都镇九仙村	宁德蕉城	18	霞浦县盐田畲族乡二铺村	宁德霞浦
7	福安市穆云畲族乡虎头村	宁德福安	19	古田县平湖镇富达村	宁德古田
8	福安市穆云畲族乡溪塔村	宁德福安	20	寿宁县南阳镇坝头村	宁德寿宁
9	福安市坂中畲族乡仙岩村	宁德福安	21	周宁县咸村镇云门村	宁德周宁
10	福安市康厝畲族乡金斗洋村	宁德福安	22	柘荣县楮坪乡湾里村	宁德柘荣
11	福安市松罗乡后洋村	宁德福安	23	屏南县甘棠乡巴地村	宁德屏南
12	福安市甘棠镇过洋村	宁德福安			

资料来源：作者根据福建省民族与宗教事务厅官网相关信息整理。

伴随着特色村寨建构的有序推进，闽东畲村的公共文化空间建构也取得了突出成效。闽东畲村传统的公共空间主要有祠堂、家屋、庙宇、歌寮、街道、戏台、火炉塘、郊野等场所，现在畲村的公共文化空间明显发生了巨大的改变，如文化站、文化广场、农村文化中心、畲族文化展示馆、农家书屋、文化公园、畲歌研习所等。近年来，相关民族乡村在公共文化空间建构方面投入了大量资金，已建设四级民族文化站、文化室、传习所（基地）等文化基础设施140多处①，对几乎所有民族村的宗祠、牌坊进行了整修或新建，将闽东畲村最早建立的6个村级文化站建设列入2020年美术馆、公共图书馆、文化馆（站）免费开放专项资金，改建或新建畲村文化广场、文化公园48座，已在猴盾、上水、金斗洋等村兴建现代式“歌楼”“凤凰台”多座。为

① 黄国璋：《宁德市人民政府关于推进少数民族乡村振兴工作情况的报告》，宁德市人大常委会网，2020年7月21日。

了紧跟时代发展，政府部门与相关村落上下发力，通过政策扶持、示范村建设、文化宣传、产业园区建设、中华民族共同体意识建构等，进一步拓展畲族特色村寨文化空间建设。多个乡、村分别被国家民委授予民族团结进步创建活动示范乡镇、示范村，20个民族村列入市乡村文化振兴示范村建设名单，结合这些村落的培育，合力营造民族团结进步和中华民族共同体意识建构的文化氛围，打造更多的全国民族团结进步模范村和教育基地，并联合宁德电视台《多彩畲族》栏目和微信公众号（如畲韵穆云微信公众号）等，共同传播畲族优秀传统文化，构建具有现代文化特征的乡村聚落，如美丽乡村示范村、美丽宜居示范村、乡村振兴示范村、美丽乡村特色精品村、生态文化基地、特色农家乐示范村、文化示范村、最美村庄、最具魅力乡村、最美休闲乡村、历史文化名村①等，使闽东畲族村落呈现出更具时代文化特征的乡村聚落建构模式优势，即文化设施更加现代化、文化空间功能更加多样化等。

四、产业化开发建构模式

闽东畲族村落文化作为一种直接或间接产生经济利益的“文化资源”，可按照文化规律通过产业化开发获得可持续发展。闽东畲村文化建设离不开政府的多方面扶持，广大畲村的发展逻辑始终与政府的运作机制相衔接，其中起主要作用的是项目资金的不断投入，即少数民族村落的发展也已深深地嵌入政府的各种项目之中②。但政府的财政资金是有限的，所以畲村文化现代性建构及乡村振兴还须依靠社会多方资本的协同嵌入，如畲村生态文化资源产业化开发、“文创乡村”“农商文旅”融合发展新模式的推广等均离不开社会资金

① 曹红亮、张扬等：《长三角地区乡村文化建设的主要模式研究》，《上海农业学报》2021年第3期。

② 雷李洪：《资本再生产视角下的民族村落发展——以闽东狮墩畲村的发展为例》，《宁德师范学院学报（哲学社会科学版）》2016年第2期。

的投入。就目前闽东畲村文化生产性开发与保护情况看，主要采用项目带动、村企对接互赢、“文商旅综合体”开发和“立体产业”等模式。

（一）项目带动模式

闽东畲村文化建设资金的吸纳主要靠引入项目实现，即引入项目已成为基层政府化解畲村文化建设难题的重要方式。也就是说，闽东畲村文化的现代性建构与发展必须依托项目的生成落地，才能实现“大跑大项目大发展”① 的目标。经过近几年的实践，人们发现“公司+农户”等惯常模式很难把畲村的文化产业做大做强，也难以加快建成相当规模的畲村文化特色产业基地，村落更难获得文化产业的根植性和生命力。于是转而遵循“项目带动、链条延伸、产业集聚”的发展路径，即凭借项目带动，广泛唤起民营企业对接畲村发展文化产业的热情，积极参与闽东畲村文化产业建设中去，推动畲村文化产业的创新性跃升。例如，闽东畲村文化旅游精品项目是上金贝等畲村的主打品牌项目，借助多方资金的投入，打造生成七条精品线路组合而成的生态文化旅游网络，且这一项目以畲族村落文化为载体，以全面复兴畲村文化为目标，包括畲族农耕文化、畲村生态文化、非遗文化的传承与开发等，吸引了大批民营企业参与构建畲族文化旅游体系，将畲族民俗文化、茶文化、银饰工艺、畲族剪纸文化等与民族旅游紧密融合，打造生态文化旅游产品超市，并通过实景展出促进畲族各类特色产业的互动局面。又如，以蕉城、福安、霞浦、福鼎等县市政府主导的“闽东畲族生态文化产业实验区项目”，畲族文化为主题的产业园、民俗文化村、主题游乐园、两岸三地畲族文化合作园等项目建成后，众多的畲村，包括亭坪、上金贝、琼堂里、金涵、院后、中前、金峰等，自此有机连成一片，形成了集文化旅游、工艺美术、民俗风情、寻根访祖等于一体的畲族生态文化综合性开发产业，有力地推动

① 雷李洪：《资本再生产视角下的民族村落发展——以闽东狮墩畲村的发展为例》，《宁德师范学院学报（哲学社会科学版）》2016年第2期。

了相关村落文化的现代性开发与发展。同时，通过非遗文化保护和活态传承，原真性地展现畲村本土化的乡村生产文化、日常生活百态和畲族手工技艺，积极培育畲家传统手工艺传承人，全方位共建“畲村文化产业实验区”，创新项目运营模式和合作机制，推动畲村经济文化融合式发展，使畲村成为“宜居、宜业、宜游的生态家园”。

（二）村企对接互赢模式

结对帮扶是政府推行的富裕地区帮扶落后地区发展的行之有效的策略。畲族人口最集中的福建省较早提出了“挂钩帮扶”这一政策，其中《关于加快我省少数民族和民族地区经济、社会发展若干政策措施》（1998 年）提出了开展对口支援挂钩帮扶活动，以促进民族团结进步事业的发展。2005 年，中央提出“生产发展、生活宽裕、乡风文明、村容整洁、管理民主”的社会主义新农村建设方针，美丽乡村建设也成为各畲村的建设新方向。在此背景下，各地政府积极引领畲族乡村开始探索社会主义新畲村和美丽畲村建设的路径，“农业合作社”“一村一品”“造福工程”“挂钩帮扶”等一系列措施先后在广大畲村展开。村企对接互赢开发就是随着“一村一品”建设逐步发展而形成的一种包括畲村文化在内的发展模式。村企对接互赢模式主要包括村企结对模式、企业投资参与模式、村企合作开发模式、“公司＋农户＋基地”模式、“公司＋合作社＋农户”模式等。随着“百企结百村”“千企结千村”“万企联村”活动的深入开展，村企对接互赢模式已成为当前闽东畲村文化产业开发和民族乡村社会发展的最主要策略之一。当然，共建就是合作，合作追求共赢。要通过村企共建，使参与各方各取所需、各得其所，实现互利共赢[①]，这是企业和畲村发展产业的共同目标。在村企共建开发新畲村过程中，参与各方实质上是一种合作关系，彼此各有所长、各有所需，相互依存、相互补充[②]，但现如今大部分畲村均是地处较为偏

① 陈世龙：《对村企对接共建美丽乡村的思考》，《政策》2017 年第 10 期。
② 赵清荣、刘永平：《文物保护利用工作服务安阳经济社会发展能力探析》，《安阳师范学院学报》2019 年第 1 期。

远、贫困的山村，要想通过村企对接建设美丽新畲村，就必须因村施策，探索出行之有效的措施，将各个规划、各种项目、各类资金、各方资源整合起来，形成合力，走产业化开发之路，为民族文化全面振兴打好基础。

一是村企结对帮扶模式，即通过开展村企结对，由一家或多家民营企业与一个村形成共建关系[①]。广大畲村经济发展滞后，民生条件差，许多问题长期积累，难以得到解决，经济文化发展远远跟不上城市步伐。随着城市反哺农村工作的深入，民企直接参与畲村文化建设的作用和优势日益凸显。民企与畲村有着天然的依存关系，最熟悉畲村民族文化资源的开发价值，能选择最为有效的开发方式，促进资源的生成和利用，增加村落文化附加值。例如，宁德市先后有120多家大型民企参与新畲村建设，村企对接开发畲村生态文化资源有效地吸纳了畲族地区劳动力，为畲村社会公益事业的发展做出了贡献。2010年至今，猴盾村与大不同茶业有限公司结成帮扶对子，得到先进的生产技术、科技管理指导，并对天湖茶场进行改造，使其达到绿色食品标准[②]，且该产品被植入畲茶文化元素，提升了产品的附加值，实现了企业、村落、文化的互利共赢式发展。如今，村企结对模式已在实践检验中获得成功，并在乡村振兴战略实施的过程中继续发挥其有效作用，以调动畲村一切积极因素，促进畲村文化资源开发成效和经济文化发展。

二是企业投资参与模式。建设新畲村的首要目标是发展生产，而乡村振兴的基础是产业振兴，发展畲村经济需要联合多方力量，因村制宜，吸引企业投资发展民族乡村文化产业，做好民族文化产业发展这篇文章。蕉城区漳湾镇雷东村是闽东地区典型的滨海畲村，造船业等是其重要的传统手工业，相关民间手工技艺一直传承至今。2016年，东泰造船厂等8家企业落户宁德市漳湾镇雷东村，吸引众多重点

① 李益长、伊漪、陈丽冰：《畲村生态特色产业发展与民企对接互赢模式创新研究——基于闽东畲村的田野调查》，《宁德师范学院学报（哲学社会科学版）》2014年第4期。

② 李益长：《中文系暑期调研团活动总结》，百度文库，2020年1月13日。

项目入驻。首先，占地250亩、投资2亿元的东泰造船厂落户漳湾镇雷东村，而后，总投资3.6亿元的立业管桩项目也选择了漳湾镇雷东村。随着越来越多的大型企业入驻，雷东村畲民借助“9·8”投洽会平台，以自身优势，内引外联，在培养村落手工技艺能人的基础上，引进大量企业和资金，落实建设多个产业项目。随着企业直接投资的浪潮兴起，雷东村百业俱兴，村落文化资源开发前景喜人。近年，雷东村还依靠企业投资优势，大力发展畲村特色旅游文化产业，以精品旅游为主轴，推出“学包畲家粽”“竹竿舞”“畲歌畲舞”“民俗祈福观摩”“二十四节气鼓”等民族特色体验项目，吸引了大量的群众参与，他们通过参观民俗博物馆、革命纪念馆，品尝畲家擂茶、畲家乌米饭等生态饮品、食品，极大促进了畲族村落文化的传承与发展。

三是村委或企业领导兼职模式。畲族村落相对比较偏僻，交通、教育等基础设施落后，村落大专以上学历的人才寥寥无几，村委干部通常是当地能人或由资深乡贤返乡任职，往往在村民农业合作社、村企等处兼任职务。这些村落能人既是畲村经济的领头人，也是村落的领导者和管理者，由于身兼多职，他们社会威望高，村落治理理念往往也比较先进，善于通过统筹兼顾，将有限的人力物力运用到极致，带动畲村经济文化逐步走上振兴之路。例如，在村委干部或企业能人的带动下，穆云畲族乡王楼村被评为市级“互助资金试点村”，大量畲族群众获得了国家贷款和华能福州电厂等企事业单位的支持，着手整治村落环境和文化设施，修建文化活动中心、农家书屋，培育畲族文化传承人，协同周边畲村合力开展畲族节俗文化活动。2020年该村获评省级“家园清洁村”之后，村落文化得到进一步的有效保护，生态经济和文化产业不断获得较大发展。又如，上金贝村委会成立的上金贝农业开发有限公司是典型的村企共建公司，村委兼职企业管理阶层，他们熟悉村情，具有企业管理经验，很快便将上金贝村打造成了远近闻名的特色村寨（见案例2）。

案例2 上金贝村

上金贝村隶属宁德市蕉城区金涵畲族乡，距离城区6千米，有畲族人口300多人，属纯畲村。上金贝过去是贫困村，由于田地少，森林资源不丰富，经济来源匮乏，群众生活水平较低。上金贝的华丽转身起始于2006年。当时，上金贝村成立了农业开发公司，实行村委与企业能人共同领导的村企合作互赢模式发展村落产业，带领群众发展农业。随着政府扶持力度加大和越来越多的项目引进村落，经过10多年的发展，上金贝村成了闽东有名的畲村之一，区级以上的荣誉称号近30个（见表4.7）。

表4.7 上金贝村主要荣誉称号

序号	荣誉称号	获评时间	序号	荣誉称号	获评时间
1	福建省最美乡村	2006年	14	福建省四星级乡村旅游经营单位	2012年
2	福建省社会主义新农村建设示范村	2006年	15	全国文明村	2012年
3	市级新农村建设示范村	2006年	16	全国民族特色村寨试点村	2012年
4	区级新农村建设示范点	2006年	17	福建省十佳生态旅游村	2013年
5	市级治安模范村	2007年	18	全国农业休闲与乡村旅游示范点	2014年
6	省级“先进基层党组织”	2008年	19	市级治安模范村	2015年
7	宁德十大最美乡村	2009年	20	省级畲族文化生态保护示范点	2015年
8	福建省生态示范村	2009年	21	全国美丽乡村建设示范点	2016年
9	福建省“旅游名村”	2009年	22	宁德市首批普惠金融信用村	2019年
10	全国生态文化村	2010年	23	中国美丽乡村休闲旅游行（夏季）精品景点线路	2019年
11	全国人口与计划生育村民自治示范村	2011年	24	福建省民族乡村振兴示范点	2020年
12	平安蕉城建设先进集体	2011年	25	第二批全国乡村治理示范村	2021年
13	全国少数民族特色村寨	2011年	26	福建省美丽休闲乡村	2022年

资料来源：作者根据相关材料整理。

四是“政府+合作社+企业”合作开发模式。它是指企业把技术、资金、市场等优势与农村的土地、劳动力等要素紧密结合起来，实现多方发展的融合与共赢。近年来，宁德市立足畲乡实际，鼓励和带动企业与畲村合作发展文化产业的积极性，引导畲族乡村沿着“一村一品”“一村一优势企业”的发展方向，促进畲族乡村生态文化产业不断发展。在村企合作开发背景下，相关数据和闽东畲村文化产业发展趋势表明，闽东畲村特别是9个畲族乡的生态文化产业特别是文化创意产业的比重正日益提高，如以“珍华堂”“盈盛号”为代表的畲族银饰产业等。随着美丽乡村建设和乡村振兴战略的提出，相关村落开始进一步与企业合作开发畲村文化资源，发展乡村产业，并取得了一定成效。福安溪塔、虎头、金斗洋等村落利用特色村寨的辐射作用，先后共投入企业资金6000多万元用于特色村寨的农业、旅游、美丽乡村等项目建设，同时结合“生态宜居”理念，推动民族村“美化、亮化、绿化、净化”工作，将乡村生态发展与文化产业化开发相联系，建立了17个产业示范基地和7个畲药生态园，大部分村、镇已形成“一乡一业、一村一品”的发展格局①。随着畲村合作社和企业投资的加大，溪塔、虎头、金斗洋等畲村现已打造成集特色农业、畲族文化、乡村生态游于一体的少数民族特色村寨，每年定期举办旅游节——“桃花节”，吸引的游客逐年增加，约达100万人次，旅游总收入近1000万元。为提升生态产业的民族文化内涵，宁德市相关县市相继成立了畲医药研发中心、畲族文化研发中心、文化产业协会等，立体式挖掘畲村文化资源的当代价值，尝试文化产业发展的新可能、新路径。同时，借助畲族“三月三”“二月二”等文化品牌，通过举办传统文化节以及融入现代文化元素的民族文化展示周、少数民族丰收节等重要活动，增加民族文化辐射力，以促进畲族民俗、体育、畲舞、手工技艺等优秀传统文化与畲村产业的融合开发与协同发展。在推进少数民族乡村振兴过程中，福安市社会各界十分重视畲族文化的

① 王志凌、何小丽：《靓丽畲家寨 精彩振兴路》，《闽东日报》2019年10月16日第1版。

发展，先后组织创建畲药研发中心、畲歌协会、畲歌研习所等。其中，福安畲族文化中心投资巨大，创建之后一直专注于开发畲族旅游产品，如畲族彩带、畲族包、竹木编织品、银饰工艺品等。同时，还拓展“三月三”文化节的发展空间，将节庆民俗与校园文化对接，联合举办畲族“三月三”校园文化节或文化周等大型文化交流活动，扩大和提升畲族文化品牌影响力，积极将文化与产业融合，探寻文化创意发展之路，将“畲”元素注入医药、武术、服饰等乡村产业之中，谋求双方的融合式发展。半月里村以“村党支部＋摄影导游团队＋公司＋村民”模式，组建畲村民俗文化公司，将畲族婚俗展演、摄影比赛等文化活动与乡村旅游相融合，打造畲村摄影品牌；“珍华堂”“盈盛号”等与畲族银饰相关的知名企业创立国家级研发中心或文化产业示范基地，相关项目入选全国特色文化产业重点项目；金涵畲族乡在民企的扶持下着力优先发展少数民族乡村特色旅游产业，充分利用中华畲族宫、上金贝等优势村落生态文化资源，连接海峡两岸少数民族丰收节等节俗文化，推进以文化产业为主的“宁德工艺博览城”建设进程，全面助力畲村文化创意产业发展。如今，“政府＋合作社＋企业”合作开发模式很大程度上依然适合广大畲村，值得更加广泛地推广。各畲村正加大与企业的合作力度，不断扩大经营规模，提升品牌的知名度，为畲村特色文化产业发展注入生机，发展畲族村落多样的生态文化特色经济[①]。

（三）“文商旅综合体”开发模式

“文商旅综合体”开发模式是闽东畲族贫困山村文化产业发展的创新之举，主要通过文化、商业、旅游融合发展，以“旅游＋农业”“旅游＋体育”“旅游＋人文”“旅游＋历史”“旅游＋文创”“旅游＋药膳”等模式，实现文化、商业、旅游价值的共荣共生，以期实现畲村经济文化由单方面发展向文商旅综合带动的方式转变。其一，

① 李益长：《闽东畲族村落文化的价值与开发研究》，《宁德师范学院学报（哲学社会科学版）》2013年第1期。

深度挖掘旅游景点的文化内涵。如屏南巴地畲村，相关开发方正逐步完善一系列的文化主题，如以闽台少数民族文化为代表的海峡两岸交流文化、以畲族火龙舞戏为代表的非遗文化、以明清古建筑为代表的村落文化、以元宵节民俗游园活动为代表的畲族节俗文化，以及佛教文化、道教文化、摩尼教文化等，找寻该村更多的文商旅开发契合点。其二，依托旅游景区带动商业发展。如福鼎赤溪村凭借太姥山、鲤鱼溪旅游资源的辐射力汇集人气，"因村制宜"开发村落文化资源，形成富有特色的"文商旅综合体"，提升村落文化产业发展质量和开发效度。其三，促进文化、旅游与商品的价值共生。通过对畲村文化内涵的挖掘，乡村旅游可吸引更多人气，提升畲村文化价值和商业利益，文化旅游活动的深入开展又帮助打造高品质文化和旅游品牌，如"宁德世界地质公园文化旅游节""畲族节庆歌舞《祥瑞畲乡》"等旅游项目植入了大量的畲族文化，扩大了畲村文化影响力，打造了更富吸引力的民族乡村文化名片，助推乡村旅游产业朝着全域化方向发展，旅游、文化、商业所带来的融合性价值在"文商旅综合体"中共融共生，形成自我循环、自我造血的机制，自然而然地实现畲族村落文化产业化开发目标。

"文商旅综合体"开发常囿于区位条件的限制，如靠近中心城区文化商业较发达，或靠近旅游景区而没有城市商业为依托的山区，更多地要依托自身的文化张力来实现产业发展。由于历史和地理原因，闽东畲族村落大都地处偏僻山区，环境恶劣，农村人口多而分散，产业落后，市场化水平极低，单靠旅游业难以惠及每一个村落，产业模式亟须拓宽、拓新。主要表现为：其一，文化产业创意化意识薄弱，市场意识、品牌意识不强，对文化创意产业认知不足。其二，文化产业本土化人才缺乏，人才引进机制不健全，相关从业人员良莠不齐，人力资源的不足将直接影响当地文化产业的可持续发展。其三，文化产品销售渠道单一，服务质量不高，产品的影响力较小，产业规模不够大。在此大背景下，闽东畲村文化产业更是普遍缺乏文化创意和品牌意识，竞争力薄弱，经营方式落后，品牌建设相对滞后[①]。其四，许多畲族村落生产生活条件恶劣，已不能满足人们对现代幸福生活的追求目标，村里人口大量流失，没有了相当规模的人力资源支撑，广大畲村的产业兴旺目标将很难实现。唯有人来了，村才能活，业才能兴。随着乡村振兴战略的实施，“文商旅综合体”开发模式还需在不断实践探索中完善，以期更好地助力闽东畲村文化发展。

（四）“立体产业”模式

产业振兴是乡村振兴最根本的驱动力，村落发展必须以产业为支撑，如若产业不发展，村落文明的进步定然只是一句空话。宁德市以畲村扶贫为起点（其中赤溪村被称为“中国扶贫第一村”），拉开全国扶贫的序幕。近年来，宁德坚持把发展畲村产业作为村落振兴的重要支撑，在推进畲村“一村一品”或“一村多品”的同时，正加大产业结构调整力度，确保每个贫困户都能参与多个产业发展，实现“立体式”“叠加式”覆盖[②]。“立体产业、立体扶贫”已成为宁德畲村扶贫开发的常态。首先，大力发展生态规模化产业，将传统农业与现代文化产业相结合，突出立体式发展理念，加大对村落文化资源的开发利用力度，形成区域特色。同时，按照“文化产业化、产业园区化、园区景区化”的总要求，把文化产业与“两山”理念、乡村景观打造、乡村治理等整合起来，发展立体式大产业。其次，坚持发展立体文化产业，即利用畲村现有文化资源，从上而下兼及文化创意产品深加工，力求延长文化产业链，植入文化创意元素，实现畲族村落文化开发性保护与产业发展的双赢目标。最后，打造村落示范性文化精品产业，相关村落基本采用“公司＋合作社＋基地＋农户”的发展模式，将单纯的传统农业生产全方位拓展为“种、养、加、游”（即有机茶业种植开发、特种养殖、食品加工、自驾游）为一体的生态立体产业，如

① 李益长、伊漪：《闽东畲族生态文化资源与文化创意产业融合发展研究》，《宁德师范学院学报（哲学社会科学版）》2016年第1期。

② 张周虎：《立体产业立体扶贫——水城县集中力量打好产业扶贫硬仗》，《当代贵州》2019年第29期。

福鼎方家山畲村利用白茶生产基地，将全村个体化茶文化产业与绿雪芽等知名企业汇聚在一起，走上了创新式发展道路。该村茶园面积2100多亩，森林覆盖率90%以上，茶文化浓厚，引进福建天湖茶业有限公司，建设白茶研究基地、春福茶业专业合作社、畲家茶叶专业合作社、茗贵茶业专业合作社，联合21家茶企组建福鼎市方家山畲寨生态白茶合作联社，合作联社企业与茶农签订产品质量承诺书，并创建茶叶加工厂、联合加工生产车间和联合仓储厂房等，以保障产品在产、供、销等方面统一施策，打造集畲家白茶历史文化展示、茶旅结合的生态立体示范性精品产业。2020年5月首个国际茶日，方家山畲村承办第五届宁德市慈善文化节，宣传和弘扬慈善文化、茶文化；至2021年，连续三年举办“三月三”畲族歌会暨白茶故里（方家山）文化节，并将喊山祭茶、斗茶赛、茶文化研讨会融入节庆活动，评选畲村最美十大茶人和生态白茶推广大使等，不断提升方家山“白茶故里”旅游品牌知名度和美誉度，为畲村走向振兴摸索出一条集“畲族风俗、茶产业、旅游业”于一体的畲村经济文化发展新路子[①]。

五、新媒体与数字化建构模式

新媒体是在全新技术体系支撑下出现的新的媒体形态，相对于原有的媒体，被称为“第五媒体”。新媒体的发展给民族非遗文化的传播提供了新的途径，但是也给强势文化插上了翅膀，使强势文化的传播更加畅行无阻，对民族文化现代性建构产生新的可能和深远影响。文化是活着的生命，只有不断地传播才能保持生命力，而媒体是文化传播与保护的重要工具，随着科技的发展，文化数字化已成为文化保护与传承的新路径。文化遗产是传统文化的精髓，畲族村落文化是民族文化的智慧结晶，宣传和保护畲族村落文化遗产就是在保护和宣传畲族文化。畲族村落文化具有无形性、传承性、实践性和活态性等特

① 林强：《福鼎方家山村：茶叶富一方，畲村奔小康》，《闽东日报》2021年4月21日第1版。

点，这些特点决定了相关文化保护需要各方专业人士的通力合作，而数据化在其间发挥着巨大的作用和优势。

（一）运用电视、网络媒介改变畲村文化传播路径

电视、网络等媒介的普及改变了畲村与外界联系的通道。20世纪90年代，畲族群众在家听畲歌、看民俗表演主要还是靠广播、电视。随着近年来自媒体、网络的普及，人们开始用手机、电脑浏览网页，甚至制作和观看视频，随时随地传送、转发亲历的故事或畲村里的文化活动，拉近了人与人、村落与外界的距离，加快了畲族村落文化的传播速度。为此，10多年来，闽东各地政府、企事业单位等建设了大量网站，全面传播畲族文化，如畲族网及其微信公众号、福宁清风微信公众号等。借助网络，人们可以不受时间限制获得所有关于畲村文化活动等方面的信息，政府和各畲村、社会团体、机构、学校等也充分利用网络大力传播畲族文化。首先，电视、网络成了宣传民族文化政策的重要阵地，借此党的民族文化政策、地方的民族文化工作精神等日益深入人心。借助电视、网络，在民族文化教育工作、民族团结共进、非遗文化保护等相关政策、精神的引领下，人们的畲族文化保护意识不断增强，工作方法不断改进，提高了畲村文化保护与传承的成效。其次，借助电视、网络，弘扬畲族文化拥有了“信息高速通道”，让畲族文化“飞”出大山进入每一位公众的视野。通过宁德电视台的《多彩畲族》，人们系统认识了闽东畲村优秀的传统文化及畲乡文化变迁，了解了许多不为人知的畲族非遗，如畲族提线木偶戏所演绎的《锦香亭》《钟景棋》《戏状元雷海清》《钟良弼》等畲族传统历史剧[①]。最后，利用网络鼓励人们大胆创新，开拓畲族村落文化发展新局面。通过上传网络小视频让人们在线观赏省级非遗传承人吴孙存巧手编织畲族花斗笠的全过程；观看“网红”畲小仙雷清梅如何带领群众成立“畲村畲语”宣讲小分队，用畲歌畲语宣讲新思想，了解她如何热爱畲村，如何利用抖音等直播平台用更符合现代人口味的方式传播

① 龚键荣：《宁德：弘扬传承传统文化 让畲族文化焕发光彩》，宁德文明网，2021年5月17日。

文化，如“畲服换装”“抗疫畲歌”等[①]，并将现代流行元素和原生态畲族文化相结合，提升畲族文化魅力的创新性尝试；通过网络平台等现场直播“畲族廉政文化专题文艺汇演”等活动，采用文化讲堂、方言评书、畲族红歌联唱等形式，通过微信、网站等媒介，让畲村文化“走进家庭、融入社会、根植人心”[②]。

（二）借助现代媒体促进闽东畲族村落文化的传播

利用当前最流行、受众面最广的传播方式进行畲族文化传播，传播方式应兼顾对内与对外两个基本方向，努力给予受众强大的吸引力和影响力，特别是顺应年青一代获取信息的习惯，满足他们更愿意在虚拟空间里学习民俗知识、展示民族风土人情的客观需求。总之，新媒体和网络在畲村的普及，为当前畲族村落文化的传播和接受带来了新变化，改变了畲村文化的传播和接受习惯，促进和加快了畲族村落文化的发展。

闽东畲歌以电影为媒介走进公众视野最早可追溯至1982年，当时在福安畲村取景拍摄的首部畲族题材电影《喜鹊岭茶歌》在全国放映，引起重大反响，不仅在信息闭塞时代让全国观众直观地感受到了畲族民俗文化、畲茶文化和畲族风土人情，还为人们借助电影、电视等媒介传播畲族文化确立了新的模式。之后，又陆续拍摄《十七》《茶子》《山哈女友》以及近年拍摄的具有史诗意义的《梦归山哈》等一系列畲族题材电影。这些电影的成功拍摄和放映，为畲族文化传播和发展起到了重要作用，其中《山哈女友》获第十三届世界民族电影节优秀奖，《梦归山哈》中纯正畲语、畲歌等的运用为电影传播畲族文化探寻出了更深层次的创新路径。闽东畲村广播、电视、网络、手机等的普及，为畲族文化的传播开辟了一条更加迅捷、宽广的路径。例如，电视连续剧《山哈闹海》，宁德电视台打造的《多彩畲族》系列栏目，中央电视台《海峡西岸行》《走遍中国》等栏目组拍摄的畲

① 郑雨桐：《畲族“网红”唱响创新畲歌》，宁德网，2020年6月19日。
② 宁纪轩：《宁德：扬畲规畲训 树孝廉新风》，《闽东日报》2019年6月17日第1版。

族文化节目，福建电视台等主流媒体拍摄的展示畲族风情的节目，湖南卫视播放的电视剧《希望的田野》[①]，以及由畲村民扮演以展现畲族群众生产生活、民族特色文化的微电影，其他各种媒体对畲族非遗传承人、畲族节庆活动、畲家美食等内容的报道等。这些作品或节目均为当前畲族村落文化大众传播的主要成果，借助这些成果，畲村精彩的文化、丰富的文化事象、动人的故事被迅速传向世界各地，有力地推动了畲村文化发展。

（三）自媒体背景下万众介入畲族文化建构与传播

随着直播平台的兴起，畲族青年上网当主播传播民族文化时有出现。宁德蕉城的“95后”畲族歌手雷清梅是典型一例，她穿畲服、唱畲歌，通过网络直播成为畲歌网红[②]，并由此登上央视新闻联播头条。近年来，随着视频直播的盛行，山哈郎钟神滔、畲小仙雷清梅、雷林清、雷寿玉、钟云声、雷佳、钟建斌、汉姓畲族李枝枝等众多闽东畲族网民开始自觉录制视频或视频直播畲族文化节目。相关视频或以畲村景点为背景，或以自创畲歌畲舞展示为特色，或以民间技艺现场示范操作为“卖点”，或借助直播提升儿童学习畲歌、畲语、畲舞的积极性，或以直播为手段全程多维再现畲村文化原真性样貌、畲族节俗节庆盛况以及畲族文化交流现场等，既丰富了畲族文化传播的路径和内容，又增添了畲族文化的原生态魅力。例如，雷清梅利用抖音、微信、微博等平台传播自己原创畲歌作品《畲乡歌谣》《畲山茶歌》等，连续多期直播其主讲的“畲语、畲歌培训”，组织畲族群众在上金贝畲家寨广场直播演唱畲歌或畲语版《唱支山歌给党听》等。又如，雷寿玉经常借助抖音直播，指导儿童用双语学畲歌，既运用丰富多样的演唱方式激发儿童学习畲歌畲语的兴趣点，又让儿童在双语互换演唱中深入理解歌词，提升学习和传播畲族文化的效果。她双语教唱畲

---

① 《理想照耀中国》之《希望的田野》于2021年5月27日在湖南卫视播出，该剧讲述宁德福安畲族姑娘雷金玉带领群众脱贫致富的故事，主要取景地为福安穆云畲族乡玉林村。

② 陈赞琴：《论畲歌的数字化保护与传播》，《齐齐哈尔大学学报（哲学社会科学版）》2020年第5期。

歌《劝君善待盘中餐》:“一粒米、一粒饭，一粒汗水裂八瓣。浪费容易勤俭难，劝君善待盘中餐。一粒米、一粒饭，一串汗水裂八瓣。入奢易，入俭难，劝君善待盘中餐。”从其教学过程看，方法新颖，充满童趣，内容丰富，体现畲族家教理念、传统思想和当代价值观。总之，从畲族文化爱好者和传承人发送的那些视频和直播来看，相关作品主要包括畲歌、畲村生产活动、畲茶、畲服、畲银、畲家美食、畲村旅游等最具畲族传统文化特色的精品内容，且没有过多艺术加工和虚拟场景，操作简易，相对容易实现全民参与传播、共享畲族文化之目标。在今后的畲族村落文化传播与现代性建构中，这种及时、便捷、生活化的传播模式将继续推动畲族村落文化不断创新发展。

（四）建构和壮大闽东畲族村落文化网络传播力量

网络的发达和平台搭建的多样化对于少数民族文化传播而言无疑是一种新的契机。从近年新媒体的利用实践来看，“多彩畲族”“畲家文化传播”“三月三畲族文化传媒”等传播栏目或网页，将闽东畲族民俗文化以影像、图文等形式通过网络平台迅速传播，为广泛联系畲族群众以及关注畲族、期望了解闽东畲族村落文化的人们开启了快速通道。

一是搭建官方网络平台。政府建设的相关网站由于信息权威、可靠性强，其对于促进畲族文化的传播也必然更加有力。2009 年 11 月，全国首个畲族官网——福安畲族网建立，借此闽东畲族文化得到了更加广泛的传播，人们通过网站可以全方位了解畲乡特色文化、特有风貌、畲汉团结等方面的内容，对于畲族文化的弘扬起到巨大作用。此外，一些政府官网也开设了畲族文化专栏，这些网站对于畲族文化展示、交流、宣传等均起到了重要的作用。目前，闽东各地相关部门正着力将网络的多种功能整合起来，将其运用到畲族村落文化传播中去，如将相关网站链接全国乃至全球知名的网络搜索引擎，或链接国内知名网站，增加被点击的概率，提高知名度。

二是重视民间网络宣传力量。民间网络传播有其独立性，信息传播自由、迅速，由于参与人数众多，信息涉及面广、来源渠道多、更新速度快，有力地弥补了官网的不足。如当前广大畲村的网络通信已得到普及，大量群众已掌握无人机、360度全景相机拍摄技术，并能借助抖音、微信、QQ、直播间等网络平台现场直播畲村民族文化活动，或推送与畲族文化相关的短视频、图片、表情包等，让广大关心和热爱畲族文化的民众参与线上交流，并通过观看、点赞、转载、评论等方式广泛交流，有意无意地传播畲家风情，分享畲村见闻。一部分畲族网民还利用个人网络空间开设富有畲族文化特色的专栏，适时更新畲村文化发展动态，主动为美丽畲村建设传送正能量。此外，由于大量畲族群众介入本民族文化网络传播，民间各种行业均十分重视畲族文化的网络宣传力量建设，如畲族文化活动的组织、民族产品的推销、民族政策的宣传、民族文化的交流与传承等。在这些行业力量的助推下，畲族文化网络传播的通道愈加顺畅，其已成为畲族文化发展最重要的现代手段，简言之，民间网络宣传力量的引导与培育，已成为畲族村落文化发展的最重要路径。

三是构建网络社区，集聚畲族文化传播正能量。网络社区即网上特有的一种虚拟社会，是一个数字化技术支撑的拟想社会空间。网络社区的沟通形式主要有BBS论坛、直播间、博客、播客、推特等。通过BBS论坛、直播间等传播方式，可以更加有效地开展畲村文化线上交流，拓展民族文化传播和传承空间。虽然加入网络社区的成员身份多样，文化传播的路径选择也因人而异，但是不管出于何种目的，他们的网络社区活动，均直接或间接地推动了畲族文化的传播与发展。开设博客或播客，也不失为一个好的传播途径，一些博客以宣传闽东畲族地区自然风光、民俗风情和医药美食为己任，积极地传播了闽东的畲族文化。而贴吧是一种基于关键词的主题交流社区，部分民间网络传播力量把贴吧作为本民族文化宣传的一块重要阵地，如百度“畲族吧”，他们在共同感兴趣的关键词“畲族”的号召下，在贴吧里专门贴畲族的相关帖子，自由开放地讨论畲族文化的问题，同时也宣传畲族的风光和村落发展现状。另外，畲族乡村普通村民自建的畲族网站、朋友圈、聊天群等，更体现出网络传播多样性的互动式传受关系，个性化传播特征更加明显。如雷清梅早在 2017 年就在“NOW”网络直播平台注册“畲姑娘”账号传播畲族文化，之后又在抖音、今日头条、微博等网络平台宣传畲歌、畲舞、畲服、畲家小吃等畲族文化。多年来，雷清梅一直以“畲小仙”为网名活跃于网络，通过直播和录制短视频等方式，将原生态畲族“双音”与现代音乐相融合，创作出更加符合现代年轻人审美的《畲山茶歌》《畲乡歌谣》，成为网络上小有名气的畲家“代言人”[①]。又如宁德人钟敏贤参与创办全国首家网上互动平台——畲族网，以富有畲族民族特色的风情民俗、畲语畲歌、民族历史等专栏，吸引大量网民共同传播畲族文化。这些网络社区空间对于闽东畲族村落文化传播将长期继续发挥重要作用。不过，只有增强畲族文化传播人员的中华民族共同体意识，提升他们传播民族文化的能力和素质素养，才能真正集聚起畲族文化传播的正能量，推动畲族文化的现代性发展。

① 庄严:《雷清梅：让更多人爱上畲族文化》,《福建日报》2022年8月5日第4版。

第五章 闽东畲村文化现代性发展及振兴策略

第一节　生产性建构：村落文化传承与振兴的动力机制

无论是民族文化传承还是对其进行现代性建构，最终的目标只有一个，即促进该民族文化可持续发展。民族文化既具有文化价值，又具有潜在的经济价值，只要合理开发，其文化价值便能转化为经济效益。为此，各民族大力开发自身丰富的文化资源，试图通过文化资源开发找寻促进民族文化发展的最佳路径。闽东畲村文化资源丰富，其现代性建构不仅有利于民族文化保护、传承与发展，也可为畲村之间创新开发模式提供可借鉴的经验，以促进民族乡村优秀传统文化的共同发展。但总体来看，闽东畲村文化资源开发与建构尚处于发展阶段，文化产业市场尚未完全形成，文化传承人及文化产业培育力度和经费投入不足，民族文化现代性发展及振兴仍需一个较长的探索过程。为此，应变被动为主动，走创新发展之路，激发闽东畲族群众的内生动力，走上生产性保护与传承的民族文化新型发展之路。但并不是所有的文化资源均适合产业化开发，所以，应着力做好村落文化资源分类保护工作。对于一些富含潜在经济价值、适合产业化开发的文化资源，应选择最佳开发模式，使其在开发中获得更好的保护、传承和发展。

一、生产性建构视角下文化现代性发展的动力因素

关于文化产业发展动力因素的分析研究，相关成果大多从文化资源禀赋、技术、人才、体制机制、政府、组织、市场、创新等层面展开论述，而创新、人才、政府三大因素一直是人们热议的焦点。首先，国内外学者都十分关注创新对文化发展的驱动作用。现代创新理论提出者熊彼特对文化市场和技术创新之间相互影响的研究具有现代视野，他认为人才是科技进步的重要推动者，人才无疑是文化创新的主体，唯有保证文化、技术创新，文化产品才能占有优势地位，进而支

配市场。塔什曼（Tushman）和安德森（Anderson）认为产业的创新伴随着技术的发展，任何产业缺乏技术创新很难求得可持续发展；斯顿曼（Stoneman）认为文化创新属于“软创新”，涉及机制、体制、管理、政策、组织、市场等多方面的创新。在学习西方理论和经验的基础上，我国学者在文化产业融合创新、市场机制创新、文化科技融合创新、文化消费创新等方面提出了一系列提振文化发展的因应之策，“创新”成为当前使用率最高的词语之一。其次，国内学者通过大量实证分析，将文化创新性发展协同动力列为“五大推动力”的核心，正是这些推动力的协同作用促进了文化的创新与发展。肖岚等学者通过构建 NIIP 模式（见图 5.1），基于市场需求、技术创新、投资、政策等方面的相互关联及文化产业内外动力系统综合作用力分析，认为正是在内源动力和外源动力的综合作用下，文化产业才能真正获得融合发展。此外，文化创新发展的最大推动者是政府，甚至一些科研机构、高校等产业支撑系统，其外源动力作用的实现也离不开政府的推动。

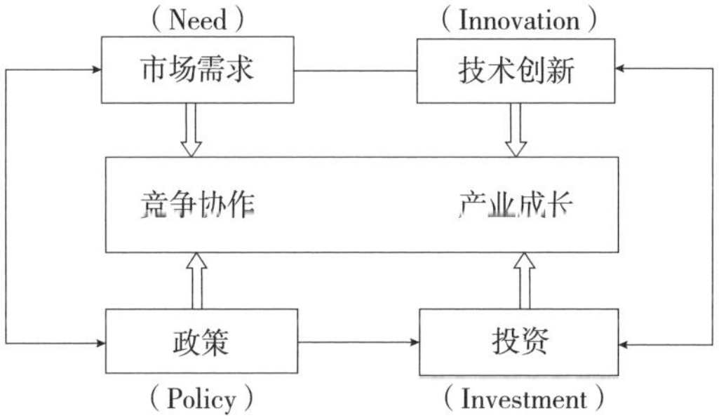

图5.1　NIIP模式

资料来源：向吉英，《产业成长的动力机制与产业成长模式》，《学术论坛》2005 年第 7 期。

（一）政策层面

从国家层面看，少数民族优惠政策涉及各个方面。全面实现小康，少数民族一个都不能少，一个都不能掉队[①]。党的十八大以来，国家通过脱贫攻坚、美丽乡村建设、乡村振兴战略等对少数民族地区优

① 语出习近平总书记2015年1月29日在国家民委一份简报上的批示，转引自周昭成、曾嘉雯：《一个都不能少：人民领袖的人民情怀》，求是网，2020年6月7日。

先扶持，民族地区成为脱贫攻坚战的“主战场”。各地也陆续发布相关政策文件，大力发展民族文化。如2014年中共中央、国务院的《关于加强和改进新形势下民族工作的意见》，2015年的《关于扶持民族地区加快发展的意见》等，旨在解决民族地区包括文化在内的发展问题，并推动相关政策措施的落实。2016年，国务院制定出台《关于印发“十三五”促进民族地区和人口较少民族发展规划的通知》（以下简称《通知》），各地以《通知》精神为指导，落实“一县一业”“一乡一特”“一村一品”产业扶贫项目，设计文化产业式保护、传承与发展新格局。《中共中央国务院关于实施乡村振兴战略的意见》（2018）、《中共中央国务院关于全面推进乡村振兴加快农业农村现代化的意见》（2021）等文件的出台，更是将广大民族乡村推向了时代发展的新阵地，民族乡村文化振兴也由此成为民族地区工作的灵魂。从闽东畲族聚居区来看，所在省市人民政府出台的相关民族政策层出不穷（见表5.1）。

表5.1　福建省人民政府、宁德市人民政府出台的民族政策相关文件（部分）

福建省人民政府	宁德市人民政府
《福建省人民政府办公厅关于贯彻落实少数民族事业“十二五”规划的意见》	《宁德市人民政府关于进一步繁荣发展少数民族文化事业的实施意见》
《福建省人民政府关于进一步帮扶民族乡加快发展五条措施的通知》	《宁德市人民政府办公室关于印发支持少数民族乡村振兴五条措施的通知》
《福建省民族民间文化保护条例》	《宁德市人民政府关于“十三五”促进民族地区发展的实施意见》
《福建省人民政府关于贯彻国务院“十三五”促进民族地区和人口较少民族发展规划的实施意见》	《关于进一步帮扶民族乡加快发展实施意见》
《福建省少数民族发展补助专项资金管理办法》	《关于开展民族乡村挂钩帮扶活动的通知》
《福建省人民政府关于加快发展民族教育的实施意见》	《宁德市畲族文化十年发展规划（2013—2022年）》
《福建省人民政府关于贯彻国务院进一步繁荣发展少数民族文化事业的实施意见》	《宁德市畲族文化保护条例》

资料来源：作者根据福建省人民政府、宁德市人民政府官方网站相关文件整理。

这些政策高屋建瓴，思路和目标清晰，能立足各地实际情况有针对性地从畲族的经济、文化、教育、民生等角度，因时因地施策，旨在加快民族社会发展和增强畲村文化的传承与发展活力。结合闽东各畲族乡的民族政策，当地政府还确定了畲族风情旅游、特色村寨文化建设等与民族村落文化发展相关的目标任务，涉及组织领导、人才培养、政策扶持、宣传教育、督促检查、产业规划、文化建设等全方位的内容。在各级政府的政策引领下，闽东畲村开始大力挖掘民族文化资源，发展民族文化事业，培育民族优势文化产品和文化创意产业，全面振兴民族村落文化。

随着少数民族政策深入贯彻实施，闽东畲村获得大量专项资金用于文化基础设施和文化产业等的建设，畲村文化振兴已迈出坚实的步伐。近年，国家进一步加大对民族地区脱贫攻坚的支持力度，许多地方扶贫资金投入的年增长率在 30% 以上①。随着乡村振兴战略的深入实施，人们开始加大乡村文化资源开发的力度，以助力畲族村落文化振兴，探索一切可行的措施帮扶畲族村落可持续发展。畲族村落文化要发展，就必须借助畲村生态文化资源的创新开发，选择好具体的实现路径，将乡村文化精神“根脉”注入民族特色村寨建设、生态文化产业开发、乡村经济文化融合发展中去，为乡村文化振兴加入强大的精神引擎。有了政策这一巨大的推手，闽东畲村必能结合地方经济文化发展实际，充分挖掘当地村落民族文化资源，合理规划、内引外联、统筹安排、协调推进，走上正确的“振兴乡村文化的发展路径”②，实现文化兴村、文化强村目标。

（二）效益层面

文化产业化是指以“文化元素”为原材料，以市场为导向，以经济效益为中心，以文化产品开发为重点，实行企业化管理的现代化经

① 张维：《〈2017年民族地区农村贫困监测情况〉发布——3年安排民族地区扶贫资金逾千亿》，《法制日报》2018年8月16日第6版。

② 刘金祥：《走好乡村文化兴盛之路》，《黑龙江日报》2018年7月31日第2版。

营方式和组织形式[①]。闽东畲族村落文化资源种类多样，但并不是所有的文化资源都可以实行生产性开发和建构。文化资源是文化产业的原材料，主要有以下几个特点：一是能够直接或间接产生经济效益。即有些文化资源可以直接生产成文化产品，并从中获得经济效益，而有些文化资源本身不能直接生成经济价值，但可以间接地参与文化产品生产，将自身的文化价值附着在产品上，进而产生文化附加值。前者如畲族舞蹈、音乐、特色饮食等，后者如将畲族文化融入茶叶、银饰及其他得到文化附加值的产品。二是具有地域性和差异性。文化资源具有地域色彩，不同地域的文化产品附加值也不一样。不同区域的文化资源分布各异，可通过交流和共享，并在差异互动中实现资源互补和产品的价值增值，相关产品影响着不同区域的道德、审美范式。三是适境性。文化资源的适境性表现在文化资源的生命力要在一定的情景和环境资源条件支撑下才会发生[②]，对于畲族村落文化来说，虽然经过了数千年的文化发展，其多样的文化资源载体不断开拓传承和发展的空间，具有了较强的文化环境适应能力，但随着时代的变化，其提供的“精神享受”不可能会一直吸引大众，必须进行选择、重构与创新，才能适应新的生长环境。所以，闽东畲族村落文化资源的开发与自然资源的开采不同，不能一味地考虑经济利益，而忽视社会、经济与人文等方面的综合效益，其综合效益可用函数表示：

$$y=f(s,\ e,\ h) \qquad (1)$$

其中，y 表示综合效益，s 表示社会效益，e 表示经济效益，h 表示人文效益。社会效益包括文化资源开发出的产品可赋予人精神、伦理、道德、行为等全方位的影响，这一效益有利于促进精神文明的进步和社会和谐发展。文化产品的经济效益是指其所带来的实际经济收入，文化资源开发的成效主要依据其经济成效的高低。人文效益指民族村落文化资源开发对自然生态环境和文化生态环境双重的积极

① 熊正贤：《乌江流域民族生态文化资源开发与文化产业发展研究》，西南民族大学，2013。
② 周娟、鲜耀：《民族地区社区教育与民族文化传承》，《职教论坛》2012年第27期。

影响，一般认为，资源开发的力度不能超出生态环境和文化生态的承受能力，只有在某一平衡度之内的有限开发，才不违背资源开发的规律。以往的文化资源开发更注重社会效益和经济效益，但随着生态文化战略和乡村振兴战略的提出，人们在文化资源开发过程中，越来越重视资源开发的环境效益。因为在文化产业的发展过程中，只有生态效益向好，综合效益才能提升并获得可持续性效益，即文化产业综合效益真正得以保障的前提是人文效益或环境效益向好。

民族村落文化资源开发只有在社会效益正增长时，综合效益与经济效益、人文效益的增幅才会可持续增大[①]。反之，若是社会效益负增长时，即使经济效益、人文效益呈现正增长的函数关系，综合效益的正增长概率也会大大降低，零增长或负增长的概率则大幅提高。可见，综合效益不是其他效益的简单相加，社会效益的提高决定了民族文化资源开发的效度，因为民族文化资源的开发不但要分别提高 3 种效益，而且还要考虑以下 4 个方面的结合。

其一应做到开发与保护相结合，传承与现代性发展的“一致性”。就目标来看，“开发”重在经济利益，“保护”则贵在文化传承，二者的目标并非始终一致，倘若在资源开发过程中，一味急功近利，文化方面的发展便会发生变异或迷失。民族村落文化资源的开发与保护如能合而为一，文化产业便可在发展中实现文化传承和经济效益的双重目标。所以，即便民族村落文化资源在开发过程中与文化保护、传承的目标相左时，也应注意以保护为主，即保护是文化资源开发的出发点和归宿点，甚至可以说开发是为了更好地保护与传承。

其二应注意村落文化资源的分门别类，体现开发的“层次性”。民族文化资源所具有的开发价值不尽相同，价值显性的文化资源在开发中可直接或迅速转化为文化产品，产生经济效益；而有些隐性的文化资源则难以在短期内生成预期的开发效益，盲目对其进行产品化开发，很可能得不偿失；更有些民族文化资源本身没有开发价值，只能

① 熊正贤：《乌江流域民族生态文化资源开发与文化产业发展研究》，西南民族大学，2013。

附着在其他文化产品中，才能产生间接的经济效益。面对类型众多的民族文化资源，不能盲目开发，而应厘清层次，分类对应，找准最佳的生产性开发路径。

其三是资源开发应本着辨伪存真的原则，坚持文化本身的“真实性”。从当前各地区开发民族生态文化资源的现实案例来看，存在不少盲目追求经济效益的例子，甚至为了旅游等各类产品的开发不惜人为地弄虚作假，以致许多伪文化、伪民俗、伪遗产层出不穷，这种经由“造假”而形成的“文化产品”，充其量仅仅披着文化的外衣而无实质性的民族文化内涵，自然经不起时代检验。

其四是畲族村落文化资源的开发应把握好度，规避民族文化或民族问题的“敏感性”。文化资源的开发要与民族和谐相向而行，民族文化产品的开发应有利于民族和谐共荣，所有不利于民族团结进步的文化开发都应令行禁止。如畲族的神话传说、某些宗教问题均较为敏感，未加明辨，极易造成民族关系的伤痕，破坏社会稳定。

（三）市场层面

市场因素是指市场方面能够影响文化资源开发进程的一切条件。开发畲族村落文化资源的目的主要在于借助畲村文化资源，为社会各阶层提供优质的文化产品，满足人们的物质文化需求以实现资源的价值，推动畲村文化发展。实践证明，对静态的文化资源进行开发能打造出更多有价值的可供利用的产品，但若仅靠单一的生产性手段是不可能根本地实现文化资源的开发目标，还必须发挥市场的作用，找准文化供给和需求之间的关系，在竞争中占据优势地位，以满足市场和消费者需求。从供给方面看，资源的特色、生产成本、竞争优势、品牌知名度、政策扶持、产品价格、创意水平等要素会影响产品的质量和供给量；从需求方面看，生活水平的提高、闲暇时间的增多、物质生活的丰富、可支配收入的提高、生态理念的进步、产品特质要素等影响着消费者对产品需求的程度，需求导向进一步影响着开发者对产品的生产、改进力度，进而提升民族文化产业的优势，向消费者提供更有市场开发潜力的民族特色创意产品。

1. 供给方面

民族村落文化资源开发及其相关文化产品的生产与一般的资源开发及商品生产相比有共性也有个性，更有自身的生产规律和供给特征。文化产品供给受到许多因素的影响，主要包括文化产品的价格、生产和技术水平、资源的丰富度、政策扶持力度等。①产品的价格。在同等条件下，产品价格越高，能获得的利润就越多，生产者的生产热情就越高，供给量就增加。②生产和技术水平。生产和技术水平高，产品质量就相对较好，同时还拥有成本低的优势，增加产品销量，供给量和销售量的增加能使产品占据更多的市场份额。③资源的丰富度。文化资源丰富度是衡量资源开发潜力的重要指标之一，资源丰富度高有利于实现资源优势向产业优势转变，增强文化产品供给能力。④政策扶持力度。由于政策导向、政府资金投入、产业精准扶持政策等因素的积极作用，“一县一业”“一乡一特”“一村一品”等示范基地和民族乡村经济文化发展扶持工程遍布畲村，畲村电子商务覆盖面不断扩大，包括畲村在内的民族文化产品供给数量增加、样态多元化。可见，文化产品的供给量与诸多影响因素存在相互关系，可用函数关系式表示如下：

$$Q=f(P, L, R, S) \tag{2}$$

Q 表示文化产品供给量，P 表示文化产品的价格，L 表示生产水平，R 表示资源的丰富度，S 表示政策扶持力度，即文化产品供给量 Q 受到诸多因素的影响。

在相同条件下，随着商品价格、生产技术水平和政府扶持力度等的提高，生产者的生产热情度提高，所能提供的产品数量就增加。反之，产品数量就会降低。即产品的供给量与影响产品价格因素成正比，民族文化产品要想增加供给量，就必须考虑如何降低产品价格，改进生产技术及管理水平，改善资源的丰富度，赢取足够的政策支持，所创造的有利条件越多，产品的供给量就可能会越充足。而从闽东畲村发展现状来看，相关自变量正沿着正态方向发展，包括政策、生产技术、消费者心理、品牌影响力、外宣力度。从供给层面看，对畲村文化资源进行合理开发有助于闽东畲族村落文化现代性的建构与发展。

2. 需求方面

依照层次需求理论看，人类具有物质需求和精神需求两个层次，物质需求是基础，精神需求又按照层次逐级提升。对不同的人来说，这些层级不是固定不变的，层级的次序可以相互变化，即使是同一个人，这些需求的强度和持续时间的长度等都会随着客观条件而变化，如马斯洛需求层次理论所涵盖的安全需求、社交需求、审美需求、自我实现需求等[①]。党的十九大报告提出了“中国特色社会主义进入新时代，我国社会主要矛盾已经转化为人民日益增长的美好生活需要和不平衡不充分的发展之间的矛盾”[②]的重大判断。矛盾的变化与转移深深地影响着消费者相关需求的变化，总体的趋势是消费领域不断扩展，消费内容日益丰富，消费质量不断提高，特别是对商品的审美、健康、绿色生态、时代性等方面的需求日益凸显。在心理追求方面，人们对产品的追求也更趋向于求异、求新等目标，追求个性独立、自由和产品、服务的专属性甚至唯一性趋势愈加明显[③]。在少数民族文化产品独特的审美品位驱使下，包括畲族在内的民族文化产品备受人们青睐，注重环境保护、资源优化等特色的民族绿色产品也日益成为人们日常需求的最佳选择。

民族文化产品因附着民族文化内涵，在消费者看来显得更新颖奇特、富有生态之美和时代气息，更能满足消费者物质和精神的双重需求。而文化产品的市场需求也与多重因素息息相关，文化产品的需求数量和影响文化需求数量的各种因素之间有一定的变化规律，具有函

① 孟志辉、魏海安、王夏炎：《乡村旅游动态引力发掘与管理》，《改革与战略》2009年第6期。
② 习近平：《决胜全面建成小康社会夺取新时代中国特色社会主义伟大胜利——在中国共产党第十九次全国代表大会上的报告》，《求是》2017年第21期。
③ 刘昌年、刘治岐：《加快推进江苏小微工业企业转型发展的对策研究》，《江苏大学学报（社会科学版）》2014年第3期。

数关系[①]。这些因素包括文化产品的需求量（Dq）、价格（P）、居民收入（I）、其他同类产品价格（Sp）、市场预期（M）等，这些因素可以用函数关系来表示它们之间的依存关系，这种关系称为需求函数，即：

$$Dq=f(P, I, Sp, M\cdots\cdots) \tag{3}$$

此外，民族文化商品的需求量还与购买力、市场环境、需求强度、产品质量、品牌影响力等因素息息相关，其中购买力是较为核心的因素。随着全面建成小康社会，市场购买力不断提升，民族文化产品的需求量必然不断增加。所以，闽东畲村文化的生产性开发符合时代发展规律，对其进行现代性建构具有可行性和必然性。

二、闽东畲村文化传承与生产性建构互动机理分析

就每一种文化来说，最好的保护就是助其发展。畲族村落文化资源开发深层次的动因在于推进畲族文化现代性发展，借助文化产业的开发，让潜藏在畲村里的文化复活，焕发时代光辉。文化产业开发与文化保护、传承是互为依存、相互促进的关系，文化的现代性建构必然有助于它的保护与传承。首先，文化的生产性开发有助于文化资源的进一步保护。开展文化的现代性建构与开发，不但不会对资源造成破坏，反而可以增强文化的活力，实现其“现代文化消费需求背景下的可持续传承和发展”[②]。其次，文化现代性发展是文化传承的动力和延伸，在文化现代性发展过程中为文化资源注入新的内涵，并依据时代的发展需要创新开发手段，借助生产性保护与传承以实现开发目标，即坚持保护式传承和开发并重。只有文化资源的保护工作做好了，才能实现文化传承与现代性发展的双向互赢目标。

---

① 白雪艳：《我国文化创意产品消费市场分析与对策建议》，《对外经贸》2012年第6期。
② 王志平：《江西非物质文化遗产保护利用与产业发展研究》，南昌大学，2013。

（一）村落文化传承及其开发式建构的互促共赢关系

1. 利用开发凝聚社会资本，为村落文化资源保护与传承提供资金和技术

文化资源的保护与传承需要资金支持和产业支撑，民族特色村寨、乡村文化设施、民族博物馆等的建设需要大量的资金支持，另外广大从业人员的工资、研究经费、文化传承人的培养等，均需要国家或地方政府花费大量专项资金。不少畲村就是凭借项目制，通过申请发展基金项目来谋求“输血式”发展。这些做法一定程度上促进了畲村文化资源的保护与发展，也助长了村落发展的惰性，“等靠要”思想在畲民中滋生蔓延，较为严重地影响了畲村内生动力的增长。为破解发展瓶颈，政府各部门相继采取措施，制定了一系列法规制度，如国家非物质文化遗产保护专项资金、各省市县文化产业发展专项资金、旅游资源保护开发专项资金等相继发布“管理办法”，旨在通过专项资金的扶持对各地文化资源进行适当开发，以促进文化现代性建构与发展，进而积累资金以缓解政府保护文化资源的压力。同时，借助社会资本投入参与村落文化资源开发，创新资源开发模式，以增强文化现代性发展的内生动力。这样，政府财政扶持的外因驱动与村落文化资源开发的内因助推协同发力，加速村落文化资源向文化资本转化。而且，随着新技术、先进科研成果的运用，畲村文化生产力大幅提升，可以使相对落后的闽东畲族村落充分发挥文化资源开发优势，提升开发效益，进而反哺村落文化资源的保护与传承。

2. 利用开发培养文化传承人，拓宽村落文化资源保护与传承的渠道

许多文化资源需要借助活态保护和传承，传承人群体作为文化活的承载者和资源开发对象，是村落文化资源进行开发和利用的重要载体。民族非物质文化资源的开发更绕不开传承人的培养，如民间手工技艺类项目的现代开发，可通过产业集群、民营企业、个体作坊等的参与，一方面经由产业合作化开发实现经济效益；另一方面借助产业平台培养传承人，促使传承人参与企业的技术开发、项

目展演或直接介入经营活动，提高传承人的技艺应用水平，锻炼其实践能力，拓宽技术创新与传授途径，为村落文化资源的可持续传承培养新的传承人才。由于传统的村落文化资源保护与传承方式比较单一，即使是指定传承人、建立博物馆、设立生态保护区，也仅局限于画地为牢的静态式保护。村落文化资源不论是生产性建构还是保护与传承，都必须寻求最佳路径，衡量投入与产出的比率，谋求最大效益。由于大部分闽东畲族村落远离都市，其文化资源保护与传承不同于一般的资源保护，需要通过文化内涵的挖掘或借助媒体宣传让大众了解并熟识它。旅游宣传、艺术演出、电视节目的制作、带有文化元素的商品销售等都是很好的促进文化资源保护的有效渠道①。随着美丽乡村建设、乡村振兴战略等政策的深入实施，村落文化资源现代性建构的路径也随之拓宽，互联网+、电子商务、App 平台、微信、淘宝等各种媒介的运用，彻底改变了传统的文化建构模式，更重要的是这些路径能提升文化资源的影响力，能真正让文化资源在线上线下都得到宣传和保护，为文化的现代性发展铺开一条便捷的路径。

3. 利用开发增强文化自信，促进畲族村落文化多方位保护与传承

在新的时代背景下，特别是乡村振兴战略实施之后，民族村落传统优秀文化的复兴已迫在眉睫，因为文化是民族自信心的根本，是人民构建精神家园、增进思想认同的“最大公约数”②。坚持文化自信，坚守民族价值选择，才能鼓起奋发进取的勇气③，才会由此生成引领一个民族发展的价值导向。同样，文化自信作为精神力量也需要充分挖掘其呈现的载体，让民族村落文化承载于文化产品或社会生活，才能促进民族村落文化全面性保护与传承。同样，闽东畲族村落文化传承与发展的关键是增强畲族群众的文化自信和村落文化资源保护意识。只有畲族群众具有了本民族文化的保护意识和文化自信心，才能真正

① 熊正贤:《乌江流域民族生态文化资源开发与文化产业发展研究》，西南民族大学，2013。
② 陈俊卿:《为增强文化自信作出新贡献》,《党建》2016年第9期。
③ 袁媛:《推动社会主义文化繁荣兴盛》,《新华日报》2019年2月19日第11版。

发自内心地，甚至自发地投入村落文化传承事业，提升畲族人民的内生性保护与传承意识。畲村产业合作社和经济能人的大量涌现，为畲村文化生产性保护、传承和振兴提供了可能，即随着文化资源开发效益的提高，畲族群众便会自觉催生对村落文化资源的保护和传承意识，并内生为一种民族文化自信。例如，畲茶、畲药等文化资源的开发中，畲族群众参与人数多、热情高，如方家山村、猴盾村、北山村等，大量村民心系民族文化发展和脱贫攻坚事业，在政府和相关人员的带动下，民族意识日益增强，愈来愈相信村落文化资源在脱贫致富中的基础性作用。作为文化资本和财富，文化资源一经开发便可以产生经济效益，让民众获得实实在在的好处，进而自发加强对民族文化的保护与传承，而且这种意识会随着产业化开发的不断深入而逐步增强。文化自信的增强，大大激发了畲族的文化创新活力，促使人们更加主动地培养畲村新兴文化业态，完善村落文化振兴模式，壮大文化产业实力，加快文化产业发展，不断提高畲族文化的竞争力和市场占有率。

4. 利用市场效应提高资源开发价值，促进村落文化的活态保护与传承

任何产业开发都离不开人力资本的投入，产业投资者、乡土文化创意人才、文化传承人及一般就业群体所组建成的人力资源网络可促进文化产业的市场经济效益。随着产业化规模的壮大，文化资源必须寻求更多可依附的载体以实现自身价值的转化与生成，产业化开发成为创造民族村落文化资源经济价值效益的重要途径和必然趋势。产业的壮大、产品数量的剧增、文化资源开发空间的拓展等所产生的市场效应，随即转化为市场经济效益，这些市场效应的“诱惑”相当大，将成为民族村落文化资源价值开发的重要原动力。就闽东畲村而言，一些包含创意性和可变性元素的文化产业项目，通过市场化运作能在短期内获取高额经济效益回报，而且回报的人群相当广泛，包括经营者、传承人、文化创意人才、广大的产品生产者等。这些参与者一方面在闽东畲族村落文化资源开发中获得经济利益，另一方面又成为该

村文化资源的活态保护者并直接参与一系列文化资源的保护、传承及振兴。任何植入文化产品的资源价值要素均折射着时代的审美和价值观念，体现着活态文化的变迁和发展印迹，市场效应需要产品广泛融入民族当下文化背景和现实生活中，并最终切实满足人民群众精神文化需求[①]。可见，利用市场效应对闽东畲族村落文化资源进行市场化、生产性开发并推广利用，既可以提升民族文化产品的技术含量，也可以提升其经济价值和知名度，让传统的村落文化资源在活态传承下转换成现实文化生产力。

（二）畲村文化产业发展动态效应和动力系统构建

1. 畲族村落文化产业化发展的动态效应

畲族村落文化资源的产业化发展可以对民族文化、社会、经济等方面的发展产生积极的影响。

其一，能有效促进文化的保护与传承。在开发过程中，民族村落文化资源将得到较为全面的整理与挖掘，找出本民族文化最有特色的文化因子，并按照文化再生产的规律进行归类再生产，最后经过市场流通环节的检验，剔挖和沉淀出最符合时代审美意味的民族文化精品。在这一动态过程中，畲族村落文化资源经过挖掘和整理获得保护和传承，并在开发实践中通过文化创新及其现代性建构，打造更加优质的畲族文化品牌，增强文化影响力和软实力。

其二，有利于优化地区的经济发展方式，推进区域产业结构的平衡，开创畲族文化发展的新局面。总体而言，畲族村落文化资源的产业化开发有助于提升民族地区第三产业的比重，优化文化产业的发展模式，推动区域第三产业的发展，提升民族地区经济文化发展水平，改善因粗放型发展所导致的环境与资源问题，为社会提供良好的发展环境，彰显村落文化现代性发展的强劲动力。

其三，有利于促进畲族乡村经济、文化、社会的协同发展。因为经济的发展离不开文化这一核心，只有在经济发展中注入文化要

① 《切实满足人民群众精神文化需求》，《光明日报》2006年11月1日第1版。

素，才能丰富经济的内涵，促进经济又好又快发展[①]。同时，文化产业的发展还能不断与时俱进地拓宽民族社会的精神空间，让更多的人透过民族文化产品认识和热爱畲族文化，主动参与传承民族文化，增强畲族人民的文化自信力，促进民族乡村的文明进步和社会和谐。

其四，有利于民族乡村发展特色文化创意产业，让文化资源开发在村落文化振兴中发挥重要的作用。在乡村振兴的时代背景下，许多畲族村落借助自身文化资源的开发和优势，逐步建立了文化产业化与创新驱动紧密结合的新机制，引进先进的理念发展民族村特色文化创意产业，并将分散的低收入人群纳入一体化生产经营的大体系、大产业或合作社中来，使农户尤其是贫困农户成为大产业特别是文化创意产业中的一员，带动更多的个体共同分享村落文化现代性发展带来的实惠，提高民族村落文化自我发展能力。

其五，有利于激发畲村文化现代性建构的主动性，促进畲村文化振兴。畲族文化发展的出路应是在“文化自觉”的建构下，既创建符合民族现实生活环境和民族特点的发展目标及发展道路，又在市场经济背景的指引下不断传承、创新、建构自己特有的文化。对于民族发展前途的关注，同样体现了民族自觉意识[②]。但闽东畲村经济文化普遍较为落后，进入畲村的文化产品结构单一、档次较低，难以满足畲村民众日益增长的物质和精神文化需要。在供给侧改革、乡村振兴等政策的落实和指导下，畲村文化资源开发的理念和模式发生了现实性转换，文化振兴的主动性和信心不断增强，各地通过内外力量的互动整合……营造传统文化与现代文化交相辉映的魅力乡村[③]，有助于促进闽东畲村产业兴旺、生态宜居、乡村治理等目标的实现。

---

① 王山、周鸿：《仫佬族民族生态文化资源产业化分析与开发策略研究——以广西罗城仫佬族自治县为例》，《广西社会科学》2013年第7期。

② 王真慧：《市场经济背景下畲族文化现代性建构研究》，中南民族大学，2012。

③ 王逍：《景宁畲族乡村发展路径与实践》，《广西民族大学学报》2018年第1期。

2. 闽东畲村文化产业化发展的原动力及动力系统构建

（1）闽东畲村文化产业化发展的原动力

动力机制指的是产业发展动力的来源，是产业各个经济主体追求利润过程中形成的各种促动机制，其动力来源主要有资源、区位、文化、政策等静态要素和外部竞争、政府培育、产业创新等动态要素，其形成和发展的诱因来自市场需求，主要通过产业创新和政府行为培育规模化产业或集群，提升竞争优势。如图 5.2 所示。

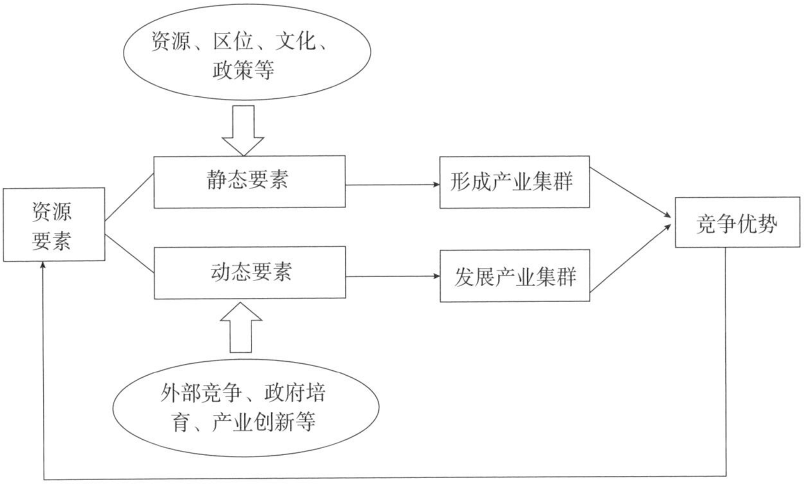

图5.2　产业发展动力系统示意图
资料来源：作者自绘。

可见，动力机制的形成要以资源、资本、区位、文化、制度、劳动力等要素为基础，并在政府行为介入和强化之下，各要素相互作用共同打造产业的资源优势，随之才有可能形成规模经济、区域品牌和创新力等动态优势。这样，产业拥有了持续的竞争性动力后，才能走上规模化、可持续发展之路。因此，有了资源要素这一产业形成和发展的基础，才可在市场需求的推动下，培育出越来越成熟的动力机制。但由于畲族文化产业规模小、分布不集中，自然生态环境、区位条件、文化禀赋等要素在参与生产过程中所发挥的效用不尽相同，亟须对它们进行全方位整合，充分发挥各自的优势，即在同一或不同畲村有针对性地对彼此关联的文化资源要素进行整合，优化文化资源的配置功能，促进畲村传统文化与产业协同合作与发展。随着畲族文化产品更多地融入市场，畲族银饰、畲茶、畲药等越来越受到消费者的青睐，但只有遵循市场规律，相关开发才不会导致文化资源浪费等问题。因此，市场导向是闽东畲族文化产业生存和发展的基本法则。

畲村文化产业的发展也离不开创新，创新是畲族村落文化可持续发展最主要的原动力。畲族文化产业园的入驻，导致民族文化产业在空间上集聚、分工协作，共同催生创新开发模式，加快产业集群式、跨越式发展步伐。民族产业在压力和需求的双重作用下，产业示范园、政府扶持项目、创新平台等的示范效应和激励机制进一步提升并规范产业运作，共同促进畲族产业走创新开发之路，使民族文化产业在新知识、新技术的完美融合下不断创新和发展。

由于民族文化产业是新兴产业，尚未进入成熟阶段，市场竞争力不足，产业的弱质性导致其发展需要政府的介入，包括产业规划、产品生产、品牌孵育等的每一个环节都离不开政府的支持。民族文化产业作为发展民族社会、改变民族经济结构的新型产业，一直以来都得到政府的重点扶持，闽东畲族聚居区域各级政府不断出台相关优惠政策，内容涉及资金、土地、技术和原材料、企业管理、品牌打造、产品销售等，并整合社会各界力量，实行规模化、集约化、专业化生产，最终帮助民族文化产业形成具有规模的集群地带，如闽东福安的畲药产业、福鼎的畲茶产业、蕉城的畲村风情旅游产业等。除了资金等政策支持外，地方各级政府在基础设施建设、招商引资、专业化人才培养等方面也给予其可靠的保障，特别是政府为改善畲村基础设施建设投入了大量资金，解决了阻碍闽东畲村产业发展的瓶颈问题，降低了民族文化产品的交易成本，使之更快地发展成为规模经济，最大限度地发挥畲村文化资源优势，带动民族文化产业可持续发展。

总之，在资源禀赋、创新力、政府行为等共同参与下，畲村企业、文化传承人、科研机构等相互配合，共同推动畲族文化产业多样化融合发展。首先，技术的进步使畲族文化产品的创新之路愈显宽广，以网络技术、数字化和现代传媒为代表的现代技术成为民族文化产业创新系统的重要驱动因素；其次，创意开发能够延伸民族文化产品的价值内涵，政府的介入和扶贫开发项目的落地，有利于畲族文化产业融合各方优势，促进资源要素的合理转化，增加民族文化产品的附加值；再次，人才作为重要的动力因素，是民族文化产业创新发展最重要的原动力，人才的培养有利于民族文化产业形成创新和创意理念，形成新的发展构想；最后，民族文化产业的融合发展，有利于促进区域内民族文化产业生产管理、机构改革、技术改进等方面的联动和交流，提升人力资本质量，推动区域内民族文化企业供给侧改革，并推动畲族村落文化的传承、创新与发展。

（2）闽东畲村文化产业化发展的动力系统构建

随着闽东畲村的发展，相关文化产业新型业态不断涌现，如“民族文化＋旅游”、畲药、畲茶、畲家美食、畲银等，相关企业主要有周宁县云门畲族文化旅游开发有限公司、福安市建华畲药研发有限公司、福鼎市国子生态茶业有限公司、福建山哈乌饭食品有限公司、福鼎市金凤畲族服饰有限公司、“珍华堂”“盈盛号”畲族手工银饰制作指定企业等，人才、技术、资源、资金、环境、交通等发展要素也越来越深刻地影响着畲族文化的传承与现代性发展。畲族村落文化要更好地传承与发展，就必须顺应时代潮流，加强不同畲村文化之间的互动交流，将科技、人才、创新等要素紧密融合起来，走“文化＋产业”的融合发展之路，促进畲村文化产业形成“人才和技术为核心的动力机制”[①]。同时，政府和社会各单位、部门相互促进，相互影响，共同催生文化现代性发展的合力作用，助推畲族村落文化的融合式创新发展。

特别是推行供给侧结构性改革以来，闽东畲村为提升民族文化产品质量、调整产业结构、提升产品竞争力，产业融合成为一种有效的

① 胡洪斌、张晓丹：《珠三角文化产业发展动力因素研究——基于区域文化产业创新系统的理论视角》，《曲靖师范学院学报》2015年第5期。

组织形式。闽东畲族聚居区域各村落呈“大分散、小聚居”分布格局，民族文化产业相应地也体现为“大分散、小规模”的特点，以全域化理念将众多相关的小规模产业整合在一起，走集群化、规模化、融合化发展道路，提振畲族文化产业发展动力。但民族文化产业的融合需要遵循产业发展规律，因地制宜地构建一个科学的产业融合发展动力系统，才能改善产业运行机制，提升效益。产业融合系统理论认为其本质是一个相互作用的动态系统，主要包括需求系统的拉力、供给系统的推力、外部环境的支持力和制度限制或行业壁垒的阻力等4个方面。相应地，畲族文化产业融合的动力（CF）系统也是由拉力（PF）、推力（VF）、支持力（SF）以及阻力（OF）4个子系统构成，其中拉力和推力是文化产业融合的核心动力，支持力和阻力是产业融合的外部辅助与干扰因素[①]。当动力为正时，产业主体在融合效益的驱使下，会联合多方甚至跨界重组资源；当动力为负时，产业经营主体重组资源的冲动被阻滞。拉力会随着市场需求的变化而变化，为提升自身的市场竞争力，产业主体往往会进行强强组合或寻找比自身更有竞争力的产业与之融合；推力主要源于外部的市场压力以及产业对利润追求的内部动力等，在一定条件下，外部压力亦可转化为内部动力，激发产业主体不断创新生产模式和经营策略，甚至寻找更多的合作者实现产业跨界融合；支持力来自政府对产业各方面的支持、企业入驻乡村的热情、乡村民众对产业建设的支持等方面；阻力主要源于制度不完善、行业地方性保护、产业准入或融合壁垒等。与此相同，畲族文化产业融合也受到政府介入、制度安排、市场需求、竞合压力等内外多维度的影响，其产业融合的4个向量构成的合力总在力求引发产业重组，不断提升民族文化产业的竞争力。如图5.3所示。

从动力系统的运作情况看，闽东畲族村落文化产业式开发、传承与现代性建构，不仅关乎政府、企业、市场、利润等，更是一项社

① 赵蕾、余汝艺：《旅游产业与文化产业融合的动力系统研究》，《安徽农业大学学报（社会科学版）》2015年第1期。

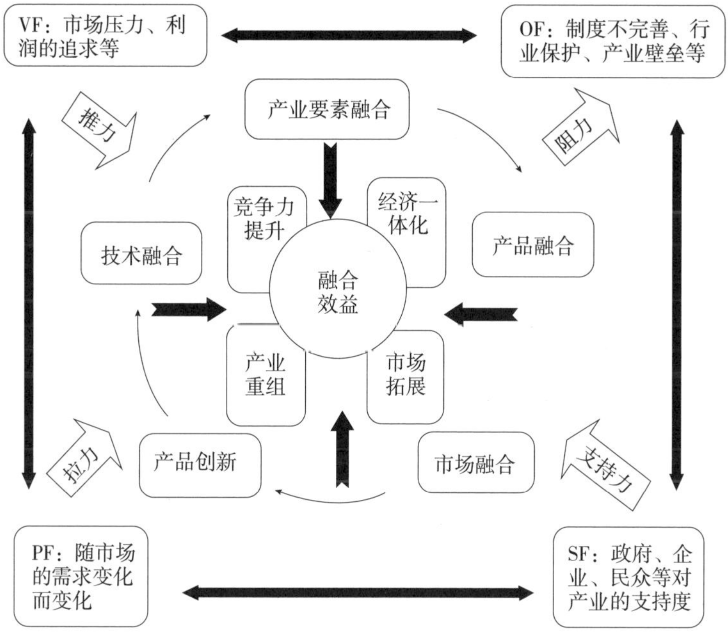

图5.3　民族文化产业融合动力系统图示

资料来源：作者根据赵蕾、余汝艺《旅游产业与文化产业融合的动力系统研究》一文中的相关图例修改整理。

会化的庞大工程[①]，即相关目标的实现应汇聚全社会的力量共同完成，特别是要充分发挥产业式开发和生产性建构的推动作用，从人才培养、文化创新、社会需求、民众参与度、产业兴旺、乡村经济文化和社会发展等全方位合力推动畲村文化传承、现代性建构与发展。

第二节　整体性建构：村落文化传承与振兴的目标指向

聚合着民族精神的畲族村落文化是推动该民族发展的核心原动力，也是闽东畲族生生不息、世代传续的灵魂和血脉。从整体性看，

① 孙钊、薛君：《生态经济重建对策》，《开发研究》2003年第6期。

闽东畲族村落文化有古建筑、民间传统手工艺品、生产工具等物质形态，也有家族文化、舞蹈、信仰、文学、音乐、民俗与节庆、手工技艺、体育游艺等非物质形态，这些文化通过民族文化空间、传承人等载体得以有效传承。在现代化和城镇化的冲击下，畲族村落文化已成为许多人心中永远的记忆，守望文化就是守护民族的根，传承文化就是建构中华民族共同体意识的行动体现。

一、整体性视域下民族文化系统性建构的逻辑依据

近年来，以村落为单元的民族文化整体性保护备受人们的重视。2011 年，《中华人民共和国非物质文化遗产法》提出“对非物质文化遗产代表性项目……保持完整的特定区域……实行区域性整体保护”。在此前后全国共设立 18 个国家级文化生态保护实验区名单，最后于 2019 年底公布 7 个国家级文化生态保护区名单[①]，目的是将民间文化遗产框定在所属区域或文化生态环境中进行整体性保护，使之成为永续发展的“活文化”。相关文件凸显的关键词主要有文化生态、文化遗产、特定区域、整体性保护等，这些词语突出表明整体性保护的逻辑指向。

相关理论如法国社会学家布尔迪厄提出的“文化再生产理论”，深刻解释了文化发展的动态关系，强调文化再生产或建构过程中文化主体之间具有密切的互动交融关系，文化的当下建构受文化主体制约，即民族文化身份的认同与建构，应该着眼于当下的现实[②]。再者，文化系统内部各要素达成统一关系有助于构建并实现农村文化生态系统的良性循环[③]。随着文化空间含义的不断拓展，文化整体性建构的基

① 7个国家级文化生态保护区分别是：闽南文化生态保护区、徽州文化生态保护区、热贡文化生态保护区、羌族文化生态保护区、武陵山区（湘西）土家族苗族文化生态保护区、海洋渔文化（象山）生态保护区、齐鲁文化（潍坊）生态保护区。

② 苏勇：《文化身份认同与建构中的文化主体性》，《贵州师范大学学报（社会科学版）》2009年第1期。

③ 吴赢：《农村文化生态系统及其建构：基于社区营造的视角》，《福建江夏学院学报》2014年第2期。

本目标体现为场所（空间）、时间、行为主体（参与者）、组织管理、行为叙事等基本要素与传统民俗通过彼此融合和体现，达到“你中有我、我中有你”[①]的融合状态。显然，文化空间是一个整体性特征，且在活态传承中不断被赋予主体建构精神。也就是说，文化传承与振兴是一种建立于整体性、活态性保护基础上的可持续发展，不可超越文化空间的限定性。

“整体性保护”源于文化人类学的“整体论”。“整体论”最早由贝塔朗菲提出，基本观点涉及组织性、自调节、动态性、开放性、渐进性、集中化等。将“整体论”对应于文化则特指“文化遗产的整体性”，指的是“文化系统是由若干要素组成的具有一定新功能的有机整体，各个作为系统子单元的要素一旦组成系统整体，就具有独立要素所不具有的性质和功能，形成新的文化系统”[②]。而文化的整体性建构则要求将文化置于一个包含自然、经济、社会等范畴的整体环境，以便在文化建构中凸显其生态价值观、经济价值观与社会价值观，同时将文化主体——人的因素放置于核心位置，这样非遗文化、物质文化、主体精神、生态环境、经济环境和社会环境等均被视作一个有机整体。所以，文化的整体性建构不仅是物质与非物质文化的整体性保护，同时也是自然地理环境与社会人文环境的整体性保护。这样，在整体性视野下通过各种形式的文化保护、传承与振兴，增强族群文化认同意识，增强文化自豪与文化自觉，形成“整体性保护”氛围，实现保护目标。

二、闽东畲村文化传承及整体性建构的问题与思考

（一）闽东畲村文化传承与整体性建构面临的主要问题

列斐伏尔的空间生产理论认为，生产的方式转变必然伴随着新的

① 张晓萍、李鑫：《基于文化空间理论的非物质文化遗产保护与旅游化生存实践》，《学术探索》2010年第6期。

② 许利峰：《用系统整体性观点构建和谐社会》，《当代经理人》2006年第21期。

空间生产，生产主体在空间生产中呈现出不同的社会关系和作用力。闽东畲村文化在当下的传承过程中正是通过政府、村落能人、企业精英、村落居民等多方力量的共同作用进行文化再生产，实现村落文化保护、传承与创新的目标。比如，在猴盾村这样文化资源较丰富的村落发展民族文化产业，是民族经济文化发展的内在要求，但也不可避免地产生新问题，主要表现在以下 3 个方面：

1. 过分依赖政府的项目化和开发式建构

受山地资源、地理环境等条件的制约，民企入驻畲村难度较大，现有条件下许多企业难以在畲村生存，在政府牵头下，能以项目形式做好畲村基础设施，提高畲村发展潜力。但是就目前的情况看，畲族村落文化发展也不能过分依赖政府的项目化开发。比如，猴盾村与闽东畲族其他村落一样多是在政府主导下进行文化资源开发，政府的项目制开发成为村落经济文化发展的主要模式。首先，从现有的情况看，猴盾村除了引进大不同茶业有限公司外，大部分建设资金来自于政府的项目。在项目的长期倾斜性支持下，猴盾村文化发展环境持续改善，文化广场、文化站、祠堂等文化场所得以陆续建设或修缮，民众参与文化活动的积极性也不断提升。但也不可避免地诱发了民众“等靠要”的思想和利益分配不公平等现象，项目生成后承包商等少数人在项目开发过程中获得较大利益，而绝大多数村落居民的利益主张难以实现，在某种程度上限制了群众的积极性。所以，闽东畲村的文化环境在项目化主导下虽然得到巨大改善，但大部分群众在开发中似乎没有获得实际经济利益，对于群众所关心的生态环境整治、文化活动开展、群众性活动经费扶持等方面投入仍严重不足。而且，因大多数群众非村落常住人口，项目在执行过程中缺乏民众的广泛参与，导致村落文化开发式建构不能惠及村落文化的大部分主体，特别是在城里求学的来自畲村的少年儿童。其次，由于长期将经济发展作为村落工作重点，资本主体与文化主体的角色产生了错位，投资方依仗自身的多方面优势处于支配地位，而村落普通群众在村落文化开发过程中所获得的利益十分有限。以猴盾村的茶文化产业开发为例，随着平湖茶场租赁给民营公司，猴盾村村民利用出让资源的使用权获得了经济利益，但在村落文化发展决策权、利益支配权等方面依然缺少话语权，而群众才是村落文化发展真正的主人，任何形式的文化开发均须以村落民众为主体，村落“人”的发展才是最根本的目标。所以，应该调整项目化运作模式，适当提升村落群众参与村落文化资源开发的话语权、参与权甚至决策权，提高群众的村落治理能力，使村民在项目制开发中也能实现经济利益和文化进步的双赢目标。

2. 保护与发展难以协调，策略和方式过于简单

文化的发展有其自身规律，闽东畲村文化保护与发展应付出长期的努力。在畲村文化传承与发展过程中，如何实现保护与发展的双赢目标，并在符合文化发展规律的前提下有效生成有助于畲村文化可持续发展的文化空间，是目前亟须解决的重要问题。当前少数民族传统文化呈现出复兴、衰退和变异并存的状况[①]。综观闽东畲村，现有村落文化发展还未能充分融入畲村社会的每一个发展环节，尚未能与社会经济发展形成融合共生的状态，村落精神文明建设和民俗民风建构也往往比不上对经济发展的重视程度。在这种趋势下，闽东畲族村落文化保护传承与经济发展难以保持同步的发展节奏，一些村落的产业发展未能有效利用村落文化资源，建立保护与发展协同共进的理念，在村落生态维护、社区建设、乡村治理等工作中疏离了传统文化的传承与现代性建构。一些“保护式开发”或“开发式保护”更是导致了保护与发展的矛盾，成为“破坏式开发”“变异式开发”，反而更加速了畲村优秀传统文化的消亡，这种违背文化发展规律的“开发式保护”已无法激起畲族村落民众的文化振兴与保护精神。所以，尽管文化与经济发展不同步，但绝不能因为发展经济而阻滞文化发展的动力，如何在发展村落社会中较好地传承畲族村落家族文化、伦理旨归、民风民俗，应顺应时代发展特征，确定可行的路径和策略，以助力村落传统文化的良性发展。

---

① 王希恩：《论中国少数民族传统文化现状及其走向》，《民族研究》2000年第6期。

再者，闽东畲族村落文化的保护与开发基本采用“自上而下”的单一方式，不着意调动村落民众的主观能动性，社区群众的文化主体性未得到有效开掘，忽视了作为文化空间主体的乡土社会人的自主发展能力。都市社会的发展模式和市场经济的运作手段被简单地植入民族乡土社会，打乱了传统村落的社会结构和秩序，致使民族文化自信力式微。长此以往，畲族村落文化发展可能会失去最基本的内源动力，畲村传统文化亦将因此失去发展的内生动力甚而异化或消亡。10多年前，猴盾村的村落文化基础设施还很缺乏，村落各项事业较落后，农民收入低，村落精神文明建设未受到重视。经过近几年的全面建设，该村公共文化空间建构力度不断加大，建设了文化广场、畲族歌楼等新型文化传承空间，村落经济、环境、旅游业等方面的立体式发展更是催动了文化的创新与发展，如“文化＋党建”、畲语唱红歌等。

村落发展是集经济、文化、环境等多种发展要素在内的协同发展，其中文化的创新发展更是村落进步的标志。就调研结果来看，相关畲村文化发展并不协调，村与村之间尚处于零散的、孤立的状态，民众缺乏共同发展的意识，特别体现为民族自信力提升方面成效并不大。村中讲畲语、穿畲服、传承本民族文化的积极性等方面无明显改观，村落社区发展亟须解决的问题依然很多。要解决这些老问题，创新和发展是唯一的手段，“以旧带新”，即通过传承传统文化和建构新的文化、空间、载体，不断为村落传统文化注入新内涵，激活畲村文化主体的民族自觉意识，最终实现畲族村落文化的保护和现代性发展。

3. 缺乏文化创新力，村落空间建设不能有效促进文化发展

村落是民族传统文化的生存空间，具有公共性、本土性、完整性等特征。随着城镇化加剧，闽东畲村文化空间不断遭到挤压，传统文化式微，更谈不上创新。一些失去现代意义的民俗等首先淡出人们的视野，还有一些精湛的手工技艺也开始衰微，如畲医畲药，但是这些文化仍有着非凡的社会价值、经济价值，许多传统礼仪习俗由于缺乏

创新而无法得到传承与发展。

文化与时代共进，闽东畲村文化的现代性发展理应适时而动，因时调整相应的策略，其中最关键的是必须找准村落文化传承与创新的增长点。有时还需要将文化植入产业，总结能有效带动村落全面可持续发展的经验，借助村落文化创新式发展的力量，谋求村落文化多元化发展新路径。但现阶段，畲村文化发展依然缺乏文化创新力，闽东畲村民族文化产品质量偏低，品牌影响力极差，生产规模等不符合实际要求，更没有利用好畲村文化站、网站、文化传承人、科研和媒体工作者等要素。由于缺乏文化创新力，在文化资源开发上也未能进行适当创新，尚未处理好保护和开发利用的辩证关系，文化抢救工作开展不全面，整体性保护与传承未得到有效落实，村落文化整体性建构未受到重视。

文化空间中最活跃的要素是人，村落文化的发展无不源于广大民众的文化自觉与创新力，如闽东有些畲村的文化产业开拓者经常是汉族人，作为“文化他群”，往往不具备畲族群众所固有的族群文化传承能力，因此由他们主导的开发式文化传承实践常常忽视民族文化的发展规律，在畲村文化开发过程中很可能会误识或曲解畲村传统文化的真谛，从而可能导致篡改民族文化的本来图像，使得文化变成了十足的赚钱工具[①]。在此类开发实践中，由于自身能力的不足和参与村落建设决策权的消隐，当地畲村民众几乎成了被动的受众。他们面对本民族文化空间被侵蚀，往往不懂得设法加以守护。所以，尽管社会各界极力呼吁保护民族村落文化遗产，但若缺少政府的宏观把控、村落精英的介入以及普通群众的积极参与，仅依靠民族文化产业开发是不可能全面实现民族文化的可持续发展的。

文化空间理论认为文化主体在文化再生产过程中具有主导作用，闽东畲族村落文化的保护与开发也应采取主位保护为主，创新主位保

① 倪梦:《少数民族文化传承场域的消解与建构——基于民族学校教育的思考》,《湖北民族学院学报(哲学社会科学版)》2013第3期。

护与客位保护融合的多样化模式，充分发挥村落空间主体的能动性、创造性，增加村落文化发展的正能量，激发文化主体推动自身文化发展的原动力。

（二）营造闽东畲村文化传承生态环境的思考

文化空间的特性主要包括活态性、本土性和整体性等，且这些特性不是孤立存在，而是相互关联的有机整体。也就是说，对于村落文化，任何形式的传承与建构都要以文化整体性保护、传承和发展为前提，从而实现民族地区社会公平与正义，实现人和自然、人和社会共赢，实现民族村落文化现代性可持续发展，为闽东新畲村文化空间的建构营造更适合于文化发展的和谐环境。现作如下分析。

1. 闽东畲村文化的活态性传承与建构

从案例点的分析和闽东畲村发展实际看，相关村落一般采用静态博物馆展示、节庆展演、产业开发等形式，而过度的开发或异化式的展演可能会违背民族文化原真性、本土化保护的要求，由此“开发”出的文化也有可能失去民族文化本真，无法实现民族文化保护与开发的根本目标。

事实上，村落文化的这种活态性凝聚着创造并传承它的那个民族（群体）长期浸注于内的民族精神，体现的是该民族所特有的对文化之根的生命追寻。如若失却了这种活态性，其文化之魂也便丢失。这要求人们必须审视一个问题，如何在保护闽东畲族村落文化遗产的同时，切实维持其文化空间的活态性，确保文化的可持续传承。因此，传承甚至是重构畲族村落文化必须基于实际的调查研究，抓准它们生生不息的生命之本和传承之源，了解其间所包含的传统价值观和文化精髓，才能从根本上准确认识畲族村落文化的本原，所做的精心保护也才能积极有效。

笔者认为，对闽东畲族村落文化空间活态性的保护与传承，应把焦点集中在文化主体特别是文化传承人的保护方面，文化主体或文化传承人是生长于斯、发展于斯、创新于斯的新一代主人或民族精英，他们更理解本民族的文化之魂，对他们的保护就是对民族文化之根的保护。所以，首先要提升文化主体或文化传承人的地位，特别是文化传承人，不但给予他们生活补助，还要提高他们的社会地位，举全民之力促进传承人的培养，如猴盾村畲歌“双音”国家级传承人雷美凤、省级畲舞传承人雷明祥。但就目前闽东畲族村落文化传承人保护现状而言，一些有关文化活态保护的问题并没有真正解决，影响了村落文化整体性保护的效果。为此，我们可以借鉴国外的成功经验，提高传承人的社会地位和经济待遇，落实相应的责任，确保传承人的“文化产出”和工作成效，给予优秀工作者富有社会性意义的荣誉称号，调动他们传承文化的积极性。此外，有针对性地特设奖学金，资助有志于学习畲族村落文化的青少年和儿童，使越来越多的下一代自觉加入文化传承队伍。只有依靠这些与村落文化遗产生死相依的真正主人，文化保护才能有最可靠的保障。

文化保护也不能单方面强调传承人的作用，而不仔细检视地方和国家政府的政策法规以及商业作用[①]。所以，我们也不能片面强调传承人保护的重要性，良好的保护需要政府、相关机构、传承人甚至是企业经纪人等社会各界的共同努力。

2. 闽东畲村文化的本土性传承与建构

任何一种文化遗产，其创生与传承都与特定的环境休戚相关[②]。闽东畲族村落便是产生、传承畲族传统文化的接地气的本土环境，这种文化的本土性在文化空间中占据最本色的地位。村落文化赖以生存发展的本土环境是闽东畲族文化生生不息、永续发展的源泉，畲族文化只有守住本土环境，才能保有自身的传统文化特质而永不褪色。如若忽视了这个关键点，让闽东畲族村落文化脱离其赖以生长的原生环境，其文化的原真性、活态性、传统性也会随之被异化或抛离。如把畲族村落婚俗中的“哭嫁”搬上舞台，原本新嫁女子表达对父母养育之恩、对亲友难舍难离的真情离开其展示内涵的本

---

① 克利福德·格尔兹:《文化的解释》，纳日碧力戈等译，上海人民出版社，1999。
② 张博:《非物质文化遗产的文化空间保护》,《青海社会科学》2007 年第 1 期。

土文化空间后，成了某种文化节或文化活动的节目，起到的文化功能已经完全位移，失去了村落民众的精神神韵，这种表演化的节目由于脱离本土文化的原生环境，其本来赖以生存的文化空间被嫁接到商业化活动中，使得原有的文化表达难以在民众中产生共鸣。这种不顾文化遗产的本土性、原真性保护原则的做法，定会让畲族村落文化遗产更迅速地走向消亡。

本土性这一文化特性要求人们在进行民族文化保护、传承时，不能只注重其眼前目标，将民族文化简单地嫁接到地方经济开发中去，对其进行简单化的保护和传承，否则，民族村落文化的主体精神就会迷失，从而失去其本土色彩，丧失文化原真性的魅力。这就需要我们在文化传承中坚持本土性原则，灵活运用保护畲村文化空间建构的本土性策略，如建立有助于文化交流互动的基地、文化中心等，突出相关机构的本土环境特征，强化村落文化的本土化发展规律，加大力度抢救畲村濒危的村落文化，传承和建构优秀传统文化。

反之，村落文化空间的坍缩，必然引起传统文化的衰败。比如，闽东畲村自 20 世纪 90 年代以来，让世代居住在边远山区的畲族群众整村搬迁，当这些离开原有生活环境的畲村民众与来自四面八方的其他村落民众聚集在新的村落里时，畲族群众的原生文化很难适应新生环境，导致一些文化遭到异化或走向式微。所以，当畲族村落整村搬迁时，应充分考察新环境是否存在原有村落文化赖以生存的文化空间，不要因急功近利而简单化地让闽东畲族群众陷入新的文化贫困中去。

3. 闽东畲村文化的整体性传承与建构

闽东畲族村落文化历史悠久，畲族语言、体育、服饰、民俗、歌言等丰富多样地交织在不同的村落之中，展现着各自富有个性的文化面貌。千百年来，闽东畲族人民以村落为单位建构着自身的民族共同体文化，并在相互交流互动中不断发展着本民族文化，使畲村成为民族传统文化传承和现代性建构的最活跃的场所。也就是说，正是闽东 1000 多个畲族村落（含行政村和自然村）滋养了畲族文化，增强了民族文化发展的信心。使闽东畲族村落文化遵循整体性发展的原则，建构整体性发展的文化空间以更好地保护和传承畲族文化，必须整体性地保护村落文化空间，实现其文化传承和振兴目标。

文化空间的整体性包括文化生态整体性和文化遗产整体性。前者的传承与建构要求人们在对村落的某一文化事象进行保护时，不能忽视该文化赖以依存的文化生态系统，必须连同保护与之休戚与共的生态环境或与之相关的其他文化遗产。如对畲歌、畲服的保护，倘若没有了能听懂畲语的受众，畲歌的韵味便无法理解，更不可能有人愿意传唱；倘若失去了穿戴畲服的村落居民，畲服也只能沦为舞台上的道具；倘若失去了制作畲族服饰的传统技艺，畲服的传承更是纸上谈兵。所以，要聆听畲歌的韵味，就必须让其回荡在村落的乡野，要领略畲服的情致，就必须将其融入村落居民的现实生活环境。显然，强调生态整体性就是强调对文化遗产整个生存环境的保护。这个生存环境不但包括遗产本身以及传承人，还应包括当地的自然环境以及这些遗产的传统受众[①]。

就闽东畲族村落文化当前的发展实际来看，要实现文化空间的整体性保护十分不易，必须先以猴盾、溪塔、白露坑、半月里等文化保护较好的村落为试点，探寻整体性保护的措施方法，然后将经验加以推广，鼓励畲族村落群众齐心协力，合力建构本民族文化赖以生存的整体生态环境。对于后者的传承与建构较之前者更好理解，因为每一种村落文化的类型、表现方式都不是单一独立或游离于其他文化事象之外的，而是与多种文化交织并存于一体，构成一个不可分割的文化整体。如《奶娘催罡》畲舞集中的艺术样式就有民间音乐、舞蹈、宗教仪式唱本、伴奏乐器等，其中伴奏乐器就包括鼓、铃刀、龙角、三音锣、木鱼等10余种。可见，要完整地保护《奶娘催罡》，就必须连同保护好与之相关的一切文化样式，哪怕是铃刀、龙角的制作技艺，而不可只抓住主干，丢却枝叶，实行碎片化保护。再如畲医畲药，其

① 张博：《非物质文化遗产的文化空间保护》，《青海社会科学》2007年第1期。

保护与生态环境、培植技术、畲医理论、畲药品牌、从业队伍等保护连成一体，任何形式上的片面性传承与建构，本质上来说都将破坏文化固有的整体风貌和系统性价值，进而给村落文化遗产的传承带来破坏。

三、整体性目标下闽东畲村文化生态系统构建策略

通过上述分析可以看出，闽东畲族村落文化虽然获得了一定的发展成效，但也存在文化结构松动、文化系统内部发展不协调、文化碎片化和异化等现象，许多优秀的文化得不到应有的保护，特别是一些无法实现经济效益的先进文化在村落文化建设过程中被忽视，甚至被无情地抛弃或淘汰，传承与发展面临更大的困难。畲族村落本身就是一个完整的文化空间，村落文化环境、社会环境和自然环境同属文化生态系统，如何协调三种环境从而带动整个文化生态系统的良性运转已成为当前畲族村落文化重构和文化生态可持续发展的关键。所以，必须探寻如何实现人与村落文化环境、社会环境和自然环境和谐发展的有效路径，使闽东畲族村落文化生态系统的整体性构建成为可能。

（一）重视文化空间中“人”的要素，提升村落居民的参与度

村落社区群众参与村落文化建构的比例和积极性，直接影响着村落文化传承与发展的成效，但并不是生活在特定文化空间环境中的人都有机会或有能力平等地参与到每一项文化活动之中。人类学家斯特拉森认为，文化有两种不同的特征，确定性或明显的可知性和隐含性[①]。前者可以采取培训获得相关的技能，而后者即文化的隐含性特征则可能是一种受限（restricted）认知，享有某种专业知识或技能的群体会有效地排斥那些不具备这种专业知识的人。在闽东畲族村落文化传承与建构过程中，文化的隐含性特征将无形地影响

① 张敏:《基于知识的企业文化生态系统路径演化及其超越》,《当代财经》2007年第1期。

着村民们参与文化传承与建构的机会和积极性，这就更要求参与者之间必须改变受限认知为开放（open）认知，村民们才能以平等的姿态全员深度参与到村落文化传承与建构的主流中去，不被边缘化。然而，即使一些村民对参与村落文化传承与建构的愿望强烈，由于缺乏相关技能和专业知识，在村落文化重构中往往无法胜任工作，从而失去参与的机会和利益分享的权利。这样，随着畲村文化主体的边缘化，不仅不能达到预期目的，可能还会使原本活态的文化生态遭到破坏，即更多的文化主体退出空间，更谈不上推动村落文化的现代性发展。一个人拥有的文化资本越多，就会更快更容易地积累起新的文化资本[①]。因此在畲族村落文化重构中，要让闽东畲村居民更有效地进入村落文化建构中去，就必须改进针对公众的训练机制，让村落居民掌握建构村落文化所必需的技能和方法，积极参与到村落文化传承与建构实践中，提高民族村落文化传承与现代性建构的成效，最终实现闽东畲族村落文化的可持续性、整体性、多样性和创新性的发展目标。

（二）用活项目资金，保证村落文化重构的完整性

村落是民族文化和生态文明的载体，文化是村落建设和发展的灵魂，环境是村落与文化生存的土壤[②]。可见，村落、文化、环境是一个紧密的整体，村落文化空间建构应着眼于三者的融合发展，即文化生态体现为文化主体的生活日常，是文化原生性、本土性等的多元融合，畲族村落文化保护、传承与文化生态建构也只有通过文化生态的多元融合，才能确立正确的发展路径。当前，致力于通过项目制来建构新型畲村文化的村落为数众多，但是由于缺乏村落文化生态建构的宏观把握，当项目落地后，村落文化建构的目标显得极为盲目，原因是大多村落只注重经济利益，或着意从经济效益的

① 王小红：《农村转移人员文化资本的生成与提高——布迪厄文化资本再生产理论透视》，《外国教育研究》2007年第7期。

② 李忠斌、李军、文晓国：《武陵山区特色村寨建设新思路：基于夹壁村的调研》，《西南民族大学学报》2016年第1期。

角度发展村落文化，忽视了村落多元文化生态可持续发展所必须遵循的完整性原则，人为地撕裂了文化空间的整体性。再加上建构畲村文化的参与方缺乏文化空间的整体性认知，许多文化资源因缺乏资金扶持长期得不到发展，更不能满足村民现实生活的需要，导致文化建构工作无法全面、深入地展开。所以，要实现闽东畲族村落文化生态合理建构的目标就必须灵活使用好项目资金，重点开发优势文化资源，保护好濒危文化，加强现代生态文明建设，重建村落文化生态。这样，才能“一个都不能少”地将闽东畲村文化资源进行有机整合，避免文化建构的片面性和村落文化资源开发的盲目性，保证其在每一轮开发建构中，各美其美，美美与共，实现整体性发展的最佳效果。

（三）培育文化特质，促进村落文化建构的特色化

从文化传承实践看，强调整体性与突出个别性并不矛盾，特别是在文化发展过程中应突出特色，特色才是文化的灵魂。文化创新是文化空间里的所有文化要素永续发展的必经路径，创新便成为畲族村落文化实现现代性发展的必然要求。当前，闽东畲族村落正致力于“一村一品”工程建设，并以此作为畲村文化振兴的借力点，有力地促进了民族村落生态文化的特色化发展，同时又不可避免地对畲村原有的文化生态产生新的挤压。众所周知，传统文化的现代性发展要与时代精神相结合，其文化创新也要符合文化发展规律，使传统文化与新生文化在文化生态系统中产生新的融合[①]，所以在顺应文化发展规律基础上的创新是其增强先进性并使之更加满足人们需要的必要条件。因此，闽东畲族村落文化的振兴更需要培育能满足人们现实需求的特色文化，用文化创新来彰显民族村落生态文化资源的显著性和特色性，在创新式开发中发展民族文化。这样，通过文化创新，形成富有村落特色的文化创意产业，使其文化价值发

① 吴赢：《农村文化生态系统及其建构——基于社区营造的视角》，《福建江夏学院学报》2014年第2期。

挥最大效益，文化生态系统获得再生与超越。发展才是最有力的保护与传承，只有让村落文化发展了，传承与现代性建构才有支点和动力。当然，村落文化的传承与建构，不能片面追求经济效益，更不能因为文化开发改变了村落社区原有的文化空间或文化基因，便对村落文化保护性开发的创新性充满怀疑，应充分挖掘村落文化资源，通过融合创新，培育文化的时代特质，提升文化创新的新动力，为文化的创新发展提供新的动能，才能真正实现闽东畲族村落文化生态系统的可持续发展。

（四）整合文化资源，发挥各村落文化之间的互补性

我们不能只注意文化遗产的历史形态，以为文化遗产的“过去式”就是最合理的存在，忽视甚至歧视文化遗产的现时状态和将来发展[①]，针对村落文化资源开发的盲目性或片面性，各畲村能立足自身文化资源特色，大搞主题化建构模式，忽视了文化空间内部构建的丰富性和互补性等要求，传承和开发中未真正突显其特色化，创新点基本空白，以致最终失去文化特色和竞争优势。但也有些村落在项目制的带动和政府的引导下，沿着“人无我有、人有我优、人优我特”的发展方向，取得了一定的成绩。例如，猴盾村在近年的文化建设过程中主打畲歌“双音”品牌，植入“文化＋党建”“文化＋非遗”等模式，创新传统文化发展路径，仅过了5年，该村就培育了“猎捕舞”“上刀山、下火海”等舞蹈项目，而且还把畲族山歌、茶文化、传师学师等互补性整合，各种文化之间互相呼应，有力地推动了村落文化的融合发展。只有这样，才能充分发挥村落文化的整体性力量，推动畲村文化的发展与进步，正如美国人类学家恩伯夫妇所言，没有哪种文化模式会永远不变[②]。当然，畲族村落文化的现代性建构也是一个不断变迁、涵化的过程，其文化发展必然受到

---

① 刘魁立：《论非物质文化遗产保护的整体性原则》，载于张庆善主编：《中国少数民族艺术遗产保护及当代艺术发展国际学术研讨会论文集》，文化艺术出版社，2004。

② C.恩伯、M.恩伯：《文化的变异——现在文化人类学通论》，杜杉杉译，辽宁人民出版社，1988。

区域化、全球化影响，须通过具体的资源配置机制、村民参与机制、利益分配机制、环境保护机制、共生发展机制，发挥产业间互补作用，推动村落文化融合式发展。

综合而言，闽东畲族村落文化作为一种推动社会发展的核心力量，承载着畲族群众发展自我、推行革新的时代诉求，也深刻影响着闽东畲村社会发展的各个领域。面对如何传承和发展闽东村落文化的艰巨任务，我们应时刻反思，因为文化最本质、最核心的价值在于建构民族心理、化育民族性格、铸造民族之魂，任何形式的文化传承与发展都不能无视文化空间的整体性、本真性和活态性。但文化又总是在不断变化、创新、重构中曲折发展，应提升村落民众的文化自信力和文化建构的参与度，发挥政府、企业能人、文化传承人的引领作用，并坚持文化生态系统整体性和个别性相统一的原则，敢于通过合理的创新，真正推动闽东畲族村落文化的发展与振兴。

第三节　数字化建构：村落文化传承与振兴的时代选择

数字化是指将客观事物（信息、信号）抽象，转变为一系列二进制代码，形成“比特”（数字 0 和 1），并对其进行加工、存储、处理、表现、展示和传播的过程[①]。20 世纪 70 年代，随着美国 OCLC[②]和 RLIN[③]建立图书数据库，向外界提供文献资料，数字图书馆的优势突出显现，以文化为主体的数字化革命很快风靡全球，相关国家纷纷

① 姜雯昱、曹俊文：《以数字化促进公共文化服务精准化供给：实践、困境与对策》，《求实》2018 年第 6 期。

② OCLC，Online Computer Library Center，即联机计算机图书中心，总部在美国的俄亥俄州，是提供文献服务的机构。

③ RLIN，Research Library Information Network，即研究图书馆情报网络，由美国一些图书馆联合创建。

将文化资源转换成数字化形态，实现人类历史上又一次空前的“媒介转移”[①]。

在我国，浙江大学率先开展数字文物保护工作，主要内容包括文物数字化收藏、数字博物馆建设、数字化传播等。2004年，数字化保护丝绸之路项目在联合国教科文组织支持下正式启动，文化资源数字化保护与开发的成果很快惠及全世界[②]。之后，数字化保护在民族文化保护与传承过程中发挥巨大作用，主要包括文化资源的数字采集、数字处理、数字修复、数字保存、数字集成、虚拟现实、数字出版、数字传播等。随着科技的进步，数字技术类别繁多且变得愈来愈先进，与文化保护相关的包括数字图像处理技术、图书馆藏数字化技术、多媒体技术、3S技术、数字化二维技术、网络技术、数字虚拟技术（VR）等。通过影像技术、计算机和网络技术可将几乎所有的文化资源转换为“在场性”的可视化图像或场景，并通过人机交互的虚拟现实技术使之获得逼真的展示和有效传播，即数字化虚拟的存在甚至比实物原型或真实场景更加逼真，能让人们获得一种似乎身临其境的“在场感”。尽管数字化的镜像是“虚拟的真实”，但它不是虚构，而是在技术的作用下人们营造的一种与真实环境相似的虚拟实境。此外，数字化还具有低成本复制性的特点，且在效率、效果、便捷性等层面看，其复制效度远高于传统技术，人们只要轻点鼠标就可做到所有的复制品与原件完全一致，整个过程成本几乎为零。这一特性大大降低了人力物力等工作成本，只需通过网络传播便可实现资源共享，这也反映了文化数字化保护所具有的突出优势和光明的应用前景。也就是说，通过网络等媒体的传播，人们可以不受时空限制，也不必现实“在场”，便可在任何时间、地点，通过数字化技术便捷地选取自己想获得的任何数据化信息。数字技术的发展与新媒体的出现几乎是

① 赵东:《数字化生存下的历史文化资源保护与开发研究——以陕西为中心》，山东大学，2014。

② 彭冬梅、潘鲁生、孙守迁:《数字化保护——非物质文化遗产保护的新手段》，《艺术研究》2006年第1期。

同步的，数据信息只有通过传播才能富有生命力。所以，二者的协同发展为文化的保护与传承提供了新的路径。

对于正在遭受全球化、城镇化冲击的畲族村落文化而言，数字化和新媒体的出现显然打破了传统媒体对于文化传承、传播和建构方式的限制，原有的文化保护与传承手段所起到的作用不断减小，而如何在保证畲族文化活力的同时通过建设数字化平台进行民族文化数据化保护，如何在新媒体环境下更好地传播和共享畲族传统村落文化，是现阶段闽东社会各界迫切需要解决的难题。

一、数字化为畲族村落文化传承与发展提供新机遇

（一）数字化记录和储存有助于畲村文化的整体性保护

按照传统的文化保护模式，博物馆或展览馆等文化保护单位习惯于静态收藏文物史料，虽然文物的“形”得以延存，但由于其脱离了原始环境，不可避免地丧失了原本的活力。博物馆等文化保护机构如若可以利用多媒体、虚拟现实等数字化技术和设备，重造“体验型博物馆”，让观众通过遥感器在虚拟的文化遗产空间漫游，了解文化遗产的整体效果，复原和再现一个全面而完整的意义空间，从而充分发挥文化遗产的教育作用[①]。可见，数字化记录和储存的内容具有丰富性、全面性和完整性特点，有利于对文化进行全面完整的保护。对于畲族文化而言，通过数据库建设，可以把畲语、畲歌、畲舞、民俗、传统工艺、服饰、口传文学等非遗文化，乃至族谱、文献、碑刻、手抄本、影像磁带、照片、文化实践空间场所、劳动工具、传统手工产品等实物资料，进行完整的分类和数字化转化、存储，特别是有计划地对那些濒临消亡、亟须拯救的活态文化的本土化展演现场和口述资料，以及非遗传承人的访谈录资料等，进行数字化储存。相较于传统的文化记录和存储方式，数字化记录和储

① 周明全、耿国华、武仲科：《文化遗产数字化保护技术及应用》，高等教育出版社，2011。

存的特点表现在多个方面，如灵活性、便捷性、迅速性、广泛性等，其相应的优势也有助于推进闽东畲族村落文化传承与振兴，可以为畲族村落文化遗产提供更加全面、翔实、完整的原生性记录和传承性保障。

（二）数字化重塑与再现有助于畲村文化的有效性传承

民族文化保护的目的是传承和发展该民族文化，数字化复原与重塑无疑又可促进文化遗产的保护与传承，进而确立更有效的文化发展路径。对于畲族村落文化资源而言，将其进行数字化仿真复模或情境再现等技术处理后，制作而成的信息化“虚拟文化资源”可适用于社会生活的各个方面，如数字化存储、教育教学、文化交流、文化展示、文化创新等。具体而言，采取 3D 技术，将畲村对歌、舞蹈、婚嫁、做表姐、做亲家伯、喝“宝塔茶”、撬蛙、长夜斗歌、节庆民俗、手工艺制作程序、宗族祭祀活动、体育比赛等场景通过图像、视频等多种形式复模、重塑或再现“虚拟现实”文化展演的场景或过程，借助虚拟现实技术形象逼真地还原畲村民众的角色扮演、文化的原真性表达、文化空间的本土化建构等，使人们获得最真切的“现场感”，领悟畲村文化最本真、最深刻的传统特征，这一技术也使得这些文化即使以后失传或传承人断代，后人依据数字化所复模的蓝本恢复文化具备可能性。此外，数字化了的畲族村落文化，由于融入了声、光、电等现代技术后所产生的传播效果是全方位、多视角、全景化、立体化的，其对畲族村落文化空间的复原、重塑和再现不仅可增加受众的体验感和愉悦度，还可激发人们更大的文化传承热情，“在不知不觉当中建构着人们的现实观”①，“达到传统保护方式所不能达到的展示要求与保真效果，更为安全和长久地保存这些弥足珍贵的非物质文化遗产”②，增进人们保护传统文化遗产的意识，提升文化传承与发展的有效性。

---

① 郭庆光：《传播学教程》，中国人民大学出版社，2003。
② 谈国新、钟正：《民族文化资源数字化与产业化开发》，华中师范大学出版社，2012。

（三）数字化传播与共享有助于畲村文化协同性发展

民族文化的保护与传承离不开文化主体的广泛参与，然而由于村落文化空间的坍缩，民众难以直接介入空间现场，亲临村落文化场域参与亲历性建构。数字化文化资源的出现及其借助新媒体的传播与共享打破了这一层桎梏。首先，文化生产进入数字空间之后，为文化资源开发提供了更加广阔的天地，人们甚至可以在不破坏文化资源的前提下进行村落文化资源的开发，创造更大的文化价值，且生产的数字化产品形式多样，如桌面出版、电子出版、网络出版、游戏出版等产品，这些产品借助各种现代传播媒介，易于打破时空限制，在不同人群间广泛传播，并可随时随地共享、交流，发挥数字文化产品最大的社会作用。其次，数字文化的共享并不是单向的传播与被动的接受，它有助于村落文化主体在文化接受过程中实现文化共享与共建的统一。利用文化共享平台，畲族村落群众及其他受众在共享数字化产品或通过互联网技术传播、交流过程中，能更好地发挥个人或集体的力量，协同合作，共促畲族村落文化的全面传承与发展。简言之，也就是利用数字化产品、平台和互联网技术，将更多的人、更多的机构、更多的村落凝成一个合体，让人们和社会各界在共享共建中协同推进畲族村落文化传承，并利用虚拟技术所构建的文化传承链，为畲族村落文化传承与振兴提供新路径。

（四）数字化与新媒体有助于畲村文化的永续传承

畲族村落需要保护、传承的文化内容纷繁芜杂，仅凭人工管理或逐一分类保护不大现实，以畲村茶文化为例，问茶、二碗茶、喝大碗茶、新娘茶、宝塔茶、回门茶、饮蛋茶、祭祖茶、凤凰茶等种类繁多①，再加上每一样茶文化各不同，延传至今很少有人精通其间的各个细节，传承过程中难免会出现遗漏和缺失。但是如果利用数字化模拟真实场景，将全面记录茶文化的图文影像，交由专门人员鉴别并修正，最后再运用数据库和网络技术进行分类管理和保护，

① 李益长：《畲族民俗风情概说》，吉林大学出版社，2019。

村落有关茶文化便能获得“原生态”的永续承传。同样地，将畲族村落文化遗产分门类储存的数据信息，有利于传承民族记忆、构建社会记忆[①]，有了数字化的永恒记忆，畲族村落文化的传承便获得了永久的保障。另外，通过现代科技，将畲族村落文化遗产数据化后，便可以通过网络渠道进行更广泛的、更迅捷的传播，少数民族文化从此也能够打破时空的局限性，突破原有的表面化、模式化、边缘化的传播模式，实现文化走出去和深度传播。除此之外，还能够推动村落文化遗产大众化，使普通的民众能够通过网络上的专用平台走近本民族文化遗产，且不受时间、地点、财力、体力等条件限制，使普通民众能够更加容易地接近、体验传统文化，真正成为自身文化的参与者、传承者。事实证明，有了大众的普遍参与，文化的永续传承就能成为可能。此外，还可以将整个村落视为一个立体博物馆，运用互联网三维立体仿真技术，将村落建筑物、公共文化空间、个人或集体文化活动等制作成模拟动画视频，将丰富多样的数字化民俗文化场景呈现给他人，让参与者更加全面地了解村落传统文化的原真性细节，同时还可以在微博、微信等自媒体传播中进行互动交流，随时随地真实记录文化生活图景，并将相关的影像记录加以储存和保护，拓宽村落文化遗产数据信息的传承渠道，确保村落文化获得可持续的传承与发展。

二、数字化背景下闽东畲族村落文化保护的新路径

鉴于近年来闽东畲族村落文化数字化保护普及度低、专业化水平不高等问题，为提升其数字化水平和应用效度，须建立健全相应的保护制度，探索行之有效的文化保护路径。

（一）建设独立的畲族文化数字化保护机构

目前闽东地区的畲族村落文化保护工作主要由宁德市人民政府主

① 何思源：《数字记忆视阈下建筑遗产的保护与开发研究》，《遗产保护与研究》2017年第4期。

导下的各级政府单位或机构配合博物馆、文化宫等文化保护单位进行。这样的模式虽然确保了政府数字化管理的主导权，且政府往往也能提出正确的文化治理方针，但是在实际的执行过程中难免出现各自为政的状态，中间缺乏一个独立统一的文化数字化保护机构来制订详细计划和执行政策，设立一个介于政府与各个文化保护机构、社会机构之间的畲族文化数字化保护委员会，有利于统一规定各方任务，集中资源和力量对畲族文化遗产进行分类保护，避免因为各单位职能重复而降低执行力和工作效率，同时这个机构也能够承担起将畲族村落文化遗产数字化建构的任务，如图 5.4 所示。

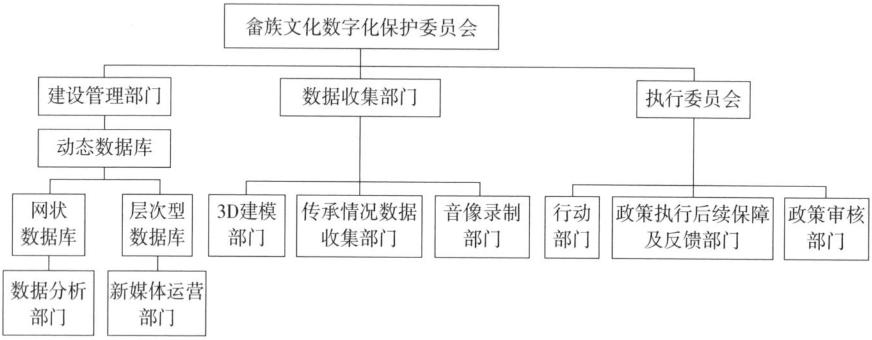

图5.4　畲族文化数字化保护机构结构示意图
资料来源：作者自绘。

由图可见，闽东畲族文化数字化保护委员会由政府主导管理，适量引入民间力量参与，但不能将其交与非政府机构主导运作。理由有三：一是相关机构覆盖领域广，进行各项工作时所需的各方力量调配需要一个拥有足够权威的领导层主持工作，否则机构就难以完成各种计划，相关政策也得不到顺利执行；二是文化数字化保护涉及面广，所需资金量大，且从经济利益上讲回报率低，民间资本往往不愿承受这种高投入低回报的工程，所以民间力量难以担当使命；三是涉及多方利弊，且进行如此庞大的文化保护工作，需要各方的积极参与，相关工作不可能由下辖机构独立完成，分工协作等工作需要由政府专门机构统筹安排，才能更大地发挥委员会职能。委员会分为 3 个部门：

建设管理部门，主要负责数据库的建设和新媒体部门的运营，收集部门提供的数据，并对数据进行分析，从而向政府部门提出建议；数据收集部门，负责将畲族文化遗产数据化，建立 3D 模型，除了常规的数据收集之外，还负责对畲族文化遗产的传承情况进行实时监控；执行委员会，负责实施上级下达的具体指示。

（二）建立闽东畲村文化动态数据库

1. 建立畲村文化遗产动态保护名录库

动态数据库，是指通过数据库的外延机构对信息数据进行实时采集，数据始终处于动态变化之中，而建立保护名录库又能使相关数据建立起点对点收集体系，使得数据收集变得有章可循，避免因杂而乱，导致目标泛散、人力资源浪费。当前，闽东畲族非遗文化列入市级以上保护名录的有 49 项，尚有相当部分非遗项目或其他文化遗产未列入保护范畴，而且相关项目未纳入数字化动态跟踪管理，没有实行有效数字监管，激励项目运作的机制不完善。基于此，若要更有效地促进畲族村落文化传承与发展，建立动态数据库即为最有效的办法之一。要实现这一目标，需要先确认所需保护的对象，这样才能有针对性地拟定与之对应的保护方略，例如畲歌这种音频类非遗，就需要录音，数字化分析建模，建立起一套甚至是数套虚拟音频库，通过现代的科学技术手段将畲歌转化为数字代码进行存储，且对近年来新创作的畲歌给予即时收录，适时丰富畲歌数据库。当然建立名录库不仅是为了保护，还关乎如何通过名录库的数据集成指导数据库外延机构的运作，让人们根据数据变化适时更新保护措施，改进工作方法。同时，这个村落文化遗产名录库也不是一成不变的，一项文化遗产一旦经过确认后，立刻审批列入名录库，在执行过程中如果没有按照规定完成阶段性任务，酌情移出名录库。这样，便可通过激励和惩罚机制，完善畲村文化的动态管理机制，提高成效。

2. 建立模型提高畲村文化数据库利用率

目前，闽东畲村文化遗产不仅包含着畲族的历史、地理、社会、生产、政治等各方面要素的知识体系，还包含着丰富且数量庞大的数据信息。要对这些数据进行有效的采集、管理和运用，除了需要我们建立起一个结构合理的数据库，还需要我们建构一个开放性的知识管理体系，来解决知识的获取、存储、共享、检索与使用等问题。数据库模型描述了数据库的基本结构和操作基本法则，模型的结构部分规定了数据是怎样被描述的，如网状模型、层次模型、关系模型等①。

鉴于文化遗产知识量的庞大和复杂性，通常需要建立网状数据库模型，数据库网状模型采用网状原理和方法，有以下两个优点：一是它可正确、直观地展示事物之间的复杂联系；二是具有良好的性能，存取效率较高。将一项文化遗产列入该数据库便可以通过多种渠道进行分类和搜索，一个记录节点可以有多个上级节点和下级节点，而不同节点之间又能相互联系。例如某项畲族非物质文化遗产下有历史、人文、地理以及数据资料等知识点，同时历史、人文、地理以及数据资料又涉及多种畲族非物质文化遗产，如图 5.5 和图 5.6 所示。不过网状数据库也有明显的缺点，一是网状数据库复杂的结构会给用户的使用带来一定的不便，使数据的查询和定位变得困难。二是这种数据库结构要求使用者了解数据库模型的基本逻辑结构，能够确认查询时自身在数据库中的位置。三是网状数据库的操作命令具有过程式性质，不直接支持对于层次结构的表达。这三种缺点使得网状数据库的用户必须具备一定的相关知识，因此网状数据库不适合作为面向一般

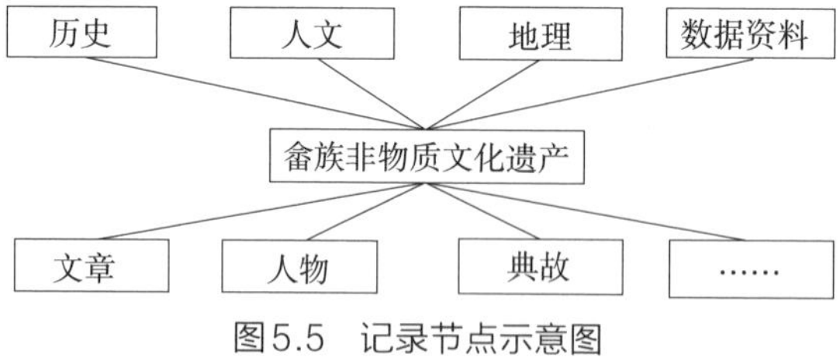

图5.5　记录节点示意图
资料来源：作者自绘。

① 胡苏梅：《多媒体数据库的应用研究》，《科技与经济》2004年第14期。

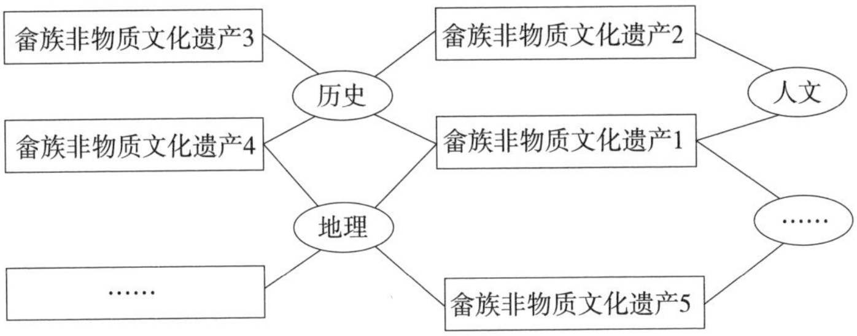

图5.6　节点间网络关系示意图
资料来源：作者自绘。

用户的数据库。我们应该预备两种数据库模型，一个专门为收集数据和文化保护提供服务；另一个则面向普通大众，便于民众进行查询和浏览。

我们可以采用层次型数据库。层次模型的主要优点包括：其一，数据结构十分简单，使用便捷，容易操作；其二，结构清晰，节点之间联系简单，只要知道某个节点，就可窥斑见豹，掌握整个模型全貌；其三，层次数据模型可提供全面性支持；其四，层次数据库查询效率高[①]。依据数据信息的特点引导信息使用者掌握相应的模型操作方法，只有这样才能发挥数据库的作用，实现畲族村落文化获得更好的保护、传承与建构的目标。

（三）建立畲族文化数据库外延机构

建立畲族文化动态数据库的目的是更好地保护畲族村落文化遗产。为了保护不断流失的畲族文化遗产，我们需要将畲族文化资源转化为虚拟的数字信息，实现文化遗产从以物为主的保护形式转换为以人为主、人物并重的保护形式，提高“人”的能力和水平[②]。目前闽东地区还没有设立专门从事文化数据化保护活动的机构，参与文化遗产管理的“人”的因素还未凸显作用。为了更好地发挥人的作用，应当建立一个专门负责畲族文化遗产数据资料收集、分析和研究的数据库

① 王珊、萨师煊:《数据库系统概率》，高等教育出版社，2014。
② 杨曼:《关于非物质文化遗产数字化保护的几点建议》，《汉字文化》2018年第9期。

外延机构。数据库外延机构主要包括数据收集部门、数据分析部门以及新媒体运营部门。

数据收集部门的主要功能是通过数据化分析，对畲族文化进行数据化的转换和记录，运用3D建模[①]，通过模拟、制作和再创作的方式来复原和再现畲族文化，例如畲族的“三月三”文化。为了在虚拟网络中再现这一文化活动，要拍摄相关的视频、影像资料，制作文化纪录片等，这些工作耗时耗力，需要专业人员和协作人员相互配合、长期坚持，方可出色完成任务。

数据分析部门的功能是对收集到的数据进行分析，从而得出结论，并对文化保护政策提出意见或者预警。文化的数据化保护归根结底是为了让文化能够得到延续和传承，也是为了建立一个可持续的、动态的和活性的文化保护机制。如果只是单纯地建立数据库，是无法实现这一目的的，因为单纯的数据库资料收集只能表明曾经有过这样一种文化存在，而不能通过数据库建设让文化“活化”，并由此得以广泛有效地传播和永续发展。所以在进行数据化保护时，需要加强对文化传承人、文化空间、文化物质载体等完整的数字化保护，分析文化传承人的个人状态、文化空间的变迁等，建立文化传承人、文化本体分类别的数据库，具体分析传承人的年龄、健康状况、收入、生活地区、社会关系、工作业绩等基本信息，并对文化的内容变迁、传承情况等进行科学的分析和判断，从而对一项文化遗产未来可能面临的问题作出提前的预警和计划安排[②]。

新媒体运营部门的主要功能是活用数据库收集到的数据资料，进行网站、新媒体客户端的建设以及畲族文化宣传、图书出版、策划并组织各种活动以扩大畲族文化影响力。

三者相互配合，互相协调，共同致力于畲族村落文化的传承、建构与发展。具体执行模式如图 5.7 所示。

① 彭纲：《非物质文化遗产的数字化保护》，《非物质文化遗产研究集刊》2009年。
② 谈国新、张立龙：《非物质文化遗产数字化保护与传承刍议》，《图书馆》2019年第4期。

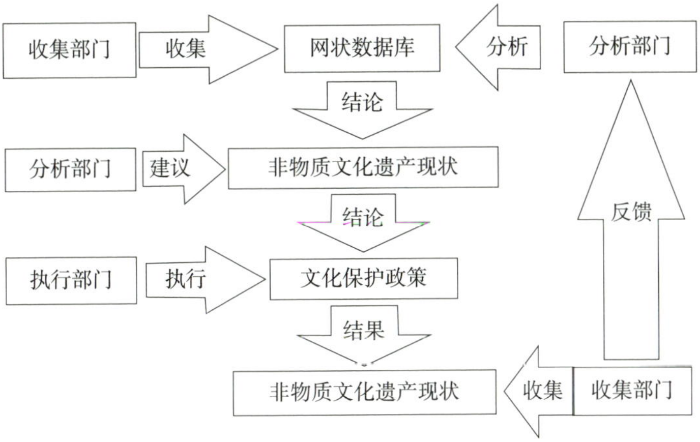

图5.7　机构执行模式图例
资料来源：作者自绘。

（四）开发App与创建网络社交平台

我国已经进入全民移动互联网时代，要连接如此庞大的网民队伍自然离不开互联网的普及与手机软件的开发。利用 App 技术开发畲族文化手机应用软件，如畲语 App、畲歌 App、畲家美食 App、畲村旅游 App 等，通过 App 开发利用数字化技术手段，将畲村文化事象制作成数字信息植入手机客户端，增强畲村文化传播力，提升畲族文化影响力。利用畲歌 App 开发，能从技术上实现全民参与搜集、保护、传播畲歌文化。受众在日常生活中看到的、听到的畲歌，可以自行拍摄并上传，以充实素材库。在 App 中还可以开发歌曲辨识系统，通过哼唱进行搜索，并以链接的形式将与之相关的资料一并拉取出来[①]，甚至可以使用音乐信息检索，通过哼唱选歌辨识、指纹比对等方法获取网络数据库所需要的歌曲，始终贯彻贴近受众的导向原则，使畲歌传播和获取显得更具人性化。可见，开发与畲村文化相关的手机 App，对于畲族文化搜集、传播、交流、教育、产品推广和提高数据库利用率等均具有划时代的意义。为此，宁德职业技术学院承办“2021 年福

① 陈赞琴：《论畲歌的数字化保护与传播》，《宁德师范学院学报（哲学社会科学版）》2020 年第 2 期。

建省少数民族新媒体直播培训班”，目的是借此方式培养新媒体直播人才，推进畲族文化的广泛传播。

随着网络社交平台的普及，相关平台已成为人们交流互动的重要场所，利用其传播畲族村落文化不失为最便利、最有效的路径。网络社交平台传播畲族文化的方式多样，主要是借助移动终端、网络技术与现代网络社交平台的发展，将畲族文化与之对接并植入相关平台，或通过抖音直播，或借助微博、朋友圈，甚至是美团、滴滴等平台植入畲族美食、旅游等产品，使畲族文化在网络社交平台广泛传播，如畲小仙、畲洣儿、山哈郎、畲山姑娘、畲族农村娃、菜蓝子农业等利用抖音平台直播或发布信息，为受众提供信息交流、信息共享等服务，并创设互动共享空间，为信息需求者提供本地化、针对性的服务，也为线上线下立体式传播畲族文化创造更多的可能。随着“SOLOMO 概念”[①]的提出，社交化、本地化、移动化日益成为网络平台信息服务的新趋势。一方面，利用受众网络使用情况可收集其相关的浏览痕迹，依此锁定其兴趣爱好和 IP 地址等信息，创建用户需求信息库；另一方面，由智能代理系统按照用户兴趣爱好和 IP 等信息筛选出相匹配的畲族文化信息，如畲族文化展览、民俗节庆活动、畲族文化传承人、畲村旅游等，批量化推送给用户，实现信息的多元化和便捷性、广泛性传播，并调动群众跨区域、跨民族参与到畲村文化的传播中去，促进畲族文化的全面传承与发展。总之，应立足当前畲族村落文化发展实际，广泛发动群众借助网络社交平台参与畲族文化的传播、交流，共同构建集成化和网络化畲族文化资源，促进畲族村落文化的数字化传承与发展，助力畲村文化振兴。

---

① SOLOMO，即由“Social + Local + Mobile”三个单词的头两个字母组成的新词。“SO”即社交化应用，在国内主要以QQ、微博、微信朋友圈等为代表；“LO”是结合LBS（Location Based Services）定位技术的本地化服务，如美团、滴滴等；“MO”指通过智能移动终端引入的各种移动应用。

三、通过数字技术传承与建构畲族村落文化的对策

（一）树立正确的数字化保护理念，提升畲族村落文化传承能力

闽东畲族村落文化是畲族文化最主要的构成部分，两个概念甚至可以看作同一个概念，其保护和传承是全体畲族群众义不容辞的时代使命。所以，首先，必须唤起畲族群众的民族文化自觉，并引起闽东社会各阶层的共同关注，借助全民力量共同参与畲族村落文化的保护、传承与振兴，才能激发畲族群众的文化自信，凝聚社会力量，共促畲族村落文化的传承与发展。其次，应提高闽东社会各界人士特别是畲族群众对畲族村落文化保护传承的全面性重视，让他们深刻认识到村落传统文化是民族文化认同和全民记忆的根本，是中华民族文化多样性不可或缺的部分。为此，应引导他们树立正确的数字化保护理念，主动利用自媒体（或请专业人士协助）拍摄村落文化活动现场，随时随地真实记录畲村社会生活本来样貌的方方面面，利用数字化手段，原真性、本土化、完整地记录畲族村落文化，并主动将每一份有价值的数字资料主动提交给专门机构或人员，经过审核、鉴别、归类、储存，再借助传统媒体和新媒体，以数字形式交流、传播，提高畲村文化的影响力。最后，还需组织专业人员对畲族群众进行有针对性的培训，让每一位关心畲村文化发展的民众初步掌握现代数字技术的应用，能充分利用图像、音频、视频、动作捕捉等制作基本的数字化资料，并在众多专业人士的协助下，让相关的村落文化数字化资料朝着三维化、高精化、动态化、交互式的方向发展。

然而，目前虽有很多人手头拥有了畲村文化第一手数字化资料，但这些资料一直未受到人们的重视，只是以散乱的状态储存在个人的空间里，未能发挥应有的社会作用。其实，这些反映畲族村落原真性文化的数字化资料才是真正最有意义的族群记忆的写真，而不是那些商业化、舞台化的旅游文化节等展演活动的录音影像资料。只有树立了正确的畲村文化数字化保护意识，才能提高全民参与意识，发挥每个人的主观能动作用，守护好身边的每个文化事象、每处文化场景，

让闽东畲族群众自发地运用数字化手段构建本民族的文化记忆，并在闽东社会各阶层的共同努力下，用好数字化资料，完整地保护好、传承好、建设好闽东畲族村落文化。

（二）完善畲村文化数字化保护机制，聚合各方力量织密传承网络

要真正利用好每一份数字化记录，还要有完善的数字化保护机制，科学而合理的非遗数字化保护体制不仅能让非遗保护工作有迹可循，有利于非遗资源的保护与利用，而且也能有效节约人力、物力、财力，协调非遗数字化工作的全面开展[①]。

这些机制主要包括激励机制、合作机制、扶持机制、保障机制、互动机制等。具体表现为：第一，激励传承人、企事业单位、各级学校以及科研机构积极参与畲村文化数字化保护的产学研工作，相关工作由政府牵头，组织各级学校、企业、事业单位主动参与到畲族村落文化数字化保护工作当中，相关单位、个人应加强民族文化、产品的数字化保护和开发等方面的合作，充分调动社会各个方面的人力、物力等资源，统筹协调，权责分明，有序推进，共同推动闽东畲族村落文化产学研发展。第二，完善资金扶持等机制，给予畲族村落文化数字化保护资金保障，政府应在这方面统筹规划，积极发动社会各界为畲村文化数字化保护提供协作资金，以保障畲村文化数字化保护工作的正常开展。同时，畲族村落文化数字化传承发展工作是一项系统工程，亟须一大批专业人才加盟，这些专业人才的引进和培养也需要大量资金支持，所以更应完善资金扶持机制，不断为畲族村落文化数字化保护工作提供人力资源保障。第三，聚合各级相关政策的扶持力量，于多方联动中完善文化保护体制，特别要关注以数字化为基础的畲族村落文化完整性保护，并以此为目标推动各级政府、文化保护机构、传承人等之间的联动保护，以点带面地构建畲族村落文化数字化保护共同体，细化各层级保护职责，织密畲村文化数字化传承网

① 孙传明、程强、谈国新：《广西少数民族非物质文化遗产数字化保护现状及对策分析》，《广西民族研究》2017年第3期。

络，构建“机构分工、资源协同、地区互补”的全方位无缝对接保护体系。

（三）建设畲族文化传播公司和网站，大力培养相应的人才队伍

从当前闽东畲族文化传播现状看，相关模式、载体依然较为传统和单一，缺乏专门针对闽东畲族文化的传播公司和专业性网站。所以，应结合建立畲族文化保护层次性机构和数据库等工作，利用这一管理和数据资源上的优势，创建一些集畲族文化策划、宣传、传播、资料查询、产品制作和文化作品投递等于一体的专业性文化传播公司或复合型网站，并大力培养相关的人才，发展畲族文化传播产业，全面提升文化传承和建构的主动性和创新性。所创建的文化传播公司或新型网站服务范围应全面化、专业化，内容主要包括畲族文化及其产品的广告、影视制作、文化展会、交流会、节庆活动、文化培训、文化策划、市场营销策划、信息服务、市场调查、图书出版等；所创建的网站通过与层次型数据库挂钩，使用户能够便利地进行资料查询，除此之外还要运用数据收集部门建立的3D模型结合IPTV（网络电视）、VR（虚拟现实）等技术[①]，让人们能够通过网络更加立体、直观地感受畲族文化的丰富色彩和多样的魅力，吸引更多用户或受众关注畲族文化，使用畲族文化产品，借此推动畲族村落文化的发展。此外，还应借助文化传播公司创新开发畲族文化，广泛参与创建畲族博物馆、畲族文化展示中心等项目，并以网站为平台，线上举办各种畲族文化活动，深入作好文化推送，例如歌曲或服饰等的创作大赛、斗歌或舞蹈大赛、畲族剪纸比赛、武术等体育比赛、斗茶比赛、畲族银饰或花斗笠等工艺品手工现场制作、畲族提线木偶表演等，并通过举办网上“三月三”“二月二”等节俗活动，提升畲族文化及其文化产品的影响力和社会关注度。拥有了平台，还需培养一大批锐意创新、结构合理、规模庞大的促进平台运作的人才队伍，从市场需求、政府施策、文化创新、创意规划、文化发展战略等方面协调培养各层次专

① 何义珠、李露芳：《新媒介环境下的畲族文化传播研究》，《图书馆工作与研究》2013年第2期。

业人才，特别是抓紧培养善于开拓文化传媒领域的拔尖创新人才和懂得畲族文化传播经营管理的复合型传媒人才。

（四）充分运用新媒体数字传播技术，建立全局性数字传播体系

随着数字传播技术的广泛应用，人们越来越认识到文化现代传播媒介的重要性。从某种意义上说，一种文化得到最广泛的传播，就是对这个文化最好的保护。微博、微信、快手等各种社交网络平台都应该建立起畲族文化的专属账号，通过声音、文字、图片、影像等方式全方位地展示畲族文化，借助新媒体数字化传播技术手段吸引人们对畲族文化的关注度，实现平台之间、受众之间的良性互动；为提升数字化传播的效率和质量，还可以通过这些平台开展一些线上有奖问卷调查、畲族非遗项目展演、非遗传承人面对面教学等活动，分工合作，提升平台之间的合作交流水平；通过这种方式，我们也能够在多个网站分工举办各类活动，保持畲族文化的话题热度，同时与受众进行交流，利用数字技术了解用户的喜好、需求以及用户所反馈的文化产品的缺点，从而利用数据分析，或发展或改进，力争提升文化产品的市场满意度；通过这些新媒体平台的数字化传播，接纳、创新畲族元素的文化会发展成一种时尚潮流，借此我们还可以在这些新媒体平台上发挥畲村区域特色文化优势，彼此合作运用新媒体数据传播技术推介、销售文创产品，例如畲族银饰、畲族服装、花斗笠、乌米饭、畲药、畲茶、畲家酒等，因为新媒体的传播形式是多样化的，因此应当充分挖掘新媒体的潜力，构建合理的新媒体传播体系，并与传统媒体相互补，以创新的思维和模式，强化传播内容和服务，增强非遗的趣味性和全面性①，提高数字传播的社会效益。

畲族文化的传播不能是单打独斗，相关平台应建立起全局性的文化传播体系，这就要充分发挥政府的领导和统筹作用，因为畲族文化的保护离不开政府的领导，无论是建立机构还是人员调配都需要政府

① 孙传明、程强、谈国新：《广西少数民族非物质文化遗产数字化保护现状及对策分析》，《广西民族研究》2017年第3期。

的组织和推动。也就是说，在机构、目标、数据库、网站以及各种媒介端口都建设完善时，应该建立起全局性的文化传播体系，整合地区资源统一规划任务，借助文化数据库的建立和合作来保证畲族村落文化遗产传承的稳定性，加强地区内相关机构的数字传播合作和共享，机构分工，资源协同，优势互补，将闽东地区各地的畲族文化数字化保护模式、经验进行比照和分享，从而达到一点到多点、由点到面的传播效果。例如，为充分发挥宁德作为全国最大畲族聚居地区的畲族文化资源优势，闽东畲族文献资料中心拟与相关机构协作，设置闽东畲族文献资料分中心，共同做好畲族文献资料工作，助力把宁德打造成为中华畲族文化的中心，特制定了《闽东畲族文献资料分中心设立条件及工作要求（试行）》，以期构建全局性数据共享体系，使数字技术在民族文化传承与发展过程中发挥更大的作用。

第四节　创新性建构：村落文化传承与振兴的因应策略

文化建构（cultural construction）是一种制度化、社会化的过程。在高度全球化、现代性的社会语境中，文化自我认同与现代性重构是文化共建共享的社会性体现，是地方文化与世界文化在现代文化格局中交互联结的结果。一个民族在文化价值选择方面不可避免地会遭遇外来文化的碰撞，必然要发生对异质文化的选择……对外来进步文化的选择，是中国传统文化兼容精神的体现[①]，这种文化兼容精神融合着文化对话的价值取向，包含着西方学者罗尔斯的“重叠共识”及伽达默尔的“视域融合”等异中求和的文化发展特性，体现为民族文化不断在相互采借、交融中自我提升和自我超越。然而，现阶段乡村文化

① 曹德本：《中国传统文化学》，辽宁大学出版社，2001。

式微已成为不争的事实，是当前乡村振兴的最大制约因素[①]，对于闽东畲族而言，推动其发展最为核心的便是文化创新精神。文化创新是一个民族进步的灵魂，当前闽东畲族文化发展的首要任务在于促进人们发扬创新精神，营造有利于创新思想观念、发展方式和路径的文化环境，有意识地推动畲族村落文化的创新与发展。

一、观念创新：建构闽东畲村文化振兴的思想基础

当前，“创新、协调、绿色、开放、共享”的五大发展理念和“产业兴旺、生态宜居、乡风文明、治理有效、生活富裕”的乡村振兴总要求已深深嵌合到社会工作的每一个层面，聚合着畲族农耕文明的村落文化治理自然要渗透到当前的畲村文化振兴战略当中。在不同的历史时期，政治、社会、经济面向的文化治理各自所起的作用具有相似性，其实质都是透过文化和以文化为场域达到治理的目的[②]，也就是说，良好的乡村文化环境建设总是一定程度上涵盖政治、经济、社会和生态等多方面的价值取向，畲族村落文化发展理念不仅只关注畲村传统的社会经济、家族伦理、乡村治理、农耕文化等，还应关注畲村文化现代性发展和乡村振兴目标。因此，闽东畲族村落文化的发展理念应与乡村振兴战略的多维目标相一致。

（一）与“产业兴旺”目标相耦合

随着经济的发展，畲村的文化、人才、教育等问题也会随之得到解决。在乡村振兴战略中，产业振兴是关键，而产业的崛起需要以生态文化资源为基础。畲村文化资源开发是畲村振兴的前提条件，所以，畲村产业体系构建的目标定位离不开资源禀赋问题，而且时代不同，资源开发利用的方式、途径也不尽相同，唯有通过科学决策，将时代精神融入生态资源开发实践中去，才能创新出符合时代选择的新

① 李军明：《论乡村振兴中的文化重构》，《广西民族研究》2018年第5期。
② 吴理财：《文化治理的三张面孔》，《华中师范大学学报（人文社会科学版）》2014年第1期。

内容、新产品。同时，将畲村内在或隐性的文化资源禀赋开发出来，赋予到相关特色产业中，并将其优秀的传统文化事象传承下来，使现代畲村不仅承载传统文化之美，还能通过创意化发展拓宽文化发展路径，吸引更多的人才成为畲村文化资源开发的推动者，以此带动乡村经济。这样，即便是在没有旅游等产业基础的畲村也可以因地制宜创建相关产业，形成特色文化产业体系。可通过打造文化产业形象吸引投资，拓宽产业发展渠道，统一规划，增加就业，吸引和留住人才，进一步建设畲村茶文化产业、畲药文化产业等，实现产供销集群化生产。所以，在发展畲村特色文化产业的过程中，我们必须基于畲村文化资源和产业特色，重视政府的支持参与和统筹作用，重视特色文化的继承和创新支撑①。

当然，建构好畲村文化产业就要做好畲村文化资源开发和文化发展的基础工作。从现阶段畲村文化产业的发展实际看，大部分村落能立足自身资源特色发展相应的民族产业，发展路径基本符合村落自身资源特色，如生态旅游、特色农业、民俗风情、党建+扶贫、民族团结、红色文化等，但要把产业发展与资源开发深度融合，还必须做好多方面的努力。首先，要以政府为核心，将闽东畲村连成一个整体，组建农民合作社，高层次地将“农民、农业、农村”凝合在一起，搭建好畲村文化产业体系的合作平台，各方借助平台共同发力，这样不但能协调各畲村之间的共建共享机制，推进民族文化和民族产业的协调发展，还能提高畲村文化传承和振兴水平，促成畲村文化振兴。其次，着力创新畲村文化资源与产业共同高质量发展的路径，突出文化产业的生态性发展，设计好畲村生态文化开发和产业发展的路径平台，即“在搭建好乡村文化产业关系平台以后，要依据乡村文化特色，依据自身资源优势，开拓和发展更多的更适宜时代需求、生活需求的乡村文化产品，而不能只是单单地售卖‘乡愁’”②。比如，宁

① 李北平:《新时代乡村文化建设研究》，安徽工程大学，2019。
② 同上。

德市太姥山周边畲村利用其山地资源，大力发展种茶文化产业兼旅游业，这种方式可最直接最有效地获得村落文化资源开发效益，因为只有将村落文化的资源赋予特色文化内涵，才能提升产品的品格，使相关产业体系真正融入文化范畴，获得更多附加值。最后，民族文化产品源于民族村落，其蕴含的生态、绿色、民族个性等品格极具时代色彩，但在服务理念深入人心的时代，一个好的产品必须要有与之相应的服务平台，产业的发展、畲村文化资源的开发是否顺畅，促进二者有效运转的动力便是要大力发展新时代高质量的服务平台，畲村各种产业服务平台，如电商、产品推介、销售等，要真正落实生态、共享理念，促进畲村文化产业振兴。

（二）与“乡风文明”目标相耦合

文明建设是畲族村落文化建构的灵魂工程，畲族村落文化凝聚着畲族人民价值观和道德取向，从畲村节俗、歌会、祭祀活动、家族文化等方面来看，其村落文化对于畲村民众的世俗化教育、家风族训传承、家族理想的表达等有突出的作用，这些与人文精神塑造息息相关的文化精髓将有助于实现畲村“乡风文明”的战略目标。如畲族歌言中的家教歌言“婚嫁歌”“出嫁哭歌”“认祖会亲歌”“为人处世歌”“教子有方歌”等系列歌言形式多样，歌诗内容涉及感恩父母及亲人（如《哭阿父》《哭母舅》《溯源》《二十四孝》《教子十二时》《十劝郎》）、家风传承（如《祖宗留下的礼》《十劝戒赌》《教女落泥做田园》《养男养女都一样》）、真善美的追求（如《莫帮歹人做军师》《劝郎要惜好时光》）等，即使是小说歌言这样的叙事歌也充斥着忠孝贤节（《双帕锦香亭》）、与人为善（《九节金龙鞭》）、情义无价（《吕蒙政》）等族群观[①]。此外，畲族家族信仰、宗教文化、节俗文化等均包含着畲族群众世代赓续的价值追求和乡风民约的核心精神，是广大畲族村落建构村规民格的文化源泉，是畲族村落世俗化教育。随着近

① 林翠萍：《乡村振兴背景下畲族歌言文化生态的现代性建构》，《兴义民族师范学院学报》2020年第2期。

年来乡村振兴战略的深入实施，畲族村落文化的教育功能越发引起人们的重视，因为乡村振兴与民族合格人才培养、族群认同教育、文化传承等紧密关联，唯有加强对畲族群众本土化、现代性的民族教育，才能建构和融一家的和谐新畲村。可见，畲村的“乡风文明”和民众民族品格的形成应与畲村文化的振兴目标相耦合，只有这样，广大新畲村的新型农民培养、“乡风文明”的村落和谐环境和风清气正的时代氛围等才能在二者的耦合中取得更显著的效果。

要真正实现二者的耦合，一定要深入挖掘那些叠合着畲村记忆的民族文化因子，在乡村振兴语境下，努力辨析糅合进畲族村落的各种文化要素，在多重性历史景观中寻找乡村独特的空间生产与空间美学①。首先，必须守住畲村文化场域里那些根植于畲族村落的民族精神。畲族村落文化的发展离不开村落的人文环境，与村落文化伴生的原生场所、人文景观、族群品格、社会价值观追求等构成了畲族村落特有的本真色彩，留住了这份“真实”，才能留住畲村文明“压箱底”的精神财富，倘若删除了这份最能撩起乡愁记忆的真实，畲族村落文明的历史文脉将中断，畲村文化传承将变为空谈。为了守望畲村乡风文明抑或村落文化精神的回归，甚至大可借鉴日本美山町、白川等地“合掌造聚落”的经验，将造福工程整村搬迁后废弃的遗产集中再利用，营造“民居”“民俗馆”“民间博物馆”等富有自身民族特色的传统村落记忆符号②，所以，乡村文明重塑不能不接受村落文化的滋养。基于这一点，畲村文化传承与振兴事关畲村文明建设和文化振兴的成败。其次，必须留住畲族村落那些弥漫着族群精神家园的文化信仰。畲村文化是畲族村落的文化遗产，包含着畲族人民几乎所有的精神家园和文化追求，这些能唤起人们永恒的族群意识，正是那些家园遗产才能唤起畲族人民永不褪色的族

① 路璐、朱志平：《历史、景观与主体：乡村振兴视域下的乡村文化空间建构》，《南京社会科学》2018年第11期。

② 李益长：《乡村振兴语境下民族文化传承场域的续构与生成——以畲族小说歌为例》，《湖北民族学院学报（哲学社会科学版）》2019年第5期。

群记忆，而那些深深潜埋在畲族村落文化深处的“乡风文明”，已融入畲族群众的民族血脉之中，使得他们不管身处何方都不会淡化那些融合在畲村人生礼俗、节俗、歌场等文化中的族群观、价值观和人生观，而且始终坚守本民族的文化信仰，团结村落群众同心建构新时代畲村文明，共同建设美丽乡村。最后，必须抓住畲族村落中最本质的、符合时代精神的部分展现具备民族特有气质的文化血脉。闽东畲族文化的精髓之一是忠勇精神，“忠”即忠于人民、终于民族、终于国家，“勇”即勇敢、勇于担当、勇于拼搏。在乡村振兴征途上，最需要畲族群众激发民族文化精神，唤起本民族人民大胆创新、勇于开拓，携手共建美丽新家园，让畲村民众深刻明白他们不仅要建设一个充满温情的家园净土，还要建构一个充满时代精神、乡村振兴的美丽宜居新天地。

（三）与“治理有效”和“文化生态建设”目标相耦合

在古代，畲村的管理主要采用宗族治理模式，治理主体为乡绅阶层，畲村人民没有自主权，这种以宗族制和家长制为主体的乡村治理方式显然已不适合时代的发展，传统村落文化里蕴含的乡村治理图式、管理要义也与当前乡村振兴所倡导的乡村自治有着本质上的区别。但传统乡村运用村落人文精神建构的治村经验也可贯通古今，曾经的村落“长老型”治理模式下宗族的权威性和畲村民众对宗族文化信仰的坚守很容易造成思想保守、利益固化等问题，只要对之进行现代性转化，依然能激发畲村发展的内生动力。计划经济背景下的“任命型”治理模式尽管有利于乡村秩序的管理，政府任命的干部能有效缓解村落内部矛盾，但仅凭千村一面式的僵化管理势必难以推动畲村的经济文化发展；“能人型”治理模式主要出现在改革开放后，畲村一部分能人依靠自身的超凡能力在乡村赢得较高的威望和话语权，在村民自治实践中通过选举产生的乡村治理精英，无疑在畲村脱贫攻坚或乡村振兴战略实施等过程中起到重要作用，但大部分精英也扮演获利者角色，造成村落利益分配不合理现象，甚至有些精英获足利益之后会选择远离村落进入城市，为村落的有序治理带来挑战。近年来，闽东畲族村落治理以“能人型”模式为主，应结合乡村文化建设，培育新型乡村能人，以规避村落治理的派系斗争或以权谋私等问题，这就需要借助村落文化建设，从“自治、法治、德治”的多维角度挖掘畲村文化助力乡村振兴的积极因素，并融合畲村文化的现代性建构，以促进“核心价值观进乡村”“优秀传统文化进乡村”“法律法规进乡村”“文明风尚进乡村”，提升能人精英的政治思想和思维水平，将村落文化的精髓内化为服务群众的动力，提高能人精英的乡村治理能力。此外，村落文化的振兴也有利于提升村落群众的文化水平，使之有能力且主动地参与村落自治，形成内生型互动治理机制，并通过村落文化的自治、法治、德治，为乡村振兴提供有力的支撑，使畲村治理水平得到有效提升。

《乡村振兴战略规划（2018—2022年）》提出：坚持以社会主义核心价值观为引领，以传承发展中华优秀传统文化为核心，以乡村公共文化服务体系建设为载体，培育文明乡风、良好家风、淳朴民风，推动乡村文化振兴，建设邻里守望、诚信重礼、勤俭节约的文明乡村[①]。在乡村振兴背景下，畲族聚居区乡村文化的振兴应该包含两个层面的内容，一是如何复兴畲族优秀传统文化，二是应发展和创新什么样的新型乡村文化生态。也就是说，在乡村振兴背景下闽东畲族村落文化建构还要突出生态发展理念，为畲村建构一个优越的生态文化空间，以促进畲村经济文化的发展。闽东畲族乡村具有优秀传统文化基因，红色文化、扶贫文化、慈善文化、民族忠勇精神、民族团结等是其最优秀的文化组成部分，这些民族文化都属于畲族最先进的民族文化因子，对于畲族文化生态建构具有引领作用。畲村振兴需要继承畲族优秀文化传统，同时要充实完善畲族文化的时代新内容，如继承和弘扬闽东红色文化，并在新时代乡村文化振兴过程中把畲族红色文化、畲族扶贫文化等进行创新性转化，以丰富畲族传统文化基因，拓新以扶贫文化、红色文化、民族团结为特色的时代特征，促进畲族文化大发

① 高春凤：《叙事性表达视角下乡村公共文化空间的构建路径》，《学习论坛》2019年第2期。

展。然而，当前畲村生态文化资源体系建构尚不完备，文化生态和资源生态所面临的问题还没有彻底解决，新时代畲村文化生态建构主要包含以下几个方面。

首先，应建构好新时代畲族乡村文化发展新平台。由于传统文化传承媒介传播力的不足，新时代畲村文化生态建设必须开拓新的平台，包括村企合作平台、民族文化交流平台等文化传承所运用的有形或无形的载体。只有构建好新时代畲族乡村文化发展新平台，让畲族村落文化紧跟时代步伐并获得适合自身发展的路径，才能使其获得发展的新空间，从而更好地推动畲族乡村文化的现代性发展。其次，构建新时代具有畲族特色的乡村文化生态建构新模式。不管是有形还是无形的文化资源，每一种文化都是其发展链条上的一个重要组成部分，不能顾此失彼，开发了某一种文化资源，破坏了一个或更多的其他文化资源。所以，模式的选择要注重文化生态构建的成效，成效高的模式应强力推广，成效低的模式应坚决淘汰。从目前畲村文化生态的保护情况看，过度开发造成畲村文化环境惨遭破坏的例子屡见不鲜，且没有引起相关部门足够的重视，长此以往，畲族村落文化资源现代性建构便成为空谈。无论是田园综合体、村企对接还是农商旅综合开发模式，只有符合时代发展要求、能促进畲村文化生态健康发展的模式才有益于畲族文化发展。再次，应加强村落濒危文化的保护与传承力度，努力振兴畲族传统文化，建构完整的文化生态体系。当前，闽东畲村许多原生文化资源由于长期得不到重视，已经淡出人们的视野，再不挖掘并进行抢救性保护，这些宝贵的民族生态文化资源将永远消失。花斗笠的主要生产地霞浦上水畲村只有两位传承人，他们都 50 岁以上了，如若不采取措施，加强这项手工技艺传承人的培养，在不久的将来，花斗笠这项畲族人引以为豪的绝技将永远消亡。良好的畲村文化生态建构有助于畲族村落文化的完整性保护和现代性发展。最后，畲族村落文化生态建构理应践行“生态宜居”的战略目标逻辑，村落文化生态建构离不开人居环境。畲村文化空间把农民、农业和农村连接在一个和融共生的环境里，村落传统文化中的生态农耕技术、农时观、物地观、循环观、节用观以及天人合一的和谐观无所不在，且含纳着农耕时代的生态宜居理念，应将畲村传统生态理念融入畲族村落文化生态建构中去，彰显村落主体的人文追求，以促进传统文化生态传承与现代性文化生态建构的融合发展。畲村文化活动场所的自然生态、房屋整修、基础设施建设、特色产业园布局等应符合生态宜居理念；歌会的举办时间、地点、气氛及对歌内容形式等应与时代追求相契合；婚嫁或节日必对歌，以增添生活娱乐，提升居民幸福指数；以《二十四节气歌》《十二时辰歌》《勤耕歌》《采茶歌》等为代表的歌言文化，与“绿水青山就是金山银山”等新时代生态理念融合发展，以传播传统和现代融合共生的生态理念，合力共构生态宜居美丽新乡村。

二、人才创新：提高畲村文化振兴的人文科技助力

随着城镇化发展，畲族农村人口急剧减少，而畲村文化振兴需要大量本土化的人才和劳动力资源。由于固守在畲村的现有劳动力素质较低，村落文化资源得不到有效开发，甚至经常出现因开发不当导致资源不可逆地遭受破坏或异化。可见，闽东畲族村落文化振兴的根本在于教育，在于人才，在于技术创新，在于提高和改善人们对环境的开发手段[①]，只有培养或输入足够多的人才参与到畲村文化建设中，才能有效促进畲村文化振兴。所以，教育是基础，人才是关键。教育的介入不仅能为畲村文化发展培养大批专业人才，更重要的是通过教育培训，能够培养更多热爱畲乡、关心畲族文化发展的人才，人们才可深入挖掘畲族文化更深层的禀赋，才能让畲村文化长久地留驻畲村，才能通过科学规划合理培植相关文化产业，使现有的畲村文化发展模式不致毁坏畲村文化生态，顺利进入乡村振兴战略目标层面的文化现代性发展新格局。许多畲村人才稀缺，现有的人才储备无法保证客观

① 本刊编辑部:《扶贫开发要与生态建设相结合》,《中国贫困地区》2000年第4期。

需要，科技助推各种开发模式的推广目标也难以实现[①]。要想提高畲村文化资源现代性发展的效度，使相关文化的社会价值朝着现代化方向创新发展转化，就必须充分利用人才和科技力量，让人才和科技共同作用于畲村文化振兴战略，降低村落文化发展的环境成本，提高村落文化开发效益。

（一）拓宽实用人才队伍建设，完善村落各类人才的管理制度

畲村文化振兴需要建构一支结构合理的实用型人才队伍，包括村落组织负责人、新乡贤、返乡能人、非遗传承人、技术专家、企业家、村落新型农民等，这支庞大的人才队伍能够对乡村发展和文化振兴的激励机制进行积极反应，他们与普通民众一样都是畲村振兴的主体[②]。但是畲村内生能力是乡村集体和个人对外在激励的适应性学习能力和创造能力，更加需要高层次的人才来参与，需要懂农业、爱农村、爱农民的“三农”人才来主导[③]。从闽东大部分畲村现有的人才培育上看，各地对非遗传承人、村干部、各类协会人才的培养比较重视，但由于对那些不能快速带来经济效益的村落文化资源重视不够，相应的文化挖掘和人才培养未引起重视，如畲语、畲族民居、畲歌创作和原生态对歌民俗、畲族农耕文化、各类原生态的不能直接带来经济效益的民俗事象等急需专门的活态传承人才，但许多文化类别现有的传承人很大一部分年岁已高，年轻的传承者尚未培养出来，导致这些需要活态传承的村落文化濒临消亡。针对这些问题，闽东各地政府尽管采取了一系列措施，但并未真正付诸实践，起到的实际效果很小。当前，应加大力度从培养各类人才入手，拯救濒危的文化，守护好现存的畲族村落传统文化资源。为此，应在畲村推行人才培养创新战略，完善村落各类人才管理制度。

---

① 曾秋婷、李益长：《闽东贫困山区生态资源开发与产业化扶贫研究》，《科技经济导刊》2017年第20期。

② 张丙宣、华逸婕：《激励结构、内生能力与乡村振兴》，《浙江社会科学》2018年第5期。

③ 谭金芳、张朝阳、孙育峰等：《乡村振兴战略背景下人才战略的理论内涵和制度构建》，《中国农业教育》2018年第3期。

1. 突出村落文化创新型人才管理

乡村振兴是一篇大文章，需要各类人才来书写。推动乡村振兴战略实施，我们既需要科技人才、管理人才的培养，也需要能工巧匠、乡土艺术家的挖掘；既需要有号召力的带头人、有行动力的追梦人，也需要善经营的“农创客”、懂技术的“田秀才”[①]。对于畲村文化振兴而言，关键在于应完善人才管理制度。一是选优配强推动畲村文化振兴的“领头雁”，包括能致力于村落文化建设的村干部、非遗传承人或嵌入型外援人才，其中村干部的选拔也要向非遗传承人倾斜，让非遗传承人位居责任岗，主动担当使命。这就需要严控人选标准，提高人选质量，让选出来的村落“领头当家人”强强配合，带领村“两委”和村落全体文化建设者同心协力，保护好、传承好、建构好畲村文化。二是培养壮大全面推进畲村文化振兴的“先锋队”。闽东畲村红色文化、民族团结、扶贫文化资源丰富，“党建+”村落文化建设已成为畲村文化进步的标志，这便要求畲村文化现代性建构须注入当下主流进步文化元素，坚持响应国家文化建设的指导方针，把政治标准放在村落文化建设的首位，培养富有家国情怀、民族共同体意识、畲汉团结振兴畲村的新一代文化建设“先锋队”，着力建构畲族乡村文化振兴主体队伍，全面激活闽东畲村先锋队伍的文化创新“细胞”。三是采取创新措施促进乡村“土秀才”的有效管理。村落本土人才是畲村振兴的根本保障，是全面推进畲族村落文化振兴最重要的力量，所以，要推行更加有效的本土人才管理制度，激发乡村人才的文化创新能力，如选拔村级非遗保护人才及管理制度，对不同年龄的村落成员实行有针对性的非遗或传统文化人才跟踪管理，促进入选者履职履责，不间断地参与畲村文化建设工作行列。

2. 引导畲村各类文化人才分工协作

当前，投身于广大畲村文化建设的人才众多，主要包括政府工作人员、企业家、教师、科研或科技工作者、各级各类专业技术人员、

① 徐驭尧：《为乡村振兴培养更多人才》，《人民日报》2020年8月27日第5版。

非遗传承人、村落经济能人、村委干部、村落文化传播者等。这就需要通过科学的人力资源管理，选择正确的分工协作方式，因村制宜，因人施策，激发每一类人才在畲村文化振兴过程中的作用。

首先，重点引导高校毕业生、个体私营从业人员、乡村经济能人、文化传承人等积极投身于畲族村落文化产业化开发，使之成为畲村文化建设的主力军，推动畲村文化发展所需人才的培养力度，带动畲村文化产业从业人员的创业创新，带领群众开创畲村文化创意产业和产品。通过各种形式，让各类人才有规划地进驻畲村发展村落文化产业，推进畲村旅游文化、创意文化、民俗文化等产业的融合，探索畲村文化资源开发新模式和资源开发性产业新业态的创新路径。如在当前乡村振兴战略的规划中，可以选派高学历、高层次人才进驻乡村，融入乡村文化建设队伍，团结村干部，积极发挥各类人才的作用，带领村民共同建设畲村文化。其次，畲村文化现代性发展要以人为本，除了要完善多类别人才入驻畲村的有效措施，还应加大力度引导各村组建文化工作领导小组，一个村落任命一位主持文化工作的责任人，下设分管村落文化创作、文艺活动、外联与宣传、文化辅导培训、非遗文化保护、基层文化站等的不同岗位，各类人员分工协作，提升万众创新的合力，促进畲村文化在新时代获得更好更快的发展。此外，还应加强各村之间人才的互动交流与合作机制，特别是在开展大型文化活动时，相关村落更应打破各自为政的状态，加大村落之间人员调配和共享力度，提高人才和人力资源的利用率。人才资源共享无疑是打破畲村人才短缺现状的最佳选项，只有这样，广大畲村才能举合作之力做好每一件事，畲村文化振兴才有可靠的制度保障。总之，以分工合作为原则，引导更多热爱畲族文化的人积极参与畲村文化的保护与传承，使每一个人都主动嵌入畲村治理、文化创新事业中来，闽东畲村文化振兴就能加快推进。

（二）培育畲村新型乡土人才，提高群众文化素质和创新水平

畲族村落文化的发展总是与乡土人才的培养紧密相连。如今，传统的师徒相承模式在畲村民间技艺传承方面还有一定的作用，如畲银手工技艺、花斗笠制作、畲族剪纸、畲医、畲家酒酿制技艺、畲族擂茶等。以往民间技艺是畲族群众谋生之本，尽管他们做的事业只属“细活”[①]，但很多人身怀绝技，实属地方能工巧匠，如“百艺村”福安凤洋畲村，如今还有许多拥有畲族传统民间技艺的工匠在村内外凭借技艺致富，但这些艺人学历水平较低，为了多赚钱，大部分都从事建筑行业，使得现在的“百艺村”早已名不副实。在乡村振兴背景下，畲村文化振兴已离不开新型乡土人才的培养，畲村文化的传承和振兴亦需要培养新型乡土人才。人才的培养是一项系统工程，倘若没有因地制宜的政策措施，人才培养必然变成一句空话。为此推出一系列行之有效的配套政策、举措与办法便成为当下畲村人才培养体系建构的重中之重。

1. 加强培育政策扶持，完善人才培养激励机制

政府是畲村文化传承的主导力量，从非遗传承人保护到村落企业家、驻村干部再到文化产业项目落地、民俗文化活动的开展，相关政策的扶持力度在逐年增加。但从现阶段的人才培养政策扶持效果上看，并没有达到预期。当前，对于畲村乡土人才的培养主要着眼于非遗传承人、经济能人、驻村干部等，如要提升畲村文化传承效果，尚缺少相应的政策支持。针对畲村现有人才需求实际，应明确培育着力点，形成多部门齐抓共管助力畲村文化发展新局面，共同出台有助于乡土人才培养的政策。例如，建立专项资金支持畲村新型技艺传承人提升物资装备水平；提高乡土人才培育的财政支持力度，确保育人的实际效果；落实有针对性的育人政策，扩大乡土人才培育范围，其中除已经确认的非遗传承人之外还应重点培养“土专家”“手艺人”等，以项目资金或优惠政策等方式激励他们做好技艺传承工作或帮扶创业，复兴畲村民间传统手工业。

2. 采用网格化管理模式，建立人才培养跟踪制度

当前，乡土人才的培养已进入大数据管理模式，各村、各行、各

① 这里指精细的活计，特指技术性强的活儿。

业的畲村主要人才均已进入政府部门数据库。但这些人才的管理并不完善，比如作为非遗传承人应以网格化管理模式对应传承人、传承项目、学员、非遗文化产品等多个具体目标，而后根据传承人目标完成效度给予相应的奖励，而不是一刀切地使用专项补助资金制度，这样才能调动传承人的文化或技能“传帮带”的积极性。此外，学员的跟踪管理也十分重要，无论学员身处何方都要跟踪学员的学习情况，特别是青少年、儿童学员因升学或进城务工离开原有的学习环境，更要随时跟踪，使绝大多数学员都能长期接受继续教育，按照学员文化和技能水平有选择地参加畲族文化培训或演出、技能比赛等活动，并针对学员的薄弱环节进行专业指导，提升学员的文化和技能水平。

3. 实施精准化培育，分层次分类别互培互训

闽东畲族村落文化传承现状因村而异，文化传承基地建设不平衡，如古田县、周宁县、柘荣县等区域畲族文化传承人极少，文化传承情况堪忧。即使是福安、霞浦、福鼎等县市，大部分村落也尚未建立起可持续传承联动机制以促进传承人才培养。为此，首先，应有针对性地对传承人才进行精准培育，特别是对一些热衷于民族文化传承或有文化习得基础的人员进行建档立卡、精准培育；其次，应有规划分门类地建设乡土人才培育基地，赋予培训主体单位一定的“产业办学”自主权，实行精准培育，如福安“珍华堂”畲族银饰教学基地与宁德职业技术学院合作开设银饰制作专业，产教合作培养畲族文化专业人才，对于传统畲银手工技艺传承起到重要作用，但是这些学生毕业后，还应在银饰制作技能培训和创新创业等方面给予支持，以提升他们的文化和技能水平；最后，为提升畲族传统文化“培与训结合”培养人才的效果，还应加强各传承人之间和各传承基地之间的协同合作，互培互训，让传承人掌握更丰富、更精湛的传统文化，整体性地提升、保护、传承畲族村落文化。

4. 强化就业技术培训，改进升学加分标准

随着畲族文化传习所、畲村文化产业或产业园区建设的全面展开，乡土人才的用武之地被彻底打开，相关文化传承基地、产业等急

需大量的民族文化人才，如“畲歌传习所”“珍华堂”“盈盛号”。但这些机构或企业所需人才的技能水平一直没有衡量标准，人才的激励机制不完善。所以，可尝试对畲村人才进行相关技能测试或职业技能考试，发给他们不同等级的证书，并按照职业证书认定资格和业绩发放工资，以提升他们传承畲族文化的积极性和钻研精神，促进畲村文化传承和现代性发展。当然，民族人才要从小开始培养，传承人才在培育过程中要充分整合本地区的教育资源，特别要关注具有一技之长的乡土人才，对他们从小到大跟踪开展相应的文化与技能培训，并就升学给予相应的加分政策，即按照加分对象所掌握的技能水平、文化类别和非遗数量等标准加分，以此促进人们学习畲族传统文化的积极性，推动畲族村落文化良性传承与发展。

5. 培养引领人才，营造良好的畲村文化建设氛围

文化传承需要引领者，而且每个文化类别都需要若干领军人物，才能做大做强文化发展事业。对于闽东广大畲村来说，现有市级以上非遗传承人仅 88 人，有些文化传承人囿于自身文化素质偏低、教授能力偏弱、开展文化活动能力不足，降低了自身文化传承能力。所以，对于畲村文化传承人还应进行有针对性的能力培养，加强对非遗传承人、产业经济能人、村落管理人才等的系统性培训，提高他们相应的能力，并适当规定所需完成的任务，让他们能尽心尽力做好文化“传帮带”工作，引领畲村传统文化走向复兴。再者，还要积极营造良好的畲村文化建设氛围，特别是培育“90 后”“00 后”乡土人才，让他们积极利用新媒介广泛开展民族文化交流活动，如利用微信、微博等开展文化宣传、交流活动，打造更多的“畲族网红”，借助网络流量推送畲村优秀传统文化，并发动民众大胆创新畲族文化的现代性传承与发展模式，积极营造“尊重乡土人才、关心乡土人才、爱护乡土人才”的良好氛围，促进畲村人才创新发展。

（三）加强“民族综合人”培养，提升村落文化传承与建构能力

这里的“民族综合人”指民族综合型人才，具备包括“德、才、能、绩、廉”等人才品质衡量要素的畲村新时代新型人才，他们不但

是非遗传承人、村落的组织者和管理者，还是村落文化创新与现代发展的推动者和引领者，换言之，他们是闽东畲村人才的最佳代表。畲族村落文化传承的主体是畲族群众，他们是畲村文化传承与现代性发展的核心要素。作为民族文化传承生态系统最关键的一环，对畲村文化代表性传承人的培养至关重要，因为畲村文化的发展离不开文化传承人或新乡贤、新型农民等的培养。然而，尽管各地十分重视人才培养，但乡村文化能人、经济能人、组织能人依然相对较为匮乏，导致现有的人力资源尚不能有效支撑畲族村落各项文化事业的全面开展。在此背景下，培养“一专多能”或“多专兼能”的人才成为化解目前畲族乡村人才资源短缺的有效路径。为此，畲村文化传承人应是兼具民族优秀传统文化和新时代文化的“民族综合人”，不仅应具备歌言创作、演唱、传授的能力，还应具有维护乡村秩序与淳化民风，推动农业的增收、农村的发展、农民的现代化[①]的通才和全才。概言之，闽东畲村的文化传承人更应是畲村治理的组织者、村落文化创新的引领者和畲村文化振兴的开拓者。因此，闽东畲村“民族综合人”培养是一个全方位的立体型工程，横向上看牵系着家庭、学校、社会教育、畲汉团结的多重网络，纵向上看嵌接着传统、现代与未来家园建构的民族担当，个体上看复合着乡村传统“德治”、新畲村治理和民族文化承续的乡土情怀[②]，培养的目标是使其不仅成为“有文化、懂技术、会经营”的乡村振兴精英人才，而且成为畲村文明建设、乡村治理、文化创新的新生力量。

1. 选拔高素质村落人才，线上线下定位培养

“民族综合人”培养的前提是充分了解村落相关人才，做到精准选拔、择优培优、定位培养，因为素质高、思想基础好、肯担当、敢作为的高素质村落人才更有可能成为畲村振兴的开拓者，对其进行线上线下定位培训，使之成为有理想、有技术、有文化、有能力的新畲

① 林翠萍：《乡村振兴背景下畲族歌言文化生态的现代性建构》，《兴义民族师范学院学报》2020年第2期。

② 同上。

村建设人才，并通过线上资源与线下职教培训提升班等，帮助他们做好前景分析，培育法律思维，形成社会责任意识[①]，成为畲村各项事业发展“领头雁”和文化创新带头人。猴盾村的雷某由一位普通畲村歌手被逐步培养成为省级非遗传承人、国家级非遗传承人、猴盾村支部书记，常年活跃在畲村经济文化建设事业第一线，是畲村名副其实的德才兼备的“民族综合人”。她不但数十年来积极参加民族文化活动，多地开设畲歌传承班，坚持培养畲族文化传承人，还担任村支书，主持搭建畲族歌楼，建设全国唯一的畲歌“双音”文化广场，积极组织村内外民众定期开展畲族文化活动，挖掘村落文化资源，对畲村文化发展起到全方位的推动作用。当然，只要肯于挖掘，善于发现，村落中具备培养潜质的人才一定不少，土生土长的畲村全才或通才十分熟悉村落发展实际，如能及时定位、严格培养，一定能在乡村文化振兴中发挥更大的作用。

2. 培育畲村文化守护人，提高“民族综合人”文化治理水平

文化是乡村的灵魂，培育能扎根畲村、长期建设畲村的“民族综合人”，才能有效守护好、传承好、发展好畲村文化。因为能倾情守护村落文化的人必然有一颗热爱乡村、热衷传承村落文化的奉献之心，而爱村者必能倾力治村，但治理好美丽新畲村，并不是任何人都可以做到，这就要求着力培养“民族综合人”的治理能力，就村落文化而言，就是提升文化治理能力。一是能坚持以人为本的价值导向，有能力制定文化建设方略以促进畲村公共文化服务体系建设，以加快村落民族文化产业发展，从而满足村落民众的精神文化需求。二是富有文化传承能力，善于拟定村落文化发展方略，提高文化政策的可操作性，并通过强化村落文化传承的绩效评价，提升文化创新水平。三是增强文化政策领悟和整体协调推进能力，一方面，以国家文化发展大政方针为依据，因村施策，制定符合自身文化发展特色的措施，创新发展畲村文化；另一方面，善于捕捉文化政策的溢出效应，使之更

① 张译木：《培育新型职业农民，实现乡村全面振兴》，《光明日报》2020年5月6日第6版。

有利于畲村经济、政治、文化、生态、社会等各方面的协同发展，以充分发挥文化政策的积极效应[①]。如半月里村通信员雷某几十年如一日搜集、整理畲村文物，创办畲族民间博物馆，抢救国家级非遗闽东畲族婚俗、省级非遗畲族牛家拳，传承畲族小说歌，保护古民居，等等，不愧为闽东畲族文化守护“第一人”，以实际行动和辉煌的成果守护着畲村的每一寸土地、每一缕文化乡愁。

3. 培养文化产业带头人，从根本上筑牢畲村文化传承人才堡垒

畲村文化的主体是人，村落留住了人才能守住传统文化，有了人的传承，畲村文化才能在延续中发展、创新。目前各地畲村已达成共识，即村落要留住人，必先兴旺产业；相应地，畲村文化要发展，必先兴旺相应的文化产业。为此，各村应加大力度培养懂文化产业、能兴旺文化产业的“民族综合人”，并在这些能人的带动下做大做强村落文化产业，使之成为赓续畲村文化的生产性保护基地。文化产业带头人的培养应以农村基层党组织为依托，结合新型职业农民的培育工作，组织党员、群众学习农业科学技术知识，运用科技发展经济[②]，通过严格培训、考察、遴选，而后给予产业项目资金支持，引导和教育文化产业带头人将畲村文化产业发展与畲村文化振兴紧密相连，时刻胸怀故土、心念群众，做扛起畲村文化振兴的“领航人”。有了文化产业的发展基础和带头人的引领，畲村便自然地留下了文化传承人才，如福鼎方家山畲村在返乡产业能人林某、钟某、陈某、李某等的带动下，以“党支部 + 专业合作社 + 农户”模式成立 8 家茶产业合作社，并设立合作联社党支部，将全村 21 家茶企组建成一个茶叶专业合作联盟组织，打造“白茶故里”作为公共品牌，坚持每年举办“三月三”畲族歌会暨白茶故里文化节、闽东畲族喊山祭茶仪式、斗茶赛，评选畲村最美十大茶人，并组织村民利用抖音、微信、淘宝等平台推介白茶产品，举办评选生态白茶推广大使等活动，将畲族白茶文化、

① 荣跃明：《提升文化治理能力》，《光明日报》2014 年 6 月 12 日第 14 版。

②《中共中央印发〈中国共产党农村基层组织工作条例〉》，新华网，2019 年 1 月 10 日。

畲村旅游文化、生态美丽畲村文化、畲村扶贫文化等融合起来，推动新时代畲村走向全面振兴。有了这些文化产业带头人、村落党组织和党员先锋的共同作用，才能筑牢畲族村落文化传承人才堡垒。

三、路径创新：增强畲村文化创新发展的多方合力

在乡村振兴背景下，畲族文化产业具备将城市的一部分人才、资金吸引到畲村的可能。从文化产业发展来看，畲族村落文化资源是其文化产业发展的原动力。只有通过现代规模的文化产业体系才能更好地开发畲族村落文化资源，助推村落文化现代性建构和畲村文化振兴。对于畲族群众来说，如何能让他们积极参与民族文化传承、创新或掌握村落文化资源开发能力，提升广大畲村助力文化发展的内生动力，以及内引外联，调动各方积极因素，促进畲村文化资源开发与民族产业的发展交融共生，共同发展，已成为当前闽东畲族村落文化现代性发展的必由之路。

（一）调动多方积极性，增强畲村文化资源开发合作互赢的内生动力

闽东畲村文化资源丰富，对其合理开发须立足畲村实际，整合多方力量，在促进村落文化现代性发展的同时，还要调动企业、农户参与村落文化资源开发的积极性，充分激发参与文化建设的各方的内生动力，这就需要把企业、合作社、农户等参与畲村文化资源开发和文化现代性重构的动力因素展现出来。当然，畲村的文化主体是畲族群众，是畲村文化资源开发和现代性建构的主要力量，民族文化现代性发展过程中，应始终把社会效益和经济效益、眼前利益与长远利益、局部利益与全局利益结合起来，增强群众发展经济、文化的“乘数效应”意识①。第一，畲村文化振兴成果的主要归属者是村民，应建立规范的文化建设管理制度，将村落有形文化资源和无形文化资源同等重视起来。有的村民用茶园、畲药、文化场所等

① 田晓：《发展贵州农村生态经济贵在创新》，《农村经济与技术》2000年第11期。

参与畲村文化开发行列，一部分村民没有这些有形文化资源，但他们可能拥有无形的文化资源，甚至还是国家级、省级等非遗传承人，这些民众是畲村文化资源最富有的持有者，更应以文化作为资本入股相关产业，让畲族群众凭借“民族传统文化持有者”这一资本成为股东，参与到畲族文化产业化开发中去，成为村落文化开发的真正主体。第二，在村落文化资源开发过程中，企业和畲族群众要做好文化资源开发权益分配，适当给民众增权。合作方在参与畲村文化旅游开发、节庆活动提供文化创意及管理经验的基础上，适当提升群众的文化现代性建构话语权，使村落文化在建构中保持鲜活的本色而不至于因被过度开发而异化，同时提高广大畲族群众的劳动积极性，增强村落文化开发的内生动力。

村落文化资源作为参与畲村文化建设最重要的要素，其现代性开发必须与技术、劳动力、资金及现代信息等要素一起进行重组。在闽东畲村一些文化产业运行得好的村落，专业协会和合作经济组织得到快速发展，在畲族村落文化开发中的作用也日益突出。畲村文化发展的非均衡性以及文化资源现代性开发的差异性，决定了畲村文化建构与文化产业之间的耦合发展必须找准相应的互赢措施，所有的对策均应指向畲村文化振兴的战略目标。一方面，目前畲村文化资源开发的层次不高，创意创新文化产品少，有些开发形式也已无法适应时代要求。为此，各参与方应敢于立足村落文化发展实际，努力带领畲族群众创新文化资源开发和现代性建构路径，实现文化开发与产业目标对接互赢的多重效益，增强各方的自信心。另一方面，还应运用文化产业发展理论与实践经验，在分析畲族村落文化资源开发与产业发展互赢目标的基础上，对龙头企业带动型、专业合作社带动型、产业园区带动型和专业市场带动型等耦合机制进行系统、全面的研究，探讨企业、合作社等组织与村落文化资源开发的真正主体之间共生耦合的能动机制[①]。通过制度建设、文化产业理论探索、利益共享，唤起企业、

① 曾秋婷、李益长：《闽东贫困山区生态资源开发与产业化扶贫研究》，《科技经济导刊》2017年第20期。

政府、农户等参与方的文化建设和创新热情，形成村落文化资源开发与畲族村落文化现代性建构的良性互动局面，以提振双方的合作双赢的内生动力。

（二）处理好创新与发展的关系，实现畲村文化振兴的多重效益

继承与超越相结合。闽东畲族村落文化的保护与传承不是孤立静止的，而是在发展中寻求创新和超越，但所有的创新都应以村落文化的原生性特色为基础，不能脱离文化资源谈创新，割裂文化内涵之间的联系[①]。文化要发展，资源要获得充分利用，对之进行创新是唯一选项。但创新不是盲目地标新立异，而应是在村落文化保护、继承基础上的现代性超越，是在对原有过时文化或文化产品补充、完善基础上的再创造，且这种创造理应有益于畲族村落文化的现代性发展。畲族族源问题中某些有违历史文化本真、容易伤害民族情感的祖先传说、犬图腾等文献式资源中的糟粕部分，在现代性建构中就要辩证地摒弃。创新是一种扬弃，经由扬弃后凝结成的文化新质才能经得起时代检验，也才能创造更大的文化价值，进而为畲村文化资源开发创造多重效益。

经济效益与社会效益相结合。畲族村落文化振兴的最终目的是实现畲村经济、社会、文化的多重效益，而非只是追逐经济效益。畲族村落文化资源的开发，或是将其进行现代性建构获得文化效益，或是将其物化为文化产品再通过市场经营获得经济效益。但村落文化资源的开发和现代性建构势必引发畲村生态环境、村落治理、基础设施建设、价值理念等诸多新问题。若只追求经济利益，畲村民众传统的道德、审美、价值观等便会被经济利益所剥离，畲村文化资源原有的社会功能丧失，造成对民族村落文化资源的现代性开发利用变得简单化、粗劣化和片面化，从而失去文化创新的根本。所以，畲族文化资源开发和现代性转化，要始终把社会效益和文化效益考虑在内，其目标是实现效益的多重化和畲村文化的多样性发展。

---

① 顾森瑞：《创新开发文化资源的策略研究》，南京艺术学院，2016。

突出重点与整体开发相结合。闽东畲族聚居区畲村文化之间存在共性和个性，它们之间既有联系又有区别，意味着不同区域的畲村文化的现代性建构可以在保持各自特色的基础上相互借鉴，互为补充，加以选择性地重构。闽东畲族聚居地区畲村分布较为分散，村落内部文化资源分布也不尽相同，村落之间不可能采用统一的模式进行文化现代性建构，同一村落也不能简单化地对自身文化盲目进行现代性转化。但是，如果借助文化产业开发又必须形成品牌和规模，所以畲村与畲村之间、畲村内部的文化产业之间应形成共识，为彼此的文化资源开发和现代性建构寻求可行性路径。基于当前的开发实践和理论指导，相关畲村和产业，应依靠整体性来形成大的主题方向并进行品牌塑造，以个性突出重点，让各文化资源在整体方向中显示自身的特色与活力①，并灵活地选择适合自身发展的类型化开发模式，既做到重点突出、整体推进、共同发展，又能守护好畲村的文化遗产，如上金贝畲村的畲家寨民俗文化旅游、猴盾村的畲族茶文化产业等。

创新开发与兼收并蓄相结合。闽东畲族村落文化种类多、分布广，许多文化富有区域性传统特征。在畲族文化创新性建构与开发中，应遵循文化发展和资源开发利用的规律，处理好文化的本土化、个性化发展与外来文化的合理引入和借用的关系，做到兼收并蓄、扬长避短、突出个性，想方设法提升畲村文化现代性转化的效度。有些村落文化资源普及度广、产业基础好、规模化程度高，则可立足自身优势，将相关文化产业做大做强，如闽东福安的畲药、畲茶等文化的现代性传承与发展；有的文化资源在当地村落分布较少，开发效益差，就要通过内引外联方式，将其他畲村的文化资源采借、移植进来，促进自身村落文化和文化产业发展，如古田富达畲村蓝公节文化可植入蕉城、福安、霞浦等地畲村的传统文化，以丰富所在村落的畲族文化内涵，但不能喧宾夺主，以致失去本村落的文化特色。也就是说，闽东不同区域的畲族村落文化的兼收并蓄或融合也要讲究合理

① 顾森瑞：《创新开发文化资源的策略研究》，南京艺术学院，2016。

性，创新开发要有“度”，最佳的合理配置需要创新性智慧。

（三）发挥多方联动作用，打造村落文化发展的创新路径

当前，介入闽东畲族聚居区畲村文化保护、传承和产业化开发的人员越来越多。在乡村振兴背景下，必须处理好参与者和文化主体之间的关系，将不同的文化资源要素、市场主体等区别开来，并在政府、合作组织等的作用下凝聚合力，发挥多方联动的作用优势，推动闽东畲族村落文化资源保护、传承和现代性创新发展。村落文化的开发主体是畲族群众，他们传统观念强、发展新时代畲村文化的观念淡薄、创新能力不足，需要政府的引导和培训，才能培养符合新时代要求的民族文化新型人才，提升他们创新开发村落文化资源的能力。文化产业追求的主要是经济利益，各方一旦参与到畲村文化资源开发行列，其本身除了要处理好与广大畲族群众的关系，还要处理好与政府、相关部门的关系，获得彼此的支持。比如，文化产业要获得资金、劳动力、文化持有者等的支持，就必须将一部分利润回馈给参与者，即企业没有良好的资金链条建立长短结合、结构优良、利润反哺的运作方式，也是不可能长久的①。可见，在畲村文化开发背景下，各方参与者必须用好政策、用活政策，通过合力作用，才能实现闽东畲族村落文化传承、发展与畲村振兴的多赢目标。

1. 方式上：立足村落文化特色，转变畲村文化创意化发展方式

一是依托畲村特色文化优势，促进畲族村落文化产业向创意化、规模化、集约化方向转变。如“三月三”“二月二”等节俗，可以让相邻的一些畲村联合起来进行整合式开发，专门成立相关村落的联合管理机构，共同构建好畲村民俗文化平台，结合落实“一村一业”“一村一特色”民族文化产业发展理念，集中力量打造有影响力的品牌，并通过良好的宣传媒介推介村落文化产品，实现畲族村落文化创意化发展。同时，突破区域限制，增强品牌影响力，拓展文化发

① 梁宇：《一个值得关注重要案例——贵州省普定县生态重建与可持续发展试点工程》，《中国人口·资源与环境》2000年第2期。

展空间，组织相关村落深度合作，使文化产业打破地区壁垒向跨境化、集约化方向发展，增强域内外相关畲村文化的合作共建，提升民族文化发展的活力。

二是联合发展村落特色文化，促使畲村文化发展迈上时代新台阶。目前，许多畲村“芳名”远播，如“中华第一畲家寨”上金贝村、全国唯一的国家级畲族历史文化名村半月里村、“中国扶贫第一村”赤溪村等，这些村落的民族文化发展相对较好，但畲族原生态文化的传承与发展并不仅是一两个名村的事，而应该注重于使所有畲村整体性获得发展。为此，“联合式”发展成为不二选择，各畲村应联合行动，或强强联手或以强扶弱，联合相关村落沿着以质取胜的方向，集中发展畲村特色文化，即培养一批有影响力的村落文化创意人才队伍，发挥“民族综合人”“畲村经济能人”“非遗传承人”的作用，有针对性地创建一批民族特色文化产业，打造一批区域性特色品牌或驰名商标，然后在突显地域特色的基础上，再将这些文化产品进行合理的“市场运作、灵活经营”，提升畲族文化产业的总体实力和核心竞争力。这样畲村产业发展了，文化振兴的步子跟上了，村落民众生活富裕了，闽东畲族村落文化传承与发展的问题自然就迎刃而解了。

三是提升畲村文化创意化水平，促成畲族文化发展向高附加值方向转变。文化产业发展好的地区往往在产业链方面衔接得很好，产业关联度和产业链的附加值就大①，如半月里村通过创建畲族古村摄影品牌，并将其融入畲村旅游文化、影视文化，由此拓展了畲村文化的表现形式，提升了村落文化的附加值，使闽东畲族村落文化朝着多个方向创意化发展。从畲族地区村落文化发展实际来看，赋予的文化品味越丰富，产品附加值就越高，所以应该充分利用这种特性，突出开拓畲村文化创意化发展新路。为此，还可分别建立村落文化创意产业群，促进村落之间良性合作，汇聚产品创意化特色，实现村落文化

---

① 熊正贤、杨艳辉：《中国少数民族地区文化产业发展方式转变研究》，《民族学刊》2011年第1期。

产品由低附加值向高附加值转变，为畲族村落文化现代性发展找准方向，注入动力。

2. 战略上：整合特色文化资源，调整村落文化空间布局

首先，结合当地实际，形成畲族村落文化特色化发展的布局。也就是说，各民族乡村应结合当地实际走特色化发展之路，选择好符合自身文化发展的突破点，合理规划、统筹安排，带动全体群众积极投身于畲村特色文化现代性建构的行列，尽心尽力发展畲村文化。“中国扶贫第一村”赤溪村本来传统文化流失严重，村里几乎没有一个非遗传承人，开展相关的畲族文化活动都需要从其他村落引进人才。为改变这种被动局面，赤溪村根据自身实际，努力建构畲村扶贫文化，以扶贫文化聚合畲族古村落传统文化要素，现已建设成为全国著名的“党建＋扶贫文化”教育基地，此外还植入畲村旅游文化、民俗节庆文化、茶文化等，使得该村成为畲村传统文化发展新的汇聚点，进而通过合理布局，孵育畲村创意文化，推动新畲村实现文化发展效益和社会效益双赢的目标。

其次，应紧跟发展步伐，形成畲族村落文化联动式发展新格局。即不同畲村都应充分发挥自身所拥有的文化资源优势，调整村落文化发展空间布局，齐心协力打造联动化的文化发展新格局，全方位助力闽东畲族村落文化大发展、大繁荣。猴盾村利用畲歌“双音”文化传承优势，尽可能地将闽东畲村文化，如畲歌、畲舞、畲族婚俗、畲家美食等，融合在一起发展，使得畲村文化空间相聚合，进行集中化传承与保护，即通过调整村落文化空间布局和整合式建构来促进闽东畲族村落文化的传承与发展。所以，必须有意识地调整畲村文化发展空间，将传承条件不充分的某一村落特色文化引入条件比较好的村落，发挥不同村落的文化协作机制，支持山区和沿海地区共建民族文化，形成“山海互动、协调发展”的良好格局。

最后，重点突破，实现畲族村落文化多元化发展新局面。督促各村将力量集中在村落文化发展的某个或几个重点上，根据自身文化发展规划，每年或每个规划周期重点发展一两个畲族村落特色文化，而

后以点带面，推动畲族村落整体发展。白露坑畲村是全国首批“中国少数民族特色村寨”，是畲族小说歌的发源地和传承的主要村落。该村应抓住这一重点文化样式，有计划地广泛培育与小说歌相关的文化生态环境，定期或不定期举办畲族小说歌大赛，鼓励谱写新的小说歌唱本，拓宽小说歌歌场，搞活小说歌传承模式，构建一个集教育、培训、研究、创作、展示、推广等为一体的综合性文化平台，甚至将畲村传统文化与时尚创意文化有机融合，而后将节俗文化、庙会文化、畲族民间技艺聚合进村落文化空间，着力打造村落民俗文化、餐饮、娱乐、休闲为一体的多元化发展新局面，最终实现畲族村落文化传统的回归，实现民族文化整体性发展。

3. 管理上：加强政策扶持，实行融合发展的类型化管理

第一，完善政策体系，优化融合发展的内部环境。结合当地畲族文化发展实际，围绕当地出台的《关于进一步帮扶民族乡加快发展五条措施的通知》和《关于贯彻落实少数民族事业“十二五”规划的意见》等文件，进一步为畲族村落文化发展构建符合实际需要的良好环境。首先，有计划地建构有利于畲村文化发展的积极机制，如加大培育“原生态保护村”“畲族集中居住村”“畲族特色村寨”“畲族古迹文物保护试点村”“畲族文化生态保护区”“畲族文化生态保护实验区示范点”等激励机制的力度，并设立有关基金项目，推进闽东畲族村落文化传承与建构的各项工作顺利开展，为畲村文化发展营造良好的内部融合环境。其次，以发展目标为准绳，各市县须及时层层落实进展情况，各乡镇各部门亦周密配合、齐心协力地对标对本落实责任，力求彼此协同发展，实现闽东畲族村落文化生态整体融合发展。再次，各研究单位、企业、畲村合作社、畲村文化传承基地等要充分运用研讨会、专题讲座、业务培训等形式，向全体畲村民众普及畲族文化知识及畲村文化现代性发展的新理念、新方法，加大舆论宣传力度，积极营造畲族村落文化现代性发展的良好氛围。最后，对文化现代性建构或发展取得较好成绩的村落，在政策和资金等方面优先支持、优先发展，提高村落文化发展内部动力，逐步形成以点带线、由

线及面的整体推进格局。

第二，借助中介经纪，增加村落文化传播与发展的外部助力。闽东畲族村落文化发展和振兴的外部助力主要依靠相关政府部门、企业、科研机构等力量的共同推动。随着时代的发展，各类文化产业中介组织相继出现，如传媒公司、文创组织等，这些中介组织对文化的创新发展起到了连接、沟通、促动、黏合的作用，也大大辅助和推动了畲族文化的传播与发展，使其真正成为畲村文化现代性建构和村落文化产业生产、流通和消费等环节的服务性组织、桥梁和纽带[①]。可见，文化中介组织对于促进民族文化的传播与现代性发展起到巨大作用，是推动畲族村落文化发展的新生力量。所以，要促进闽东畲族村落文化的现代性发展就必须培育文化创意推广经纪人队伍，并通过经纪人，把握市场信息的变化，对市场需求变化进行剖析，及时对市场进行预测和有效分析，及时为闽东广大畲村提供域内外民族文化发展的最新动向，做好畲村文化振兴的参谋者和推动者，为畲族村落文化传承与振兴提供正确的、先进的信息和政策导向。

第三，实行分类管理，落实相关部门的监管责任。分类管理就是指将事物分门别类，针对不同的分类适用不同的或是类似的管理方法。由于闽东畲族村落文化在不同区域或不同畲村都存在差异，某一个村落的文化传承现状及其面临的问题往往也迥然不同。基于此，相关村落首先要分类查找自身文化发展的优势和所要解决的问题，而后采用分类保护、传承原则，善于利用地方政府的民族政策和相关项目资金，优先发展优势特色文化，重点抢救濒危文化，孵育有发展前景的优质文化，优先发展非遗文化，对各种类别的村落文化进行分类管理。

依据《宁德市畲族文化保护条例》等文件精神，相关部门应在财政核拨、土地监管、项目引入、传播推介等方面落实相关责任。如闽东畲族花斗笠等竹编工艺传承人不断减少，政府部门应对其传承制定

① 冯玉军:《社会转型背景下应大力促进文化市场依法管理》,《浙江社会科学》2013年第8期。

专项管理方法，并在传承人才方面长期投入专项保护资金；又如闽东畲族木偶戏等非遗项目尚未得到推广，应在更多的畲村建立传承基地，所以相关部门必须在土地监管、资金投放、项目引入等政策上，引导社会力量优先发展该项目，并及时监管，加强跟踪与评估力度，助力此类文化的可持续发展；对于富有市场竞争力和创意性的畲族特色文化产业，应落实相关部门民族文化创意发展的监管责任，如专门设立畲村文化创意产业创业孵化基地，争取与社会各界相关的优势产业强强合作创建产业基地，为畲村文化创意化发展提供智力、技术、资金等的支持，促进畲族村落文化的现代性发展。

4. 模式上：创新建构理念，开辟“文化 +”发展新路径

丰富“文化 +”发展新形态，融合畲族村落文化发展路径。畲村要发展和振兴，文化是不可少的，闽东畲族村落文化的现代性发展是畲村振兴的必然要求。“文化 +”融合创新发展畲族村落文化的形态丰富多样，主要包括：①跨要素融合。主要包括“文化 + 科技”“文化 + 信息”“文化 + 资本”“文化 + 创意”“文化 + 品牌”“文化 + 休闲”“文化 + 党建”“文化 + 扶贫”“文化 + 生态”等，通过文化与其他发展要素融合创新发展，带动现代发展成果向文化领域转化应用，培育村落传统文化可持续发展的新兴文化业态，促进畲村文化在创意提升中获得现代性发展。如“文化 + 扶贫”，重在利用畲村扶贫成果，延续村落扶贫文化的时代发展助推力，向畲族村落传统文化注入新的时代元素，从而吸引社会各界的关注，继续积极参与畲村文化振兴，让畲村文化保持鲜活的发展动力。②跨行业融合。畲族村落文化发展的跨行业融合主要是将文化内容和创意设计渗透到其他行业进行功能互补，互馈互利，主要包括“文化 + 手工业”“文化 + 旅游业”“文化 + 特色农业”“文化 + 饮食业”等多种业态融合模式。比如，“文化 + 手工业”利用畲村民间传统技艺和人力资源，在畲村手工产品（如畲族银饰、花斗笠、剪纸）中融入传统文化和现代元素，强化民族文化品牌建构，提升畲村文化现代性转化能力，拓展文化传承空间。③跨平台融合。当前可用来助推畲族村

落文化振兴和发展的平台丰富多样，从畲村合作社到民族文化机构、从互联网到融媒体再到直播平台，以“文化 + 互联网”为核心的畲村文化发展模式成为闽东畲族文化空间重塑的新范式。随着文化发展对信息化要求越来越高，闽东畲族村落文化的振兴必须紧密贴合信息化发展要求，进而与新媒体展开跨平台融合创新，以“文化 + 创客”“文化 + 电商”“文化 + 抖音”“文化 + 淘宝”等创意表达形式，使畲族村落文化内容和传播方式更为丰富多样，在互联网时代占据有利的发展空间，促进畲族村落传统文化通过现代性建构获得长足发展。

打造“文化 +”发展新高地，促进畲村文化实现更深层次的融合创新。“文化 +”是文化要素与经济社会各领域更广范围、更深程度、更高层次的融合创新[①]。作为一种更深层次的融合创新，其在创新思维、人才培养、创新能力等方面自然有着更高的要求：①思维模式的转变。“文化 +”着眼于闽东畲村当下发展实际，要求在其文化振兴中打破传统思维，运用大融合、一体化思维整合村落文化发展要素，跳出原有只注重畲村文化与其他文化类别的小范围联合的思维，发扬“大思维”“大文化”理念，加大畲族村落文化资源挖掘、要素整合、产业耦合力度，统筹传统文化迈向畲村文化振兴的新发展征程，实现畲村文化与其他发展要素向更高、更深层次融合。②人才理念的转变。当下，科技与人才已成为闽东畲村全面振兴的重要因素，畲族村落文化的发展必须坚持将科技兴村、人才兴村理念融入村落文化发展实践，让创新科技赋予传统文化新形式，使文化创意得到最大限度的发挥。通过科技的助力，创意人才的引力，引导和支持人才、技术等创新要素向民族特色产业集聚，构建民族产业技术创新战略联盟和创新平台的融合发展机制，加强特色产业的融合式发展[②]，打造畲族文化产品的时代新特色，实现畲族传统文化和时代新科技的完美结合以

① 张湘涛：《“文化 +”：产业融合发展的新形态》，《光明日报》2015年12月25日第10版。
② 肖林、李益长：《闽东畲村生态文化资源与创意产业融合发展的思路与对策》，《科技经济导刊》2015年第18期。

及传统文化产品的创意性、创新性改进，提升畲村文化资源利用率和创意开发效度。此外，还应充分利用高新技术，加快改造建设一批综合性、多功能、有特色的公共文化设施[①]。借助科技、人才的作用，使无生命的村落文化资源得以活化，再现民族文化精髓，同时为闽东畲村文化资源与产业高效融合发展不断提供新的可能。③创新能力的提升。创新能力是国家发展战略的核心和提高综合国力的关键，同时也是畲村生态振兴、产业振兴、文化振兴等的着力点。对于畲族村落文化现代性发展而言，首先必须提升村落民众、企业、文化机构等的协同创新能力，培育一大批适合当地文化发展的特色人才，带动区域民族文化振兴和文化产业创新式发展；其次，参与畲族村落文化资源开发的各方应致力于创设文化现代性发展的良性运作环境，形成各方合作共建共享的良好氛围，以保证畲族文化的可持续健康发展；最后，建立健全闽东畲族村落文化的自主创新激励机制，政府、企业应加大力度奖励自主创新的个人、集体或机构，鼓励人们开展融合式、创意式文化资源创新开发，做到畲村文化与产业发展同频共振。

增强“文化 +”发展动力，推进畲族村落文化全面振兴。随着闽东畲村全面步入小康社会，畲族群众对自身美好的物质文化生活提出了更高要求，文化是村落的“灵魂”，深度激发“文化 +”发展动力是实现畲村民众物质、精神生活的重要途径。对于闽东畲村来说，“文化 +”模式就是将畲族村落传统文化要素向畲村经济社会全域性地植入，使之与村落现代性高质量发展相融合，提升畲族村落文化品格、发展活力、时代价值和创新精神。首先，必须把“文化 +”创新创意产品与畲村民众的文化需求相结合，使其成为村落文化现代性发展的核心动力。如传统歌会中有些歌者素质较低，“文化 + 礼仪培训”势必提升对歌活动的文化品位和审美水平，增强活动效果，提高文化供给的质量，催生畲村文化创新，因为“文化 +”越自觉、越全面、越深入，经济发展的领域就越宽广、发展的活力就越充沛、创意创造就

① 胡亦平：《科技创新推动安庆文化建设的实践与思考》，《安徽科技》2012年第5期。

越层出不穷[①]。其次，必须把“文化+”作为畲村文化现代性发展的思想理念和路径选择。目前，闽东畲村文化振兴的步子已经迈开，为了更好地规避传统文化异化，实现畲族村落文化的现代性转化，务必顺势而动并强化畲族群众“文化+”意识，树立正确的“文化+”发展理念，引导畲族群众努力建构优质的民族文化，促使畲村文化产品向质量效益型转变，让“文化+”既为畲村守住民族文化根脉又为文化现代性发展注入强大动力，建构更具村落传统文化发展优势的生态环境，推进畲族文化全面振兴。最后，与时俱进，让“文化+”为畲村文化振兴提供可持续动力。随着时代发展，文化价值观的更新也在不断影响着人们的精神品质、价值追求和社会发展的动力。因为世上的所有产品有半数是靠文化内涵的提升而产生的，所以畲村要发展，最根本的助力就在于文化的创新，“文化+”能以无限的可能推动畲族村落文化的发展和畲村社会全面振兴，如“文化+产业”“文化+生态”“文化+乡风文明”“文化+乡村治理”，无数的后缀累加，使得“文化+”在助力畲村发展过程中近乎无所不及。事实证明，只有激活村落文化的创新活力，民族文化全面振兴的目标方能实现。

① 郭永辉:《“文化+”是供给侧结构性改革的路径选择和强大动力》,《光明日报》2016年3月17日第16版。

第六章　研究结论与展望

一、研究结论

本书以闽东畲族村落文化传承及其振兴为研究目标和主题，通过闽东畲族村落的田野调查，对闽东畲村家族文化、女性文化、民俗、畲歌畲舞、畲医畲药、民间技艺、民间文学、民族体育等文化事象进行了客观梳理和综合观照，并基于调查数据和闽东畲族村落文化传承与发展实际，分别从政府、民间、产业等视角分析了当前闽东畲族村落文化环境变迁的表现、传承人培育、村落文化传承与发展现状及其现代性建构所呈现的特点，探讨了畲族村落传统文化传承与发展的推进动因、主要模式和现代性建构存在的问题和改进措施，以及如何借助畲族村落文化资源来创造民族文化新的增长点，如何利用村落文化品牌汇聚畲村文化，发展畲族现代文明，促进闽东畲族各村落的文化互动交流与可持续发展等。最后，基于闽东畲族村落文化振兴的现状、制约因素、可行性分析等内容的阐述，从生产性建构、整体性建构、数字化建构和创新性建构 4 个方面提出当前闽东畲族村落文化振兴的路径和对策。主要研究结论如下。

（一）传承与建构是畲族村落文化现代性发展的逻辑进路

闽东是目前畲族传统文化保存最完整、最原生态的地区，传统与现代交织是当前闽东畲村文化发展的真实面貌，无论是抢救性保护、展演式保护还是生产性保护，只有将村落优秀传统文化完整、有效地传承下来，畲村文化的发展才有可以赓续的血脉和灵魂。当传统文化与现代文明相碰撞，多元文化的交织、共生需要人们用先进的文化发展理念进行传统文化振兴，即广泛吸收有助于民族文化发展的现代文化元素，助力传统文化创新，教育村落民众树立现代文化意识和价值观，调动社会各方积极因素，鼓励人们积极参与民族村落传统文化建构，特别是引导好数字化、自媒体背景下的民族文化，使之沿着正确的路径获得更好的传承与发展。这样，文化主体、文化客体、传承载体、文化空间等有机结合，村落文化与现代先进文化交流互动，完善民族文化共建、共享机制，才能使传统文化传承及其现代性建构在双向互促互进中获得可持续发展。

（二）经济发展与文化建设的互动要永葆民族文化创新活力

经济与文化实现同步发展是民族地区社会发展的重要任务。从当前闽东畲族村落文化建构实践来看，民族村落的经济建设与文化建构均取得了一些成绩，二者的互促共赢机制得到了有效的实施，但各地仍存在“重经济轻文化”的现象，表现在：一是片面追求经济利益，一些不能直接带来经济价值的村落文化得不到保护与传承；二是简单化地看待经济与文化的关系，认为文化走向市场化开发必然脱离文化发展的原生环境而产生文化异化，于是否定一切形式的民族传统文化现代性建构。实际上，发展才是最好的保护，即传统文化要获得可持续发展就必须与时俱进地为其注入现代性元素，获得文化的自我更新和造血功能，永葆文化创新活力，实现传统文化向现代文化的转化，并在文化创新中凸显新文化的社会价值和时代价值，发挥市场经济对文化振兴的推动作用，尽可能地让民族文化在与经济建设的同生共荣中获得全面的创新性发展。

（三）应注重文化生态的全面性保护，唤起民众的文化自觉与振作

民族文化的传承与振兴总是在一定的文化空间里进行，而民族文化原生的日常生活样态不可复模，民族村落文化的原生环境被破坏后便不可再生。所以，无论是民族文化的保护、传承还是振兴，均应重视文化生态的全面性保护工作，特别是文化演述的原生场所、主体精神世界和生生不息的历史文脉。首先，由于外来文化的侵蚀，许多民族文化主体开始逐渐丢弃文化传统，他们不会讲畲语更不会唱畲歌，畲村主体变成了缺乏文化灵魂的“准他者”。其次，随着大量村民的易地搬迁，民族文化生态空间产生位移，因文化生态环境建设不到位，新空间不能满足群众传承文化的需求，日常歌场消失，文化展演变味，再加上相关政府、村“两委”等“重经济轻文化”，无法适时调动民族村落传统文化振兴的积极因素，导致新型文化空间难以全面性建立，民族村落文化传承与建构也只能是一句空话。最后，尽管近年来以政府为主导的畲族文化分类保护和传承工作一直在有序展开，但民众振兴民族文化的自觉度和自信心并未得到有效激发和提振，群众主动参与村落文化建构的权利和义务未得到落实，相关激励机制还应进一步完善。只有由内而外，文化与生态共治，民族文化的传承与振兴才能获得不竭动力。

（四）政府与民间协同合作，多方力量合力推进民族文化振兴

民族文化传承与振兴离不开政府的主导，但不管是文化主体的建设、文化客体的保护还是文化空间的现代性建构，如果政府干预过多、过于功利化和标准化，项目制等近乎单一而僵化的推进方式很大程度上会导致民族乡村文化建构的同质化、公共设施闲置浪费等问题，甚至“千人一面”的文化发展模式使得相关村落人文环境失去特色，即文化空间清一色为现代版。人们很难从中体会到民族乡村传统文化的历史厚重感，直接的后果是民族文化乡土气息缺失和文化生态异化。只有民间力量自觉介入、群众或各界力量有效调动，民族村落文化才能获取不竭的发展动力，才能建构出更有乡土特色的村落文化以更好地服务于畲族群众。所以，近年来政府主导下的畲村文化传承与振兴应加大力度提升畲族群众传统文化自觉意识，在培养数字化保护和自媒体文化传播人才、优化文化资源均衡供给、凝练畲村文化空间特色等方面下功夫，紧扣观念创新、人才创新、路径创新等角度，借助多方力量夯实畲村思想基础、提高科技助力，合力推进畲村文化振兴。

二、研究展望

当前，乡村振兴已成为时代主题。在此大背景下，本书重在通过审视闽东畲族村落文化传承及发展现状，从生产性建构、整体性建构、数字化建构、创新性建构 4 个方面探讨闽东畲族村落文化现代性发展的因应策略，努力引导社会各界人士积极参与到畲族村落文化保护和传承中去，在民族身份的多重表达、文化凝聚力的回归、民族形象的提升、构建畲村主体时代精神、弘扬畲族村落文化、畲村现代文化空间拓展、美丽畲族乡村建设等方面探索民族乡村文化振兴的推进动因，合力探索畲村可持续发展路径，以期挖掘民族乡村文化发展的内生动力，让畲村留住乡愁的本质，让畲族文化成为畲村振兴的源泉。但囿于视角和条件的限制，本书的研究范围较小，未能将研究对象拓展到区域以外的文化空间里进行较为充分的比照性考察，也未能适当地将研究视角延伸至城市、乡镇，聚焦畲村入城农民工的畲族文化传承情况，更加全面地探讨城乡共建、共享畲族文化的时代特点和规律，拓展研究的深度和广度。为此提出以下研究展望。

（一）如何让城镇成为畲族村落文化传承与发展的新场域

城市是社会分工多样化及人口聚合的结果，并在社会发展中承担着重要的职能[①]。随着城镇化脚步的加快，闽东畲村很多群众搬离故土进入城镇，城市显然已成为民族化多元汇聚的新的文化空间，同时为畲族文化传承与发展提供了新的重要场域。但是由于畲族群众进入城镇之后社会交往具有不确定性，他们之间的社会圈子显然已不再局限于同族或同乡，以往的“熟人圈”已被新的生活空间撕碎，平时所接触的社会文化也变得不再纯粹，甚至很难像过去那样时常沉浸在本族文化的氛围里，使得自身很容易陷入民族文化迷失状态或因进入异质文化环境而丧失民族认同感或自信心。民族要发展，文化不能断根，城镇化必然造成畲族文化传承场域的坍缩，当务之急必须瞄准畲族文化活态传承主体，由政府牵头为他们重构相应的文化传承空间，相关的理论研究也必须跟进，所有相关人员应形成一个立体交叉的文化建设群体，合力促进畲族之间、多民族之间的文化交流，使城镇成为畲族文化传承与现代发展的新领地。类似的相关研究和空间重构的尝试、创新等均有待于今后的不断探索。

（二）乡村振兴背景下畲族文化传承与现代性发展的新探索

随着畲民大规模背土离村，一些原有的村落文化、家族纽带和文化空间已渐散失，嵌合在“美丽乡村”“特色产业”“留住乡愁”中

① 吴莹：《城镇化视阈下少数民族搬迁移民的时空重构与文化变迁——基于云桥社区的实证研究》，云南大学，2016。

的文明建设已成为化解畲村文化发展现实困境的“组合拳”，畲村成为一个叠合传统与现代、城市与乡村、民族性与公共化的多元性文化空间，畲族村落文化发展亟须与乡村振兴目标相一致地加以重构。但是，如何以乡村振兴五大目标为主轴，建构一个能唤起族群记忆和民族团结共进的文化空间，促进畲族村落文化的乡村治理功能、社会生产功能、生态功能、教育功能等的回归，推动乡村振兴背景下畲族村落文化生态的创新发展？如何借助民族团结力量传承畲族村落文化、多元场域联动共生全方位建构村落文化生态、自媒体生成可供城乡共享的新型文化场域、城乡文化空间融合互动拓新村落文化传承路径、联合地方高校发展畲族村落文化？如何借助乡村振兴战略契机，进一步激活政府、市场、社会组织等参与畲族村落文化传承的积极性，为搭建民族团结与文化传承共享机制、实现民族共同进步与村落文化发展的共赢目标等提供理论和实践依据？本书对这些方面的问题并未加以深入探讨，还有待今后进一步调查研究。

（三）探索“闽东之光”文化弘扬与畲村文化发展的耦合互赢

“闽东之光”是习近平总书记在宁德工作期间提出的有关闽东文化的深层概括，畲族文化是其中的一个闪光点[①]，弘扬“闽东之光”与传播畲族文化成为当地协同并行的文化发展理念。特别是“闽东之光”所涵盖的“弱鸟先飞”“滴水穿石”“久久为功”等文化发展的内生性动力与闽东畲村社会经济文化发展、集体凝聚力重塑、个体创新力和家园共同体认同等方面的互馈关系十分紧密；“闽东之光”所涵盖的“民族团结”“山海交响”“宁德模式”等外源性动力对畲村治理、特色产业兴旺、乡风文明、文化建设、生态环境建设、造福工程优化提升等方面的有序推进具有深刻影响；另外，“闽东之光”文化的弘扬有利于预判或阻遏畲村社会变迁的负面效应、推进畲村文化城乡一体同构、重塑畲村文化信仰等。所以，探索如何将弘扬“闽东之光”文化与发展闽东畲村文化这两件大事融合起来加以推行，寻找

① 习近平：《闽东之光——闽东文化建设随想》，载《摆脱贫困》，福建人民出版社，2014。

二者耦合互赢的最佳路径，以提升闽东畲族村落文化传承与建构的成效，是当前畲村文化发展的重要思路。因为“闽东之光”的“四下基层”“滴水穿石”等核心思想与畲村的新型农民培育、高校支农队伍驻村、“三农”队伍建设、村企对接互赢、生态文明建设等农村热点问题紧密相连，做好这方面的深入研究将有利于多元主体共构下畲族村落文化的现代性发展，加快实现闽东畲村文化振兴目标。

（四）如何构建城乡一体多元共建共有共享文化的新格局

随着时代的发展和畲村民众的迁移，畲族村落文化生态发生了较大变化，一些原本只在畲族村落传承的文化事象也随着传承人群的迁移而进入城镇。此外，城镇建设的各类畲族文化培训班、畲族文化产业园、校园畲族文化节、农民工地下歌场（或歌棚）、在城镇举办的各类畲族文化节庆活动等，均将畲族村落文化植入其间。也就是说，畲族村落文化传承空间已延伸至城镇。“移民文化”背景下闽东畲族村落文化传承新型场域的构建，已成为当前人们必须面对的实际问题，但如何在城镇重构畲族传统文化传承空间，城镇化的畲族文化图景是否与民族文化发展的愿景相吻合，种种问题均需要人们深入思考。有学者认为，城镇化背景下民族文化现代性发展的核心问题在于如何构建各民族共同参与构建城乡一体多元共有共享文化新格局的机制和政策[①]。对此，畲族村落文化如何融入城镇文化空间并参与多元文化共同体建构；如何超越村落文化传承空间让自身传统文化融入城镇并保持本民族文化特色，让畲族村落文化在城镇中获得继承和创新；如何坚持在政府的主导下引领城镇畲族坚定信心传承与发展本民族传统文化，为构建城镇各民族共建共有共享畲族文化注入创新活力。

基于这些问题，必须在中华民族共同体认同框架下，激发各族人民的文化自信，铸牢中华民族共同体意识，坚定地走出一条具有闽东特色的民族文化振兴之路，深入构建城乡一体多元、共建共有共享文化的新格局，推动畲村文化的现代性发展和民族文化的全面振兴。

---

① 吴莹：《城镇化视阈下少数民族搬迁移民的时空重构与文化变迁——基于云桥社区的实证研究》，云南大学，2016。

参考文献

[1] 哈·史图博，李化民.浙江景宁敕木山畲民调查记[M].中南民族学院民族研究所，1984.

[2] 哈贝马斯等，周宪编.文化现代性精粹读本[M].北京：中国人民大学出版社，2006.

[3] 扬·阿斯曼.文化记忆·早期高级文化中的文字、回忆和政治身份[M].北京：北京大学出版社，2015.

[4] C.恩伯，M.恩伯.文化的变异[M].沈阳：辽宁人民出版社，1988.

[5] 阿帕杜莱.消散的现代性[M].上海：上海三联书店，2012.

[6] 安东尼·吉登斯.现代性的后果[M].南京：译林出版社，2000.

[7] 安东尼·吉登斯.现代性与自我认同[M].北京：北京三联书店，2011.

[8] 雷蒙德·威廉斯.漫长的革命[M].上海：上海人民出版社，2013.

[9] 曹德本·中国传统文化学[M].沈阳：辽宁大学出版社，2001.

[10] 曹红亮，张扬，王丽媛，等.长三角地区乡村文化建设的主要模式研究[J].上海农业学报，2021，37(03)：116-122.

[11] 陈文江，黄超.少数民族传统文化现代建构的逻辑和机制——以肃南裕固族自治县为例[J].西北师大学报(社会科学版)，2018，55(03)：78-83.

[12] 陈赞琴.论畲歌的数字化保护与传播[J].齐齐哈尔大学学报(哲学社会科学版)，2020(05)：160-162+166.

[13] 方坤，秦红增.乡村振兴进程中的文化自信：内在理路与行动策略[J].广西民族大学学报(哲学社会科学版)，2019，41(02)：41-48.

[14] 方清云.文化自觉与“我构”回归——基于畲族文化变迁的历史人类学考察[J].西南民族大学学报(人文社科版)，2020，41(10)：57-63.

[15] 冯玉军.社会转型背景下应大力促进文化市场依法管理[J].浙江社会科学，2013(08)：80-83.

[16] 福安市地方志编委会.福安市志[M].北京：方志出版社，1999.

[17] 福建省炎黄文化研究会.畲族文化研究(上、下册)[M].福州：民族出版社，2007.

[18] 顾森瑞.创新开发文化资源的策略研究[D].南京艺术学院，2017.

[19] 郭庆光.传播学教程[M].北京：中国人民大学出版社，2003.

[20] 郭志超.畲族文化述论[M].北京：中国社会科学出版社，2009.

[21] 何星亮.非物质文化遗产的保护与民族现代化[J].中南民族大学学报，2005(02)：31-36.

[22] 贺学君.关于非物质文化遗产保护的理论思考[J].江西社会科学，2005(02)：103-109.

[23] 化秋平，张俊强，毕凯旋.市场经济条件下大众文化异化现象论析[J].合肥工业大学学报(社会科学版)，2017，31(02)：45-48.

[24] 黄光学，施联朱.中国民族识别[M].北京：民族出版社，1995.

[25] 黄永林，谈国新.中国非物质文化遗产数字化保护与开发研究[J].华中师范大学学报(人

文社会科学版)，2012，51(02)：49-55.
[26] 季中扬.乡村文化与现代性[J].江苏社会科学，2012(03)：202-206.
[27] 菅志翔.仪式和庆典中的族群身份表达——以保安族为例[J].云南民族大学学报(哲学社会科学版)，2007(04)：21-24.
[28] 蒋炳钊.关于畲族来源问题[J].中央民族学院学报，1984(3)：90-95.
[29] 赖艳华.闽东畲民家族文化传承与发展调查[J].宁德师范学院学报(哲学社会科学版)，2017(03)：13-18.
[30] 赖扬恩.宁德畲族地区扶贫开发的实践与启示[J].民族研究，2019(04)：47-58+140.
[31] 蓝纯干.宁德市畲族志[M].天津：天津古籍出版社，2001.
[32] 蓝炯熹.福安畲族志[M].福州：福建人民教育出版社，1995.
[33] 蓝炯熹.猴盾茶人[M].昆明：云南大学出版社，2013.
[34] 蓝青魁.畲族族源试论[J].福建论坛，1986(04)：61-64+68.
[35] 蓝图，蓝炯熹.闽浙赣交界地：地理枢纽与畲民族共同体的建构——以历史地理为视角[J].福州大学学报(哲学社会科学版)，2010，24(06)：5-19+108.
[36] 蓝兴发.传世畲族：图腾神话探讨[M].北京：中央民族大学出版社，2014.
[37] 蓝运全，缪品枚.闽东畲族志[M].北京：民族出版社，2000.
[38] 雷恒春.中国文化大观·畲族卷[M].北京：民族出版社，1999.
[39] 雷李洪.资本再生产视角下的民族村落发展——以闽东狮墩畲村的发展为例[J].宁德师范学院学报(哲学社会科学版)，2016(02)：11-15.
[40] 雷弯山.畲族风情[M].福州：福建人民出版社，2002.
[41] 雷弯山.畲族源流研究[M].北京：中共中央党校出版社，2016.
[42] 雷伟红.畲族习惯法研究——以新农村建设为视野[M].杭州：浙江大学出版社，2016.
[43] 李北平.新时代乡村文化建设研究[D].安徽工程大学，2019.
[44] 李辉.百越遗传结构的一元二分迹象[J].广西民族研究，2002(04)：26-31.
[45] 李佳.从资源到产业：乡村文化的现代性重构[J].学术论坛，2012，35(01)：77-81.
[46] 李军明，向轼.论乡村振兴中的文化重构[J].广西民族研究，2018(05)：95-103.
[47] 李凌霞，曹大明.畲族的凤凰崇拜及其演化轨迹[J].三峡论坛，2013(03)：46-49.
[48] 李天雪.民族过程：文化变迁研究的新视角[J].广西民族研究，2005(04)：6-9.
[49] 李益长，许陈颖，陈丽冰.闽东畲族药资源产业化开发现状与对策——以福安畲药为例[J].安徽农业科学，2016，44(05)：133-135+154.
[50] 李益长.畲族民俗风情概说[M].长春：吉林大学出版社，2019.
[51] 李益长.乡村振兴语境下民族文化传承场域的续构与生成——以畲族小说歌为例[J].湖北民族学院学报(哲学社会科学版)，2019，37(05)：109-115.
[52] 李枝秀.传统村落“空心化”的原因分析与治理策略[J].老区建设，2015(08)：34-36.
[53] 厉以宁.中国道路与新城镇化[M].北京：商务印书馆，2013.
[54] 林翠萍.乡村振兴背景下畲族歌言文化生态的现代性建构[J].兴义民族师范学院学报，2020(02)：67-71.
[55] 林锦屏.乡村旅游浪潮下民俗文化功能的异化——以畲村猴盾为个案[J].宁德师范高等专科学校学报(哲学社会科学版)，2007(04)：14-18.
[56] 林校生.闽东文化流变论劄[M].福州：福建人民出版社，2016.
[57] 刘博，朱竑.新创民俗节庆与地方认同建构——以广府庙会为例[J].地理科学进展，2014，33(04)：574-583.

[58] 刘昌年，刘治岐.加快推进江苏小微工业企业转型发展的对策研究[J].江苏大学学报（社会科学版），2014，16(03)：55-67.
[59] 刘冬.福建省畲族文化保护传承与创新发展研究报告[J].宁德师范学院学报，2017(03)：1-4.
[60] 刘国平.宁德非物质文化遗产[M].福州：福建人民出版社，2014.
[61] 刘婷.广西民族文化资源评估与文化产业开发研究[J].广西社会科学，2011(02)：31-35.
[62] 刘文颖.民族文化产业化与区域民族经济发展研究[D].云南师范大学，2008.
[63] 刘玉堂，高睿霞.乡村振兴战略背景下乡村公共文化空间重构研究[J].江汉论坛，2020(08)：139-144.
[64] 路璐，朱志平.历史、景观与主体：乡村振兴视域下的乡村文化空间建构[J].南京社会科学，2018(11)：115-122.
[65] 马成俊.基于历史记忆的文化生产与族群建构[J].青海民族研究，2008(01)：1-5.
[66] 马克思，恩格斯.马克思恩格斯选集· 第1卷[M].北京：人民出版社，1995.
[67] 马克思，恩格斯.马克思恩格斯选集· 第2卷[M].北京：人民出版社，2012.
[68] 马骍，陈建樾.中国民族地区经济社会调查· 宁德畲族聚居区卷[M].北京：中国社会科学出版社，2015.
[69] 毛泽东.毛泽东文集· 第3卷[M].北京：人民出版社，1996.
[70] 孙庆彬，朱波涌，周家金.少数民族村落体育组织的生成方式与运作机制——以壮、侗、苗、瑶等少数民族古村落为例[J].北京体育大学学报，2014，37(09)：50-55.
[71] 明跃玲.文化重构与民族传统文化的保护——以湘西民族旅游文化为例[J].中央民族大学学报（哲学社会科学版），2007(01)：71-76.
[72] 彭冬梅，潘鲁生，孙守迁.数字化保护——非物质文化遗产保护的新手段[J].美术研究，2006(01)：47-51.
[73] 彭洲飞.现代人焦虑、现代性反思、现代文化建构——西方马克思主义对现代性文化危机的探索及其当代启示[J].兰州学刊，2012(02)：15-20.
[74] 施联朱.畲族风俗志[M].北京：中央民族大学出版社，1989.
[75]《中国少数民族社会历史调查资料丛刊》修订编辑委员会.畲族社会历史调查[M].北京：民族出版社，2009.
[76] 苏勇.文化身份认同与建构中的文化主体性[J].贵州师范大学学报（社会科学版），2009(01)：93-97.
[77] 孙钊，薛君.生态经济重建对策[J].开发研究，2003(02)：44-46.
[78] 谈国新，钟正.民族文化资源数字化与产业化开发[M].武汉：华中师范大学出版社，2012.
[79] 谭振华，施强.畲族丧葬习俗演变初探[J].丽水学院学报，2014，36(06)：72-76.
[80] 王乃举，沈东生.基于生态博物馆思想的古村落旅游发展模式[J].安徽农业大学学报（社会科学版），2014，23(05)：29-35.
[81] 王萍，陈楚寒.西南少数民族传统村落文化建档式保护模式研究——基于传统村落文化保护模式比较的视野[J].民族学刊，2020，11(04)：96-102+142-143.
[82] 王山，周鸿.仫佬族民族文化资源产业化分析与开发策略研究——以广西罗城仫佬族自治县为例[J].广西社会科学，2013(07)：168-172.
[83] 王珊，萨师煊.数据库系统概率[M].北京：高等教育出版社，2014.

[84] 王素萍.对文化现代性的哲学解读[J].西南农业大学学报（社会科学版），2010，8(01)：99-100.
[85] 王希恩.论中国少数民族传统文化现状及其走向[J].民族研究，2000(06)：8-16+105.
[86] 王逍.景宁畲族乡村发展路径与实践[J].广西民族大学学报（哲学社会科学版），2018，40(01)：42-50.
[87] 王晓升.文化生产中的异化现象[J].中原文化研究，2017，5(04)：61-67.
[88] 王真慧.市场经济背景下畲族文化现代性建构研究[D].中南民族大学，2014.
[89] 王志平.江西非物质文化遗产保护利用与产业发展研究[D].南昌大学，2013.
[90] 闻易.民族精神是一个民族赖以生存和发展的精神支撑[J].求是，2003(09)：33.
[91] 吴理财.文化治理的三张面孔[J].华中师范大学学报（人文社会科学版），2014，53(01)：58-68.
[92] 吴莹.城镇化视阈下少数民族搬迁移民的时空重构与文化变迁——基于云桥社区的实证研究[D].云南大学，2016.
[93] 吴赢.农村文化生态系统及其建构——基于社区营造的视角[J].福建江夏学院学报，2014，4(01)：76-81.
[94] 习近平.摆脱贫困[M].福州：福建人民出版社，2014.
[95] 肖青.民族村寨文化的现代建构逻辑[J].思想战线，2008(03)：6-10.
[96] 熊正贤.乌江流域民族文化资源开发与文化产业发展研究[D].西南民族大学，2014.
[97] 徐杰舜，李辉.岭南民族源流史[M].昆明：云南人民出版社，2014.
[98] 许陈颖，林翠萍.社区营造背景下民族村寨生态文化资源开发研究[J].温州大学学报（社会科学版），2018，31(01)：94-99.
[99] 薛强，陈李君.传媒与现代性——浅论约翰·B.汤普森的传播思想[J].广西大学学报（哲学社会科学版），2011，33(06)：133-136.
[100] 杨发祥，茹婧.新型城镇化的动力机制及其协同策略[J].山东社会科学，2014(01)：56-62.
[101] 伊漪，李益长.民族村生态文化资源的产业开发研究——以闽东畲村为例[J].温州大学学报（社会科学版），2016，29(03)：65-71.
[102] 喻锋平.畲族史诗《高皇歌》英译研究[M].杭州：浙江工商大学出版社，2018.
[103] 张丙宣，华逸婕.激励结构、内生能力与乡村振兴[J].浙江社会科学，2018(05)：56-63+157-158.
[104] 张博.非物质文化遗产的文化空间保护[J].青海社会科学，2007(1)：33-41.
[105] 张崇根. 畲族族源东夷说新证[J].中南民族大学学报：人文社会科学版，1986(04)：24-29.
[106] 张生茂.畸形的甜苹果——评《小城畸人》的审美现代性[J].河南理工大学学报（社会科学版），2014，15(04)：416-421+451.
[107] 张晓萍，李鑫.基于文化空间理论的非物质文化遗产保护与旅游化生存实践[J].学术探索，2010(06)：105-109.
[108] 张原.从“乡土性”到“地方感”：文化遗产的现代性承载[J].西南民族大学学报（人文社会科学版），2014，35(04)：6-12.
[109] 张祝平.论社会主义新农村建设中的民间信仰问题[J].湖北社会科学，2008(03)：59-62.
[110] 张子凯.列斐伏尔《空间的生产》述评[J].江苏大学学报（社会科学版），2007(05)：10-14.

[111] 赵东. 数字化生存下的历史文化资源保护与开发研究[D]. 山东大学，2014.

[112] 赵峰. 闽东畲语濒危现状考察[J]. 长春工程学院学报（社会科学版），2009，10(01)：75-78.

[113] 赵蕾，余汝艺. 旅游产业与文化产业融合的动力系统研究[J]. 安徽农业大学学报（社会科学版），2015，24(01)：66-71.

[114] 赵旭东. 乡村何以振兴?——自然与文化对立与交互作用的维度[J]. 中国农业大学学报（社会科学版），2018，35(03)：29-37.

[115] 赵语慧. 农村公共文化生活的困境与出路[J]. 中州学刊，2015(09)：83-87.

[116] 郑祖庚. 侯官县乡土志[M]. 福州：海风出版社，2001.

[117] 钟敬文. 话说民间文化[M]. 北京：人民日报出版社，1990.

[118] 周明全，耿国华，武仲科. 文化遗产数字化保护技术及应用[M]. 北京：高等教育出版社，2011.

[119] 周星. 非物质文化遗产保护运动和中国民俗学——“公共民俗学”在中国的可能性与危险性[J]. 思想战线，2012，38(06)：1-8.

[120] 朱晓明. 历史、环境、生机：村落的世界[M]. 北京：中国建材工业出版社，2002.

附录1
全国畲族民族自治县和民族乡镇

畲族主要聚居在福建、浙江、江西、广东、安徽五省100多个县（市）的部分山区中，台湾地区也有分布。据第七次人口普查数据全国共有畲族人口70.96万人（不含港澳台），其中福建畲族人口最多。全国共有1个畲族自治县、45个畲族乡镇。

一、民族自治县（1个）

浙江省景宁畲族自治县

二、民族乡（镇）

（一）福建省（18个）

1.福安市坂中畲族乡　2.福安市穆云畲族乡　3.福安市康厝畲族乡

4.宁德市蕉城金涵畲族乡　5.霞浦县盐田畲族乡　6.霞浦县水门畲族乡

7.霞浦县崇儒畲族乡　8.福鼎市硖门畲族乡　9.福鼎市佳阳畲族乡

10.漳浦县赤岭畲族乡　11.连江县小沧畲族乡　12.罗源县霍口畲族乡

13.漳浦县湖西畲族乡　14.宁化县治平畲族乡　15.龙海市隆教畲族乡

16.永安市青水畲族乡　17.上杭县官庄畲族乡　18.上杭县庐丰畲族乡

（二）浙江省（18个）

1.桐庐县莪山畲族乡　2.平阳县青街畲族乡　3.苍南县凤阳畲族乡

4.苍南县岱岭畲族乡　5.文成县西坑畲族镇　6.文成县周山畲族乡

7.泰顺县司前畲族镇　8.泰顺县竹里畲族乡　9.兰溪市水亭畲族乡

10.武义县柳城畲族镇　11.龙游县沐尘畲族乡　12.丽水市莲都区老竹畲族镇

13.丽水市莲都区丽新畲族乡　14.遂昌县三仁畲族乡　15.松阳县板桥畲族乡

16.云和县安溪畲族乡　17.云和县雾溪畲族乡　18.龙泉市竹垟畲族乡

（三）江西省（7个）

1.铅山县太源畲族乡　2.铅山县篁碧畲族乡　3.贵溪县樟坪畲族乡
4.南康市赤土畲族乡　5.乐安县金竹畲族乡　6.吉安市青原区东固畲族乡
7.永丰县龙岗畲族乡

（四）广东省（1个）

东源县漳溪畲族乡

（五）安徽省（1个）

宁国市云梯畲族乡

附录2
宁德市畲族文化保护条例

目录

第一章　总则

第一条　为了继承和弘扬中华优秀传统文化，加强畲族文化的保护、传承和发展，促进民族团结与进步，根据《中华人民共和国非物质文化遗产法》《福建省民族民间文化保护条例》等法律、法规，结合本市实际，制定本条例。

第二条　本市行政区域内畲族文化的保护、传承和发展，适用本条例。

第三条　本条例所称畲族文化是指具有畲族特色和历史、科学、艺术价值的文化形态。包括：

（一）畲族语言及传统口头文学；

（二）畲族传统民歌、舞蹈、武术；

（三）畲族传统技艺、畲医畲药；

（四）畲族传统礼仪、节庆等民俗；

（五）体现畲族生产、生活习俗和历史发展的建筑、服饰、器具、手稿、谱牒等；

（六）保存比较完整的畲族传统村落等文化生态区域；

（七）畲族文化的其他表现形式。

畲族文化组成部分中属于文物的，适用《中华人民共和国文物保护法》的有关规定。

第四条　畲族文化保护应当弘扬社会主义核心价值观，坚持政府主导、社会参与的原则，贯彻保护为主、抢救第一、合理利用、传承发展的方针。

畲族文化保护工作应当遵守法律、法规的规定，尊重畲族风俗、信仰和习惯，维护民族团结，不得歪曲民族历史和文化，不得伤害民族感情。对畲族文化遗存不得进行破坏性的活动。

第五条　市、县（市、区）人民政府应当加强对本行政区域内畲族文化保护工作的领导，制定畲族文化保护总体规划，将其纳入国民经济和社会发展规划及城乡规划。

市、县（市、区）人民政府应当建立部门联席会议制度，每年至少召开一次会议，协调解决畲族文化保护工作中的重大问题。

乡（镇）人民政府、街道办事处应当做好畲族文化保护工作。

畲村（居）民委员会协助当地人民政府做好畲族文化的保护和宣传，将其纳入村规民约，劝阻、制止并及时报告破坏畲族文化的行为。

第六条　市、县（市、区）人民政府文化行政主管部门负责本辖区畲族文化保护工作；民族事务部门应当会同文化行政主管部门做好畲族文化保护工作；教育行政主管部门应当会同相关部门做好畲族文化教育工作。

市、县（市、区）人民政府发展和改革、财政、住房和城乡建设、城乡规划、旅游等相关部门应当在各自职责范围内，做好畲族文化保护工作，并在项目立项、资金安排等方面对畲族文化建设予以支持。

文联、社科联、科协等团体应当积极参与畲族文化保护和发展活动。

第七条　市人民政府设立宁德市畲族文化保护专项资金，纳入本级财政预算。专项资金用于：

（一）畲族文化重大项目保护、研究和开发的配套补助；

（二）畲族文化珍品实物的征集、文献典籍的整理和出版；

（三）濒临消失的畲族传统文化的抢救保护；

（四）畲族非物质文化遗产代表性项目和代表性传承人的补助；

（五）开展畲族文化展示、展演、传习、学术交流等活动以及畲族题材文艺创作的补助；

（六）畲族非物质文化遗产代表性项目代表性传承人授徒、传艺、交流等活动经费补助；

（七）扶助畲族文化产业发展；

（八）畲族文化保护的其他工作。

专项资金使用和管理的具体办法，由市人民政府财政部门会同同级文化行政主管部门、民族事务部门制定。

县（市、区）人民政府根据本地畲族人口和畲族文化保护工作需要，参照市畲族文化保护专项资金的相关规定，设立本级畲族文化保护专项资金。

鼓励、支持公民、法人和其他组织以捐赠、资助等形式，参与畲族文化保护工作。

第八条　市、县（市、区）人民政府对畲族文化保护工作做出突出贡献的单位和个人，给予奖励。

第二章　保护措施

第九条　市、县（市、区）人民政府文化行政主管部门应当会同民族事务等部门定期对本行政区域内的畲族文化进行普查，建立档案、数据库和信息共享机制。

第十条　市、县（市、区）人民政府文化行政主管部门应当会同民族事务部门编制本级畲族文化保护项目名录，畲族文化保护项目名录包括畲族文物保护项目名录和畲族非物质文化遗产代表性项目名录。

拟列入畲族文化保护项目名录的项目应当经评审后予以公示，公示时间不少于二十日。公示期满后，报本级人民政府批准、公布。公布的保护项目名录应当包括项目的名称、类别、保护单位等事项。

对列入畲族非物质文化遗产代表性项目名录的，文化行政主管部门应当组织制定项目保护规划。

第十一条　对存续状态受到威胁、濒临消失的畲族非物质文化遗产代表性项目，市、县（市、区）人民政府应当组织相关部门及时进行抢救性保护。抢救性保护包括：

（一）采用文字、录音、录像等方式对相关知识、技艺等进行真实、完整记录、整理、保存；

（二）征集、收购相关资料、实物，保存、修缮相关建筑物、场所等；

（三）组织招募学艺人员，培养后继传承人；

（四）其他科学有效的抢救性措施。

第十二条　对客观存续条件已经消失或者基本消失的畲族非物质文化遗产，实行记忆性保护。

市、县（市、区）人民政府文化行政主管部门应当组织开展记忆性项目调查，收集相关资料和实物，建立文字、图片、音像等资料档案库。

第十三条　对存续状态较好、具有市场潜力和发展优势的畲族非物质文化遗产代表性项目，实行生产性保护。

实施生产性保护的单位和个人，应当保持传统工艺流程的整体性和核心技艺的真实性，可以借助生产、流通、销售等手段，将畲族非物质文化遗产及其资源转化为文化产品和文化服务。

第十四条　对畲族非物质文化遗产代表性项目数量集中、特色鲜明、形式和内涵保持完整的畲族传统村落或者特定区域，所在地县（市、区）人民政府设立畲族文化生态保护实验区示范点的，在征求当地居民意见并经专家论证后，应当制定专项保护规划，实行区域性整体保护。

在畲族文化生态保护实验区示范点内从事生产、建设和开发，应当符合专项保护规划，不得对其传统格局和历史文化风貌构成破坏性影响。

第十五条　市、县（市、区）人民政府文化行政主管部门对本级人民政府批准公布的畲族非物质文化遗产代表性项目，可以认定代表性传承人和保护单位。畲族非物质文化遗产代表性项目的代表性传承人和保护单位的具体认定与管理办法，由本级人民政府文化行政主管部门会同民族事务部门制定。

畲族非物质文化遗产代表性项目的代表性传承人和保护单位依法享有国家规定的各项权利，承担传承义务。

第十六条　市、县（市、区）人民政府文化行政主管部门应当每两年对同级人民政府批准公布的畲族非物质文化遗产代表性项目的保护情况进行考核评估。

第十七条　对具有重大价值的优秀畲族文化，市、县（市、区）人民政府支持有关单位和个人申报省级、国家级文物保护单位或非物质文化遗产代表性项目。

第十八条　市、县（市、区）人民政府应当加强畲族文化展示、传承、交流场所建设，根据需要建设畲族博物馆、文物馆、文化园等专题公共文化设施，或者在公共文化设施内设立专门展室。

对重点畲族文物保护单位和已建成的畲族标志性文化设施，市、县（市、区）人民政府应当加大投入，妥善加以维护、修缮。

畲族乡及畲族聚居村落的公共设施，在新建、改建、重建过程中，其规划、设计和建设应当突出畲族传统建筑风格，体现畲族文化内涵。

鼓励畲族乡、村开设传习所，为村民传授畲语、畲歌等畲族文化。

第十九条　市、县（市、区）人民政府鼓励和支持开展“二月二”“三月三”“四月八”等畲族传统民俗节庆活动。节庆期间，有关单位给予必要的支持。

倡导畲族公民在参加重要会议和畲族节庆活动时穿戴畲族服饰。畲族文化场馆的工作人员在工作期间应当穿戴畲族服饰。

第二十条　市、县（市、区）人民政府应当加强畲族文化人才队伍建设。

鼓励和支持普通高等院校、职业院校，开办畲族文化研究相关专业，或者采取联合办学等方式培养专门人才。

鼓励和支持学术、艺术团体和个人从事畲族文化的研究和艺术创作。

第二十一条　市、县（市、区）人民政府教育行政主管部门应当会同文化行政主管部门、民族事务部门编写畲语、畲歌等畲族文化校本教材，用于民族中小学校特色教育。

民族中小学校应当开设畲语校本课程，并配备具有畲语、畲歌特长的专、兼职教师。教育行政主管部门应当将其列入教师招聘计划，具体办法由教育行政主管部门会同人力资源和社会保障、民族事务部门制定。

第二十二条　畲族非物质文化遗产代表性项目的代表性传承人、代表性项目保护单位应当走进学校、乡村、社区，传播畲族文化。

第二十三条　市级新闻报刊、广播电台、电视台、新闻网站和民族工作重点县（市）广播电视台应当开设专题（专栏），开展畲族文化宣传，提高公众保护意识。

第二十四条　市、县（市、区）人民政府及相关部门应当做好畲族历史文化名村、传统村落等项目的申报工作，挖掘、利用畲族文化资源和民族地域自然资源，加快发展畲族文化产业。

开发畲族文化产品、开展畲族文化旅游服务，以及其他发展畲族文化产业，按照国家有关规定，享受相关优惠政策。

第三章　法律责任

第二十五条　市、县两级畲族非物质文化遗产代表性项目的代表性传承人或者保护单位，无正当理由未履行义务的，责令限期改正；逾期不改正，由同级人民政府文化行政主管部门依法取消其资格。

第二十六条　违反本条例第十四条第二款规定，在畲族文化生态保护实验区示范点内违反专项保护规划从事生产、建设和开发活动，破坏传统格局和历史风貌的，由县级人民政府城乡建设主管部门责令停止违法行为、限期恢复原状；有违法所得的，没收违法所得；造成损失的，依法承担民事赔偿责任；构成犯罪的，依法追究刑事责任；法律、法规已有处罚规定的，从其规定。

第二十七条　文化行政主管等相关部门及其工作人员违反本条例规定，有下列行为之一的，由所在单位或者监察机关依法依规对负有直接责任的主管人员和其他直接责任人员给予处分；构成犯罪的，依法追究刑事责任：

（一）对列入名录濒临消失的畲族文化遗产未及时采取抢救性保护措施，造成严重后果的；

（二）违反有关规定认定畲族非物质文化遗产代表性项目及其代表性传承人的；

（三）挪用、挤占畲族文化保护专项资金的；

（四）其他玩忽职守、滥用职权、徇私舞弊等行为的。

第四章　附则

第二十八条　本条例自2017年7月1日起施行。

附录3

宁德市畲族文化十年发展规划（2013—2022年）

宁德市是全国畲族主要聚居地，有畲族人口18.9万人，占全国畲族人口的26.7%，全省畲族人口的51.6%。畲族人民在长期的历史活动过程中铸就了勤劳勇敢、忠诚刚直、团结友善、自强不息的精神。他们创造物质财富的同时，也创造了珍贵的精神财富，留下许多独具特色的文化遗产，是中华民族文化宝库中重要的组成部分。为全面贯彻落实党的十八大精神，促进民族文化繁荣发展，充分发挥畲族文化在建设丰富多彩新文化“大宁德”中的作用，根据国务院《关于进一步繁荣发展少数民族文化事业的若干意见》(国发〔2009〕29号)，结合我市少数民族和民族地区实际制订宁德市畲族文化十年发展规划（2013—2022年）。

一、发展目标

（一）公共文化服务体系不断完善。公共文化基础设施更加健全，畲族文化活动更加活跃，市、县（市、区）、乡（镇）、村（社区）文化基础设施建设达到国家和省的要求，畲族群众基本文化权益得到保障，文化生活质量进一步提高，城乡特色文化进一步凸显。

（二）文化产业发展活力和综合实力明显增强。文化市场长效管理机制逐步完善，建立灵活多元的民族文化投融资体制，文化生产要素市场、各类特色文化产品市场活跃，初步形成具有民族特色的文化产业。

（三）文化创新能力进一步提升。不断创作和生产既有思想内容又有市场价值、具备畲族特色的文化产品。

（四）文化遗产得到有效保护。改善文物馆、博物馆、纪念馆馆存条件，形成较为完善的文化遗产保护体系，采取有效措施加强畲族文化遗产保护。非物质文化遗产保护取得新成效，新增一批非物质文化遗产列入国家级和省级名录，畲族传统工艺、医药等非物质文化遗产得到顺畅传承。

（五）传统体育进一步弘扬发展。积极开展畲族传统体育运动，重视畲族传统体育项目的挖掘整理和推广工作，在现有少数民族传统体育基地的基础上拓展传统体育项目，提高竞技水平。举办民族传统体育项目展示和竞赛活动，民族学校开设民族体育类课程，办好少数民族传统体育运动会，在全国、全省少数民族传统体育运动会上取得好成绩。

二、主要任务

（一）加快建设公共文化服务体系

1.加强市、县（市、区）、乡（镇）、村（社区）四级公共文化服务体系建设，丰富服务内容与形式，突出服务功能与实效，提高服务水平与质量，构建结构合理、发展均衡、服务高效的公共文化服务体系，满足畲族群众多层次精神文化需求，发挥文化在和谐社会建设进程中的重要作用。

2.进行文化资源整合，充实中华畲族宫内涵，改善闽东畲族文物馆、畲族革命纪念馆安防、消防设施，提升文物保护单位安全技术防护能力。加快中国畲族博物馆的筹建工作，着力设计构建与丰富多彩新文化“大宁德”相匹配的民族特色文化设施。

3.支持福安市畲族文化交流中心、霞浦县畲族风情园、福鼎市畲族文化展示中心建设，在畲族人口聚居的区域逐步建立民俗文化活动场所，促进民族文化的传承发展。

4.加强民族乡、村文化站达标建设，同步实现乡文化站与市、县（区、市）级图书馆的联网。

5.加强少数民族传统体育训练基地管理，努力创造条件，争取更多畲族体育运动项目被省确定为少数民族传统体育单项训练基地。

（二）保护弘扬畲族传统优秀文化

1.巩固扩大畲族文物普查工作成果，积极做好文物保护单位和非物质文化遗产的申报工作，争取国家、省级文物保护单位有新突破，国家、省、市非物质文化遗产有批量增加。

2.争取设立省级闽东畲族文化生态保护试验区。

3.摸清全市畲族文物家底，进行文物建档立卡，加大文物征集力度，丰富馆藏藏品。

4.拓展文物馆的横向联系，加强文物馆与中国民族文化宫等单位的交流与协作，提高文物管理水平。

5.增添畲族文化传习所数量，进一步推进畲族优秀文化、传统工艺、畲医、畲药的传承与发展。

6.支持指导民俗文化活动，做大做强“三月三”畲族文化品牌。凭借“三月三”在畲族群众中的影响力，通过精心策划与引导，进一步提升城乡畲族群众自办文化活动的层次和水平。鼓励支持各地定期举办“正月十五”“二月二”“三月三”“四月八”等民俗文化活动，打造出以“三月三”为主体的民俗文化活动品牌。

（三）打造畲族文化艺术精品

实施文艺精品战略，以畲族歌舞团、闽东畲族文化研究会为基础，组织民间艺术团体，大力推进民族文化创新，对有鲜明畲族特色、具有一定影响力的文艺门类进行重点扶持，着力打造能代表畲族形象、具备民族特色的文学、音乐、美术、书法、摄影、舞蹈等文化艺术作品。培育一批在省内外具有影响力的畲族文化名人和畲族文艺精品。

（四）发展畲族文化产业

充分利用“宁德世界地质公园”和“闽东北亲水游线路”的影响力，将畲族文化融入闽东自然山水，有重点地在宁德市主要旅游线路沿线建立畲族文化旅游点，加快中华畲族宫、蕉城区上金贝景区等旅游点建设，结合附近的旅游线路进行联动开发，形成畲族风情旅游景点，打造畲族旅游文化品牌。进一步拓宽畲族文化产业发展的投融资渠道，更多地吸引银行信贷资金和引导社会资金注入，本着“谁投资，谁所有，谁受益”的原则，动员社会力量，鼓励企业、个人、社会各界对畲族文化产业的投入。重点支持做大做强畲族银器、畲族传统竹木制品等畲族文化旅游产业。

（五）推进两岸民族文化交流

通过举办“三月三”等畲族民俗文化活动，寻求畲族与台湾盘、蓝、雷、钟姓氏宗亲文化共同点，加强畲族与台湾同姓氏宗亲的文化交流。采取互访的形式邀请台湾民族歌舞艺术团体到我市交流演出，鼓励畲族歌舞团等团体到台湾进行畲族民间艺术展示和文艺演出活动，促进两岸民族文化的交流与合作。

三、保障措施

（一）加强组织领导。各级党委、政府要将畲族文化建设列入重要议事日程，相关部门积极支持、密切配合，制定具体实施方案，建立工作责任制，切实履行各自职责，形成推动畲族文化发展的合力。宁德市保护与发展畲族文化领导小组负责组织协调、督促各项工作落实。

（二）培养专业人才。建立科学的民族人才培养机制，将畲族文化人才的培养纳入全市人才培养整体规划，因地制宜，因材施教，在畲族年轻干部和热心民族文化事业的各族能人中推选具有专长的人员参加培训、参观学习，提高畲族文化骨干队伍的综合能力和管理水平，深入研究发展畲族文化，彰显畲族文化特色。加强畲族文化产业人才培养，选拔中青年民族文化人才赴国内著名艺术院校深造学习，培养艺术创作、编导、指挥、演出、经纪等方面人才，造就一批熟悉民族文化及市场运作和投融资体系的高级文化经营管理人才和掌握文化产业高新技术的专门人才。做好畲族文化传承人的建档立卡工作，加强对传承人的培训，有计划地实施畲族文化传承人的传、帮、带工作。

（三）加大扶持力度。根据国务院《关于进一步繁荣发展少数民族文化事业的若干意见》和《中共宁德市委关于贯彻落实党的十七届六中全会精神推动文化大发展大繁荣的实施意见》，各级党委、政府要切实担负起传承保护发展畲族文化的领导、组织、统筹、规划、协调等责任，加大扶持力度。同时，积极发动社会经济组织与各界人士投身畲族文化建设，形成以政府投入为主、社会各界积极参与的稳定的公共文化服务投入机制。

（四）扩大宣传教育。扩大媒体渠道，拓展舆论空间，运用各种宣传形式，多渠道、多层次地宣传畲族文化，让汉族群众认同并尊重畲族民间民俗文化，营造全社会关注支持畲族文化保护与发展的良好氛围。

（五）加大督查力度。各项目牵头单位要按照规划要求认真组织实施，各协办单位积极主动配合，每年12月30日前牵头单位要将项目进展情况形成书面材料，报宁德市保护与发展畲族文化工作领导小组办公室。市保护与发展畲族文化工作领导小组、市政府督查室不定期对项目执行情况进行检查，通报项目实施情况。

附件

宁德市畲族文化十年发展规划项目任务分解表（一）

项目名称	任务目标	牵头单位	协办单位
畲族风情旅游	用 3~5 年时间开辟一条畲族风情游线路：中华畲族宫—蕉城上金贝畲家寨—福安溪塔葡萄沟	市旅游局	市发展改革委、民族宗教局、财政局，蕉城区、福安市政府
特色村寨建设	分年分批进行畲族特色村寨建设，2022 年形成一批具备畲族特色的村寨	市住房和城乡建设局	市民族宗教局、旅游局、财政局、文化广电新闻出版局、有关县（市、区）乡镇人民政府
畲族公共文化体系建设	①加快中国畲族博物馆筹建工作；②畲族人口较多的福安、福鼎、霞浦县（市）建立畲族文化活动、展示、传承、传播中心	市民族宗教局，福安市、霞浦县、福鼎市政府	市文化广电新闻出版局、发展改革委、国土资源局、规划局、旅游局、财政局，相关县（市）职能部门
中华畲族宫	进行资源整合，丰富畲族宫内涵，完善设施，打造畲族风情旅游景点，使之成为展示畲族文化的一个窗口	市民族宗教局	市文化广电新闻出版局、旅游局
畲族歌舞团建设	将畲族歌舞团打造成具有一定影响力的文艺团体	市文化广电新闻出版局	市民族宗教局、各新闻媒体

宁德市畲族文化十年发展规划项目任务分解表（二）

项目名称	任务目标	牵头单位	协办单位
畲族文化保护传承	①加强畲族文化普查，组织发动畲族非物质文化遗产的申报；②扶持传承人开展非遗传承；③收集、保护畲族历史文物	市文化广电新闻出版局	市民族宗教局、住房和城乡建设局、规划局
畲族生态保护实验区	争取设立宁德市畲族生态保护实验区	市文化广电新闻出版局	市民族宗教局、住房和城乡建设局、规划局，相关县（市、区）政府
畲族民俗文化活动	①支持打造“三月三”畲族文化品牌；②指导各地开展畲族民俗文化活动	市民族宗教局	市文化广电新闻出版局、旅游局，相关县（市、区）政府
畲族传统体育	①完善民族乡村、学校民族传统体育设施；②建立 6~8 个少数民族传统体育训练基地；③指导民族乡村、学校传统体育训练；④做好全国全省民族运动会参赛工作	市体育局	市民族宗教局、教育局

续表

项目名称	任务目标	牵头单位	协办单位
畲族文化教育	民族团结进步和畲族文化知识内容列入地方教育课程，民族中小学校园文化要体现民族特色，畲语畲歌进校园，推行民族特色校服试点	市教育局	各县（市、区）政府，市民族宗教局
畲族音乐舞蹈	①每年要创作编排具有民族特色的舞蹈节目；②培养国家、省、市级畲族民歌传承人；③规划期间创作编辑出版较高水准畲族民歌专集	市文化广电新闻出版局、民族宗教局	市教育局

宁德市畲族文化十年发展规划项目任务分解表（三）

项目名称	任务目标	牵头单位	协办单位
畲族文化产业	做大做强畲族银器、服饰、竹木加工、特色饮食、旅游商品等文化产业	市经贸委	各县（市、区）政府，市文化广电新闻出版局、林业局、工商局、地税局、旅游局、民族宗教局、城联社
畲族文化宣传	宁德电视台、《闽东日报》、《宁德晚报》等加强民族文化题材的报道	市文化广电新闻出版局	市民族宗教局、宁德电视台、闽东日报社、宁德晚报社
畲族文化人才培养	加强畲族文化人才培训、培养，引进各类民族文化专业人才	市公务员局	各县（市、区）政府，市文化广电新闻出版局、教育局、人社局、城联社、民族宗教局
畲族医疗	①支持民族医院和民族乡所在地卫生院、村卫生所配套医疗设备，提高医疗服务水平；②每年举办包含民族乡村医生在内的村医培训班；根据省卫生厅统一部署，对传统畲医进行考核认定	市卫生局	市民族宗教局、药监局

附录4
宁德市市级非物质文化遗产代表性传承人认定与管理办法

第一条　为传承弘扬中华优秀传统文化，有效保护非物质文化遗产，鼓励和支持非物质文化遗产代表性传承人开展传承活动，根据《中华人民共和国非物质文化遗产法》《福建省非物质文化遗产条例》《宁德市畲族文化保护条例》以及《国家级非物质文化遗产代表性传承人认定与管理办法》《福建省非物质文化遗产代表性传承人认定与管理办法》等有关法律法规，结合我市非物质文化遗产保护工作的实际，制定本办法。

第二条　本办法所称市级非物质文化遗产代表性传承人（以下简称“市级非遗代表性传承人”），是指承担市级非物质文化遗产代表性项目传承责任，在特定领域内具有代表性，并在一定区域内具有较大影响，经宁德市文化和旅游主管部门认定的传承人。

第三条　市级非遗代表性传承人认定与管理应当以习近平新时代中国特色社会主义思想为指导，坚持以人民为中心，弘扬社会主义核心价值观，保护传承非物质文化遗产，推动中华优秀传统文化创造性转化、创新性发展。

第四条　市级非遗代表性传承人认定与管理应当立足于完善非物质文化遗产传承体系，增强非物质文化遗产的存续力，尊重传承人的主体地位和权利，注重社区和群体的认同感。

第五条　市级非遗代表性传承人应当锤炼忠诚、执着、朴实的品格，增强使命和担当意识，提高传承实践能力，在开展传承、传播等活动时遵守宪法和法律法规，遵守社会公德，坚持正确的历史观、国家观、民族观、文化观，铸牢中华民族共同体意识，不得以歪曲、贬损等方式使用非物质文化遗产。

第六条　宁德市文化和旅游主管部门一般每三年开展一批市级非遗代表性传承人认定工作。

第七条　认定市级非遗代表性传承人应当坚持公开、公平、公正，严格履行申报、审核、评审、公示、审定、公布等程序。

第八条　符合下列条件的人员，可以申请或被推荐为市级非遗代表性传承人：

（一）县（市、区）级非遗代表性传承人时间满一年以上（含一年）；

（二）长期从事该项非物质文化遗产传承实践，熟练掌握其传承的市级非物质文化遗产代表性项目知识和核心技艺；

（三）在特定领域内具有代表性，并在一定区域内具有较大影响；

（四）在该项非物质文化遗产的传承中具有重要作用，积极开展传承活动，培养后继人才；

（五）传承谱系自本人上溯不少于三代；

（六）爱国敬业，遵纪守法，德艺双馨。

鼓励台湾同胞申请市级非遗代表性传承人。

从事非物质文化遗产资料收集、整理和研究的人员不得认定为市级非遗代表性传承人。

第九条　申请市级非遗代表性传承人，应当向宁德市文化和旅游主管部门如实提交下列材料：

（一）申请人姓名、国籍、年龄、民族、文化程度、从业时间以及被认定为县级非遗产代表性传承人时间等基本情况；

（二）申请人的传承谱系或师承脉络、学习与实践经历；

（三）申请人所掌握的非物质文化遗产知识和核心技艺、成就及相关的证明材料；

（四）申请人授徒传艺、参与社会公益性活动等情况；

（五）申请人持有该项目的相关实物、资料的情况；

（六）申请人志愿从事非物质文化遗产传承活动，履行代表性传承人相关义务的声明；

（七）其他有助于说明申请人代表性和影响力的材料。

第十条　市级非遗代表性传承人由各县（市、区）文化和旅游主管部门、东侨经济技术开发区社会事务局或市级直属单位的主管部门推荐。

申请市级非遗代表性传承人，应向市级非物质文化遗产代表性项目申报地或单位所在地县级以上文化和旅游主管部门提出申请，经所在地县级文化和旅游主管部门按照规定程序审核公示无异议后，逐级推荐到宁德市文化和旅游主管部门。

市级非物质文化遗产代表性项目申报单位归属市级的，直接向相关单位申请，由市级直属单位的主管部门推荐到宁德市文化和旅游主管部门。

第十一条　宁德市文化和旅游主管部门应当对收到的申请材料或者推荐材料进行复核，符合条件要求的，进入评审程序，不符合条件要求的，退回材料并说明理由。

复核工作由宁德市文化遗产保护中心具体实施。

第十二条　宁德市文化和旅游主管部门按照要求，组成专家评审组和评审委员会，对申请认定市级非遗代表性传承人的材料进行初评和审议。根据需要，可以安排现场答辩环节。

初评意见经专家评审组成员过半数通过后，报评审委员会审议。评审委员会成员三分之二以上审议通过后提出推荐名单。

第十三条　评审工作基本原则

（一）坚持标准、择优认定、公正合理，严格审查申报内容，客观评定申报项目的代表性传承人。

（二）注重代表性传承人所掌握传统知识的完整性和特殊技能的独特性，注重传承活动对项目保护的必要性、代表性和权威性。

（三）对于濒临消失的代表性项目，可以优先认定代表性传承人。

第十四条　宁德市文化和旅游主管部门对评审委员会提出的市级非遗代表性传承人的推荐名单经研究通过后向社会公示，公示期20日。

第十五条　公民、法人或者其他组织对市级非遗代表性传承人推荐名单有异议的，可以在公示期间以书面形式实名向宁德市文化和旅游主管部门提出。

第十六条　宁德市文化和旅游主管部门根据评审委员会审议意见和公示结果，审定市级非遗代表性传承人名单，予以公布。

第十七条　宁德市文化和旅游主管部门应当建立和完善市级非遗代表性传承人档案，并及时更新相关信息。

档案内容主要包括传承人基本信息、参加学习培训、开展传承活动、参与社会公益性活动情况等。

第十八条　市、县两级文化和旅游主管部门应根据需要采取下列措施，鼓励、支持市级非遗代表性传承人开展传习活动，其主要方式有：

（一）指导、支持其开展非物质文化遗产记录、整理、建档、研究、出版、展览、展示展演等活动；

（二）鼓励、支持其开展授徒、传艺、交流等活动；

（三）鼓励、支持其参加学习、培训；

（四）鼓励、支持其参与进校园、进社区等社会公益性活动；

（五）鼓励、支持其开展代表性项目对外合作和交流；

（六）支持其开展传承、传播等活动的其他措施。

市、县两级文化和旅游主管部门应对开展传承活动确有困难的，特别是濒临消失的代表性项目的传承人予以扶持，根据需要，协助提供必要的传承场所；对无经济收入来源、生活确有困难的市级非遗代表性传承人，要协调有关部门积极创造条件，并鼓励社会组织和个人进行资助，保障其基本生活需求。

第十九条　市级非遗代表性传承人享有下列权利：

（一）开展该项非物质文化遗产知识和技艺传授、艺术创作与生产、展示、表演、学术研究等活动；

（二）依法合理利用代表性项目；

（三）与非物质文化遗产保护相关的其他权利。

第二十条　市级非遗代表性传承人履行下列义务：

（一）完整地保存所掌握的知识和技艺，以及有关原始资料、实物；

（二）制定项目年度传习计划和具体目标任务，积极开展保护、传承工作；

（三）按照师承形式或者其他方式选择、培养传承人；

（四）配合政府有关部门进行非物质文化遗产调查并提供相关资料；

（五）参与非物质文化遗产公益性宣传、展示、交流等活动；

（六）定期向宁德市文化和旅游主管部门提交传承情况报告及下一年度工作计划。

在保护单位工作的市级非遗代表性传承人还应当及时完成本单位安排的传承任务。

第二十一条　建立市级非遗代表性传承人评估制度。各县（市、区）文化和旅游主管部门、东侨经济技术开发区社会事务局和市级直属单位主管部门应当于每年4月15日前对上一年度市级非遗代表性传承人义务履行情况进行评估，在广泛征求意见的基础上形成评估报告，报宁德市文化和旅游主管部门。

评估结果作为享有市级非遗代表性传承人资格的主要依据。

第二十二条　市级非遗代表性传承人存在下列情形之一的，经各县（市、区）文化和旅游主管部门、东侨经济技术开发区社会事务局和市级直属单位主管部门核实后，由宁德市文化和旅游主管部门取消其市级代表性传承人资格，并予以公布：

（一）丧失中华人民共和国国籍的；

（二）采取弄虚作假等不正当手段取得资格的；

（三）无正当理由不履行义务，累计两次评估不合格的；

（四）违反法律法规或者违背社会公德，造成重大不良社会影响的；

（五）自愿放弃或者其他应当取消市级非物质文化遗产代表性传承人资格的情形。

第二十三条　各县（市、区）文化和旅游主管部门、东侨经济技术开发区社会事务局和市级直属单位主管部门以及项目保护单位应当对本区域或本单位的市级非遗代表性传承人开展的传承工作进行检查、指导和监督，定期将其传承工作情况报送宁德市文化和旅游主管部门。

市级非遗代表性传承人去世的，各县（市、区）文化和旅游主管部门及有关部门可以适当方式表示哀悼，组织开展传承人传承事迹等宣传报道，并及时将相关情况报宁德市文化和旅游主管部门。

第二十四条　各县（市、区）文化和旅游主管部门可以参照本办法，制定县（市、区）级非物质文化遗产代表性传承人的认定和管理办法。

第二十五条　本办法由宁德市文化和旅游部门负责解释。

第二十六条　本办法自2021年3月1日起施行。

后记

作为民族理论研究者，自从浸染了一份畲族的文化情怀，便常常遥望着那一片畲家人世代耕耘的沃土，翻阅着闽东山哈人一千多年来创造的独特的民族村落文化，将满心的热情凝注于古老的信仰里、漫山飞扬的畲歌里……对一个民族来说，村落文化一直是他们宝贵的精神遗产，蕴含着深厚的历史文化信息，起着极大的民族聚合作用。然而，随着时代的变迁，那些畲族人民创造的灿烂村落文化已经面临巨大的挑战，其保护与传承也成了重大的时代课题。应该说，畲族村落文化不仅仅是畲村历史文化的“活化石”，是畲族人民生存和发展的血脉，也是每一位处身其间的山哈人共同建构的“精神家园”。如今，随着畲村文化的振兴，色彩斑斓的畲族村落文化正招引着无数人虔敬地追寻和守望，人们无不希冀着畲村文化获得现代性发展，让其每一份文化事象重新焕发时代光彩。

习近平总书记曾指出，畲族人民在漫长的历史中，创造了光辉灿烂的本民族文化，畲族文化在国内占有相当重要的地位，这是我们闽东文化中的一颗璀璨的明珠，是我们闽东地区可以引以为荣的特色和优势[①]。可见，弘扬“闽东之光”，传播畲族文化，已成为当前闽东人民最重大的时代责任和历史使命之一。

作为全国畲族最大聚居区——宁德市唯一的本科院校，宁德师范学院领导十分重视畲族文化的研究工作，始终鼓励相关学者积极地参与到畲族文化保护行列中去，将本书列入“闽东之光研究院”2023年度资助项目，并由福建省哲学社会科学学科基础理论研究基地“闽东特色乡村振兴之路研究中心”财政专项建设项目（闽财教指〔2021〕

---

① 习近平:《巩固民族大团结的基础——关于促进少数民族共同繁荣富裕问题的思考》，载《摆脱贫困》，福建人民出版社，2014。

103 号），福建省高校特色新型智库项目“精准扶贫与反返贫研究中心”建设项目（闽教科〔2018〕50 号），福建省统一战线理论研究会民族工作理论宁德研究基地、福建省社科研究基地重大项目“乡村振兴背景下闽东民族村落畲汉文化互嵌共融研究”（FJ2022MJDZ043），宁德师范学院校级项目“‘宁德模式’与闽东畲村振兴互馈演进策略研究”（2020ZX506）、“闽东畲族村落文化发展及振兴路径研究”（2022FZ06）、“新师范教育背景下‘闽东之光’红色文化育人路径研究”（2022ZX201）、“闽台民俗文化交流与中华民族共同体认同研究”（2022DZS01）、“中华民族共同体认同下畲汉民族文化互促发展的闽东实践研究”（2023ZX608/TB23143s）等项目共同资助出版，给予著者极大的支持和帮助。此外，在本书编写过程中，我们还得到许多人的支持，如魏远竹校长在百忙中时刻关心本书的出版工作，殷殷深情尤为令人感动，在此一并向他们表示最真挚的感谢！

或是由于对闽东畲族文化的钟爱，抑或是为了让闽东畲村文化的动人情韵在新时代继续闪烁迷人的光芒，本书著者试图通过整合梳理前人的研究成果，汇集相关资料，按照田野调查、访谈等所得信息，较为全面地阐述了闽东畲族村落文化丰富多样的色彩，以展示和剖析畲族文化的外在形式和内在意蕴，为热爱畲村文化的人们或高校学生较为系统地介绍畲族文化，进而达到弘扬和传承畲族文化的目的。不过，全书的相关章节并未能统摄畲村所有的文化事象，更没能准确分析不同县域的畲村文化差异，章节之间的设置也不尽科学，甚至部分内容可能存在纰漏和谬误之处，敬请读者批评指正。

李益长
于宁德师院
2024 年春